JN102421

神尾真知子・増田幸弘・山田 晋 編著
若尾典子・金川めぐみ・衣笠葉子 著

原理で学ぶ
社会保障法

法律文化社

は し が き

　この本を手に取って下さっている皆さん、こんにちは。ここでは、この本のことについてご説明しましょう。

　私たちは、主に大学や大学院の教科書として使われることを想定して各章を執筆しました。この本は以下のような特色を持っています。

1. 全体をⅡ部構成としています。第Ⅰ部では社会保障法全体を貫く理念と原理を論じています（歴史の章では学説の理論潮流も取り上げています）。また、第Ⅱ部ではわが国の社会保障法制の全体像と各論を論じています。

2. 各論の各章は、法制度ごとに構成するのではなく、共通する要保障事由ごとに構成しています（日常生活の保障、労働の保障、介護の保障、子育ての保障、最低生活の保障）。

3. 各論では、各章の第1節で法制度を貫く原理と法体系を論じています。これによって、「なぜそのような法制度となっているのか」という理由を理解することができ、また、各章で取り上げる法制度の全体構造を俯瞰することができます。

4. 各章の各節には「はじめに」を置き、わかりやすい事例等を述べて導入としています。また、各章では基本的な事項とともに、講義や演習の受講生からよく質問を受ける事項を取り上げています。

5. 各章の最後の節では、それぞれの分野における社会保障法の課題を論じています。ここでは事実の指摘とともに執筆者の主張が述べられていますので、ゼミや演習で議論をするときの教材として使うことができます。

6. web 資料を活用しています。本文中に【web 資料○○】と示した資料を法律文化社のウェブサイトに掲載しました。また、新たな試みとして索引を web 資料としました。スマートフォンからアクセスできるので、授業中に本を閉じることなく索引を検索できます。

　　また、プリントアウトすると試験前のチェックリストとして利用できま

す。

　ii頁下部のQRコード、または法律文化社の「教科書関連情報」(https://www.hou-bun.com/01main/01_04.html)からアクセス可能です。

　この本全体の特徴をあらわすキーワードは「原理」です。現在、雇用や家族や地域社会が変わりつつある中、社会保障の法政策のあり方も根本から問い直されています。そこで私たちは、社会保障の原理から法制度のあり方を問い直すという視点を持った教科書を作ろうと考えました。この本が「社会保障法とは何か」という原点に立ち帰って考えるための手掛かりとなれば幸いです。

　なお、この本の執筆にあたっては、本文中に示したもの以外にも関係する文献を参照しましたが、紙幅の関係ですべての文献を掲載できませんでした。

　最後になりましたが、法律文化社の小西英央氏と畑光氏には、進まない原稿を忍耐強く待っていただくとともに、終始、大変細やかで行き届いたご配慮とご助力をいただきました。この場をお借りして深謝申し上げます。

2022年3月21日

編著者一同

目　　次

第 I 部　社会保障法の理念と原理

凡　例

■法令の略語

医師	医師法
医療	医療法
恩給	恩給法
介保	介護保険法
学教	学校教育法
求職者支援	職業訓練の実施等による特定求職者の就職の支援に関する法律
憲	日本国憲法
健保	健康保険法
厚年	厚生年金保険法
高齢医療	高齢者の医療の確保に関する法律
国保	国民健康保険法
雇保	雇用保険法
行審	行政不服審査法
行訴	行政事件訴訟法
行組	国家行政組織法
国年	国民年金法
国公共済	国家公務員共済組合法
子育て支援	子ども・子育て支援法
GPIF	年金積立金管理運用独立行政法人法
歯科医師	歯科医師法
自治	地方自治法
児手	児童手当法
児福	児童福祉法
児扶手	児童扶養手当法
社会保険診療報酬支払基金	社会保険診療報酬支払基金法
社福	社会福祉法
障害総合支援	障害者の日常生活及び社会生活を総合的に支援するための法律

所税	所得税法
身障	身体障害者福祉法
精福	精神保健及び精神障害者福祉に関する法律
生活困窮支援	生活困窮者自立支援法
整備	失業保険法及び労働者災害補償保険法の一部を改正する法律及び労働保険の保険料の徴収等に関する法律の施行に伴う関係法律の整備等に関する法律
生保	生活保護法
地域保健	地域保健法
地公共済	地方公務員等共済組合法
知障	知的障害者福祉法
地税	地方税法
特児扶手	特別児童扶養手当等の支給に関する法律
独立行政法人福祉医療機構	独立行政法人福祉医療機構法
内閣府	内閣府設置法
認定こども園	就学前の子どもに関する教育、保育等の総合的な提供の推進に関する法律
売春	売春防止法
母子父子寡婦	母子及び父子並びに寡婦福祉法
保助看	保健師助産師看護師法
民	民法
労基	労働基準法
労災	労働者災害補償保険法
老福	老人福祉法
労保徴	労働保険の保険料の徴収等に関する法律

■裁判関係

最大判	最高裁判所大法廷判決
最判	最高裁判所小法廷判決
高［支］判	高等裁判所［支部］判決
地判	地方裁判所判決
行集	行政事件裁判例集
金判	金融・商事判例
高民集	高等裁判所民事判例集
刑集	最高裁判所刑事判例集

集民	最高裁判所裁判集民事
訟月	訟務月報
賃社	賃金と社会保障
判時	判例時報
判自	判例地方自治
判タ	判例タイムズ
民集	最高裁判所民事判例集
労判	労働判例
労民集	労働関係民事事件裁判集

第 I 部　社会保障法の理念と原理

第1章

社会保障の定義・体系・法源

:::
この章で学ぶこと
　本章は、社会保障法の総論である。社会保障法とは何か、社会保障法の体系はどのようなものか、社会保障法に関する法源は何かということを学ぶ。
:::

1　社会保障法の定義

（i）はじめに

　社会保障法も労働法も、いずれも社会保障法または労働法と称する法はない。労働法は「労働者に関する法」であることによって、他の法との境界を画することができる。では、社会保障法は何によって他の法と画することができるのだろうか。その問いに答えるためには、まず、社会保障とは何かを解き明かさなければならない。

（ii）社会保障とは何か

　社会保障をどのように定義しているのかについて、イギリスのベヴァリッジ報告、政府の審議会による勧告等、及び学説を見てみよう。

（a）ベヴァリッジ報告

　社会保障（Social Security）という言葉を初めて使った法律は、アメリカの1935年社会保障法（Social Security Act）である。その後、イギリス政府の諮問を受け、ウィリアム・ベヴァリッジは、「ベヴァリッジ報告—社会保険および関連サービス」を第二次世界大戦中の1942年12月に公表した。ベヴァリッジ報告は、社会保障の果たすべき役割と社会保障の制度体系のあり方を初めて明ら

かにし、その後の各国の社会保障の形成に大きな影響を与えた。

　ベヴァリッジ報告は、第二次世界大戦後の再建を阻む 5 つの巨悪として、「欠乏」「疾病」「無知」「不潔」「無為」を挙げ、社会保障計画は、それらの巨悪に対する攻撃の一部であるとしている。そして、「社会保障」という用語を次のような意味に使っている。

> 「失業、疾病あるいは災害によって稼得が中断された場合にこれに代わって所得を維持し、老齢による退職や本人以外の者の死亡による扶養の喪失に給付を行い、出産、死亡、結婚などに伴う特別の出費を賄い、そうすることで所得を保障すること」

　すなわち、ここでは、社会保障は、ある一定の所得を保障することを意味している。

　ベヴァリッジ報告は、社会保障計画には、3 つの前提が必要であるとする。①15歳以下の児童、または全日制教育を受けている場合は16歳以下の児童に対する児童手当、②疾病の予防と治療ならびに労働能力の回復を目的とした、社会の構成員全員が利用できる包括的な保健及びリハビリテーション・サービス、③雇用の維持、すなわち、大量失業の回避。

　これら 3 つの前提に基づいて、社会保障計画は、3 つの異なった方法で構成される。①基本的なニーズに対する社会保険（被保険者本人または被保険者に代わる者による強制保険料の事前の拠出を条件として、請求時の個人の資力にかかわりなく、現金給付を支給）、②特別なケースに対する国民扶助（請求時に困窮していることが証明された場合に国庫により支払われる現金給付で、無拠出制）、③基本的な給付に対する付加としての任意保険。このうち、社会保険が最も重要な方法であり、所得保障の主要な手段としているが、唯一の手段という訳ではないともいっている。

　ベヴァリッジは、このように社会保険を社会保障の中心に置いている。ベヴァリッジは、市民とは、「社会政策の受給権を有する者」という意味にとどまらず、「社会政策で守り育てるべき、自治的な社会の積極的な構成員」と捉え、そのような積極的市民像に基づき、誰もが保険料の拠出に基づいてナショナルミニマムの給付を獲得できるという社会保険の提案に結びついたとされて

いる（以上、一圓光彌監訳『ベヴァリッジ報告』法律文化社、2014年による）。

　第二次世界大戦後、イギリスは、ベヴァリッジ報告を基に、「ゆりかごから墓場まで」といわれる社会保障制度を構築した。

（b）政府の審議会

（ア）1950年社会保障制度審議会「社会保障制度に関する勧告」

　同勧告は、憲法25条の理念、及び戦争による社会的、経済的な混乱と困窮という社会的事実の要請に応えるために1日も早く統一ある社会保障制度を確立しなければならないと考え、社会保障制度を次のように定義している。

> 「疾病、負傷、分娩、廃疾、死亡、老齢、多子その他困窮の原因に対し、保険的方法又は直接的公の負担において経済保障の途を講じ、生活困窮に陥った者に対しては、国家扶助によって最低限度の生活を保障するとともに、公衆衛生及び社会福祉の向上を図り、もってすべての国民が文化的社会の成員たるに値する生活を営むことができるようにすること」

　このような生活保障の責任は国家にあり、国民は、これに応じ、社会連帯の精神に立って、それぞれの能力に応じてこの制度の維持と運用に必要な社会的義務を果たさなければならないとする。

　社会保障制度は、①社会保険、②国家扶助、③公衆衛生及び医療、④社会福祉から構成される。このうち、社会保障の中心をなすものは、自らをしてそれに必要な経費を拠出せしめるところの社会保険でなければならないとする。

（イ）1993年社会保障制度審議会社会保障将来像委員会「社会保障将来像委員会第一次報告～社会保障の理念等の見直しについて～」

　第一次報告は、1950年の上記勧告以来の社会保障制度を取り巻く社会経済の構造の変化によって、現存する社会保障制度と1950年勧告の中で考えられていた社会保障制度との間には、かなり食い違いが生じてきているとの認識の下で、社会保障とは、「国民の生活の安定が損なわれた場合に、国民にすこやかで安心できる生活を保障することを目的として、公的責任で生活を支える給付を行うものである」とする。国民が有する様々なニーズのうち公的に充足すべきであると合意したニーズは公的責任で行い、その他のニーズは個人や家族の

責任等にまかされる。社会保障は、社会保険と社会扶助（公的扶助を含めて一般財源による給付）からなり、社会保障の中心的な給付は、所得保障、医療保障及び社会福祉である。

　給付を行うものを社会保障と捉えている。医療や社会福祉の資格制度、人材の確保、公衆衛生等は、国民に直接個別の給付を行うものではないので、「社会保障の基盤を形づくる制度」と位置づける。公的年金控除等の生活にかかわる税制上の控除は、生活保障を直接の目的としないため社会保障と位置づけることはできないが、「社会保障と類似の機能を果たす制度」である。雇用政策一般及び住宅政策一般は、社会保障そのものではないが、社会保障が機能するための前提となる「社会保障と深く関連する制度」である。以上のことを図に示すと、以下のようになる（図表1）。

　社会保障を推進する場合の基本原則として、①普遍性（全国民を対象とする普遍的な制度であるという原則の徹底）、②公平性（給付と負担の両面での公平性の実現）、③有効性（社会保障の政策効果の検証としての政策手段の見直し、効果的な資源配分）、④総合性（各社会保障制度間の連携を図り、他の関連諸制度・諸施策と連携・調整しながら総合的に対応）、⑤権利性（社会福祉サービス等の権利としての確立）が

図表1　社会保障とその他の制度

社会保障（狭義の社会保障） （社会保険・社会扶助）	社会保障と類似の機能を 果たす制度 （税制上の控除）

社会保障の基盤を形づくる制度
（広義の社会保障）

（医療や社会福祉についての資格制度、人材の確保、施設の整備、各種の規制措置等、公衆衛生、環境衛生、公害防止等）

社会保障と深く関連する制度（雇用政策一般、住宅政策一般）

出典：筆者作成

ある。

　また、第一次報告は、社会保障における公私の役割についても検討し、国民の生活保障を考える場合、公私が連携して生活の維持・向上を図っていくという視点が基本的に重要であるとする。

　（ウ）1995年社会保障制度審議会「社会保障体制の再構築（勧告）」

　同勧告は、初期の社会保障制度は、国民から貧困を守り、心身に障害を持つ等不利な事情にあった人々を救済することを主たる目的としてきたが、その後の、特に社会保険制度の改善により、今日の社会保障制度は、すべての人々の生活に多面的にかかわり、その給付は生活の最低限度ではなく、その時々の文化的・社会的水準を基準と考えるものとなっている。

　社会保障の体制は前進してきたという認識に立ちながらも、社会保障法制は、人口構造の変化、社会構造の変化、経済の低成長、国際化の進展などの経済・社会の急速な変化に対応することが求められている。

　社会保障制度の新しい理念は、「広く国民に健やかで安心できる生活を保障すること」であるとし、取り残されてきた大きな問題は、社会福祉にかかわる問題である。これまで、障害を持つ人々、高齢となって介護を必要とする人々に対する生存権の保障は最低限の措置にとどまったが、今後は、人間の尊厳の理念に立つ社会保障の体系の中に明確に位置づけられ、対応が講じられなければならない。

　社会保障推進の原則として、順番は若干異なるが、第一次報告と同様に、①普遍性、②公平性、③総合性、④権利性、⑤有効性があるとしている。

　「社会保障を巡る問題」の「家族と男女平等」について、次のような言及が注目される。今後の社会保障制度は、「家族の本来あるべき姿」といった画一的な固定観念を前提とするのではなく、多様な家族形態を基本におき、新しい家族関係を踏まえてその生活を充実・安定させる条件を強化する施策を展開すべきである。現在の社会保障制度は、妻を被扶養者と位置づけるような、従来の女性の役割を反映した仕組みについて、真に男女平等の視点に立って見直していかねばならない。その意味で、社会保障制度を世帯単位中心から、できるものについては個人単位に切り替えることが望ましい。

　また、「21世紀の社会に向けた改革」の「第1節　改革の基本的方向」では、国民が社会保障の心、すなわち自立と社会連帯の考えを強く持つことが重要であるとしている。長期にわたる社会連帯が社会保障制度の基本であるとし、社会連帯とはもたれあうことではなく、自分や家族の生活に対する責任を果たすと同じように、自分以外の人とともに生き、手を差し伸べることであるとする。

（c）学　説

（ア）給付を要件とする説

　荒木誠之は、社会保障を法的側面から見ると、「社会保障とは、国が、生存権の主体である国民に対し、その生活を保障することを直接の目的として、社会給付を行う法関係である」（荒木誠之『社会保障法読本〔第三版〕』有斐閣、2002年、249頁）とし、社会的「給付」であることを強調する。それは、社会保障法の特徴を明らかにするためであると説明する。国が国民生活安定の目的で行う行為は多種多様であるので、これらの行為をすべて社会保障法に含めると、社会保障法の特徴を不明確なものにしてしまう。そこで、保障の権利・義務という観点からその核心となる要素をはっきりさせる必要があるという。

　堀勝洋も、給付を行うことを社会保障の要件としている。給付には、金銭や財のほか、相談、指導、介護、保育といったサービスの提供も含まれる。社会保障の共通の特徴として、①生活困難の状態にある国民に対して行われる制度であること、②国民の生活を健やかで安心できるようにする制度であること、③生活保障の給付を行う制度であること、④公的責任で行われる制度であること、であるとする（堀勝洋『社会保障法総論〔第2版〕』東京大学出版会、2004年、6-17頁）。

（イ）要保障事由の発生を要件とする説

　岩村正彦は、個人（場合によって世帯）に対し、これまでの生活を脅かす事由、すなわち要保障事由が発生した場合に、社会保険料や租税等を財源として、国及び地方公共団体あるいはそれらの監督下にある機関が、財貨や役務等の給付を提供する制度であるとする（岩村正彦『社会保障法Ⅰ』弘文堂、2001年）。岩村も社会保障を財貨や役務等の給付を提供する制度としているが、社会保障たる

要件は要保障事由の発生であると考えている。したがって、公衆衛生・医療の領域で上下水道整備等は、要保障事由の発生を前提としない点で、「社会保障」から除外される。しかし、保健・医療（及びそれに関する医療法や薬事法等）は、要保障事由の発生を前提としない点では上下水道整備等と同様であるが、医療保険や社会福祉と極めて密接な関係にある規定を有していることに鑑みて、その限りで「社会保障」に含める。また、住宅政策も、高齢者の介護や障害者福祉等に包含されているものも「社会保障」に含める（岩村正彦『社会保障法Ⅰ』弘文堂、2001年、13-16頁）。

　岩村は、理論的な社会保障概念を、社会保険、公的扶助、社会福祉、公衆衛生・医療を含むものと捉えている。

（ⅲ）社会保障法とは何か

　社会保障法を、社会保障に関する法と捉えれば、社会保障をどのように理解するかが、社会保障法の定義を決めることになる。

　社会保障の要件を社会的給付と捉える荒木は、社会保障法を、「生存権の実現のために、国が国民に生活保障給付を行う法体系である」と定義する。堀も、「国民の生活困難に対し公的責任で生活保障の給付を行う法の体系を社会保障法という」とする。これらの定義は、国家と国民の関係において、社会保障法を捉えている。

　岩村は、社会保障法を社会保障に関する法という捉え方ではなく、社会保障制度を法的に規律するあり方から、社会保障法を次のように定義している。「（前記の意味での）社会保障制度に登場する各種の当事者の組織、管理運営およびそれらに対する監督を規律するとともに、これら当事者相互間に発生する様々な法律関係、権利義務関係を規律する法」。この定義は、国家と国民の関係のみならず、健康保険組合や福祉事務所などの多様な社会保障の当事者を視野に入れ、給付のみならず規制も対象とすると解している。

　菊池馨実は、社会保障の目的から社会保障法を定義する。自由基底的社会保障論に立ちながら、社会保障法を「憲法25条を直接的な根拠とし、国民等による主体的な生の追求を可能にするための前提条件の整備を目的として行われる

給付やその前提となる負担等を規律する法」と定義づける（菊池馨実『社会保障法〔第2版〕』有斐閣、2018年、101頁）。菊池の定義の特色は、社会保障の究極の目的を、憲法13条に根拠を置く「個人の自律」の支援にあると捉えていることである。個人の自律の支援とは、個人が自らの生を主体的に追及できることである。

（ⅳ）本書の立場

　本書は、次のような立場に立つ。①社会保障法を導く原理は、憲法25条である。②社会保障法の目的は生活保障であり、「すこやかで安心できる生活」を損なう要保障事由のうち、社会全体で対応すべき要保障事由に対して社会的給付を行う。③社会保障法は、公的責任による給付を中心としながら、給付の権利及び給付の権利に対応する義務を規律する。④社会保障法に登場する多様な主体とそれに関連する制度も広い意味の社会保障法の規律対象とする。

　なお、ここで「要保障事由」というのは、荒木のいう「保障給付の基礎となる事故」（要保障事故）をいい、①労働不能による生活危険、②生活危険を超えた現実の生活不能、③肉体的・精神的機能の障害に起因する、生活上の障害をいう（荒木誠之『社会保障の法的構造』有斐閣、2001年、18-19頁）。

2　社会保障法の体系

　社会保障法の体系に関しては、大きく3つの考え方がある。制度別体系論、給付別体系論、目的別体系論である。

（ⅰ）制度別体系論

　制度別体系論は、社会保障制度を構成する諸制度に基づいて体系化するものである。前述した政府の審議会は、制度別体系論に立っている。岩村による体系化は、以下のとおりである。

図表2　社会保障法の制度別体系区分

社会保険法（医療保険法、介護保険法、年金保険法、労災保険法、雇用保険法） 公的扶助法（生活保護法） 児童手当関係法（社会手当）（児童福祉法、児童扶養手当法等） 社会福祉サービス法（社会福祉法、老人福祉法、児童福祉法、身体障害者福祉法等） その他（恩給法、戦争被害者援護法等）

＊「戦争被害者援護法等」は「戦傷病者戦没者遺族等援護法」の略称と推測される。
　出典：岩村前掲 2001, 17頁「図 - 3　社会保障法の体系」

（ⅱ）給付別体系論

　荒木誠之は、生活保障を必要とする原因と、それに対応する保障給付の性質・内容によって、体系化する。

図表3　社会保障法の給付別体系区分

○所得保障給付の法体系 　・生活危険に対する給付法（生活をおびやかす各種所得喪失事由にそなえて、一定の所得を補償） 　　　　　　　　　　所得喪失をもたらす原因：負傷・疾病、心身の障害、老齢、死亡［遺族にとっての生活危険］、出産及び児童扶養［出費の増大と所得の喪失］ 　　　　　　　　　　給付形態：年金給付と一時金給付 　・生活不能に対する給付法（最低生活水準の維持が目的で、無条件の所得保障） ○生活障害給付の法体系 　・生活障害給付法（生活障害を除去または軽減するための非金銭的な給付、人的・物的条件が不可欠）

　出典：荒木前掲 2002, 252-260頁の記述を基に、筆者が作成

（ⅲ）目的別体系論

　河野正輝は、目的別に社会保障法を体系化する。

図表4　社会保障法の目的別体系区分

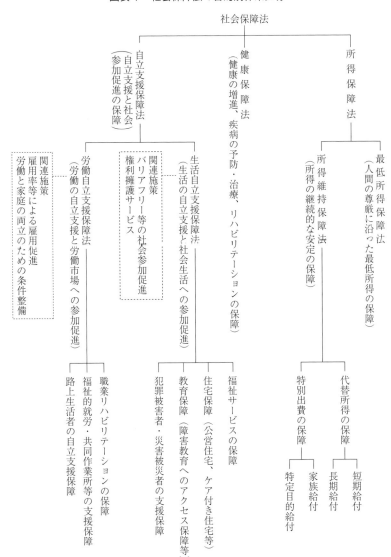

出典：河野正輝「社会保障法の目的理念と法体系」日本社会保障法学会編『講座社会保障法第1巻　21世紀の社会保障法』法律文化社、2001年、23頁「図I-1-1　社会保障法の目的別体系区分」

（iv）本書の立場

本書は、法制度の中で共通するものごとに同じ章で記述している。日常生活において生ずる要保障事由に対するもの、労働者の固有の要保障事由に対するもの、介護という点で共通する要保障事由に対するもの、子育て支援という点で共通する要保障事由に対するものを、同じ章で記述することによって、法制度を関連させて総合的に理解することができ、社会保障法の課題も浮かび上がってくる。

3　社会保障法の法源

（i）法源とされるもの

法源とは、法がどのような形式で存在しているのかということ、あるいは裁判において法の解釈及び適用において援用される規範（以下「裁判規範」という）なのかということを意味する。まず、法源とされる法形式を述べ、特に裁判規範となるのかという点に焦点を当てる。

法源には、成文化されている成文法源と成文化されていない不文法源がある。成文法源には、憲法、条約、法律、命令、条例、規則がある。不文法源には、判例、慣習法、条理がある。そのほか、行政実務の根拠や基準となる通達がある。

（ii）成文法源

（a）憲　法

憲法として、日本国憲法が定められている。憲法は、裁判において、裁判規範となる。しかし、最高裁判所は、立法裁量及び行政裁量を幅広く認めるので、裁判規範として憲法が活躍する場は広くない。憲法の裁判規範性に関しては、「第Ⅰ部第2章　社会保障法の理念と憲法」を参照のこと。

（b）条　約

国際法によって規律される国際的な合意を条約という。名称として、条約、協定、規約などが使われる。条約には、多数の諸国が当事国となる一般条約と限られた諸国のみが当事国となる特別条約がある。

社会保障法に関連する一般条約には、ILO（国際労働機関）の社会保障（最低基準）条約（102号）、国際連合の国際人権規約（社会権規約）、難民条約、子どもの権利条約、障害者権利条約などがある。日本政府は条約を批准する際には国内法を整備するので（新たな立法または法改正）、その意味において条約は立法に影響を与えている。

　条約が立法に影響を与えた例として、外国人に対する社会保障法の適用問題を取り上げよう。以前の日本の社会保障立法の多くには、国籍要件があった。例えば、国民年金法は、その名称が示すように、被保険者資格に日本国籍を要件としていた。そのため、外国人は国民年金の被保険者となることはできなかった。ILO及び国連は、「内外人平等待遇の原則」（国家が領域内において、自国民と同等の待遇を外国人に対して与えるという原則）に立っており、日本は、1979年に内外人平等待遇の原則を規定する国際人権規約を、1982年に難民条約を批准した。その結果、図表5に見るように、生活保護法を除き、国籍要件は撤廃された。

　それでは、批准した条約は、裁判規範性があるのだろうか。締結した条約は、憲法98条2項により、国内で法としての効力は認められている。国内で法としての効力を有する条約は、立法などの国内法上の措置を経ずに裁判において直接適用がなされうるのだろうか。

　塩見訴訟最高裁平成元年3月2日第一小法廷判決（判時1363号68頁）は、国際人権規約（社会権規約）9条について、「個人に対し即時に具体的権利を付与すべきことを定めたものではない」とし、条約そのものの裁判規範性を否定した。それ以降、下級審判決もほぼ同じ立場に立っている。

　（c）法　律

　法律は、国会によって制定される、具体的な社会保障法立法の法形式である。法律は、裁判規範性を有する。法律と次に述べる命令を総称して、法令という。

　（d）命　令

　命令は、内閣や府省庁などの行政機関による立法である。そのうち、法規である性質を持つ命令を法規命令といい、行政権が定立する国民の権利・義務に関する法規範である。法律の内容を実現するための手続に関する執行命令と法

図表5　社会保障法における国籍要件一覧

法　　律　　名	対　外　国　人							
	1922	敗戦 45	平和条 約発効 52	皆保険 皆年金 61	日韓 条約 65	ILO 102号 77	国連人 権規約 79	難民 条約 82
国　民　年　金　法				59					◎
厚　生　年　金 保　　険　　法		41 (46)							◎
国　民　健　康 保　　険　　法		38		58			86		◎
健　康　保　険　法	22								◎
労　働　者　災　害 補　償　保　険　法		47							◎
雇　用　保　険　法		47							◎
児　童　扶　養 手　　当　　法				61		82			◎
特別児童扶養手当等 の支給に関する法律				64		82			◎
児　童　手　当　法					71	82			◎
生　活　保　護　法		46 (50)							△
児　童　福　祉　法		47							◎
身　体　障　害　者 福　　　祉　　　法		49							◎
精　神　薄　弱　者 福　　　祉　　　法			60						◎
老　人　福　祉　法			63						◎

■ 適用　　◎ 現に適用あり

▨ 不適用　△ 現に合法的、かつ永住的外国人には事実上の適用あり

□ 行政措置による事実上の適用

注：「厚生年金保険法」は、制定当時「労働者保険法」と称したが、1944年に「厚生年金保険法」に名称変更した。

「雇用保険法」は、制定当時「失業保険法」と称したが、1974年に抜本改正されて、「雇用保険法」に名称変更した。

「精神薄弱者福祉法」は、「知的障害者福祉法」に1998年名称変更した。

　出典：高藤昭『社会保障法制概論〔第2版〕』龍星出版、2001年、311頁「表5-1　社会保障法の国籍要件一覧」

律の委任に基づいて、法律の内容を補充し具体化する委任命令がある。

　政令（内閣が発する命令、憲73条6号）、内閣府令（内閣総理大臣が発する命令、内閣府7条3号）、省令（各省大臣が発する命令、行組12条）などがある。政令は○○施行令、省令は○○施行規則と原則称される。

　命令という法形式ではなく、告示、訓令、通達の形式であっても実質的に法規命令の性質を有するものがある。

（e）条例・規則

　地方公共団体は、法律の範囲内で条例を制定することができる（憲94条）。地方議会によって制定された条例は、裁判規範性がある。また、地方公共団体の長は、法令に違反しない限りにおいて、その権限に属する事務に関し、規則を制定することができる（自治15条1項）が、規則も裁判規範性がある。

（ⅲ）憲法、条約、法律、命令の効力関係

　成文法源とされる憲法、条約、法律、命令の効力関係は、図表6に見るとおりである。憲法98条1項は、憲法は、「国の最高法規であつて、その条規に反する法律、命令、詔勅及び国務に関するその他の行為の全部又は一部は、その効力を有しない」と規定している。同項には条約という文言がないので、憲法と条約の優劣が問題となる。通説・判例は、条約が憲法に優位すると、内容的に憲法に反する条約が締結された場合に、法律よりも簡易な手続によって成立する条約によって憲法が改正されることになり、国民主権ないし硬性憲法の建前に反すること等を理由に、憲法優位説をとる。

　最高法規である憲法の効力が最も強く、憲法に違反する条約は無効であり、憲法や条約に違反する法律は無効であり、憲法や条約や法律に違反する命令は無効である（図表6）。

　最高裁平成14年1月31日第一小法廷判決（民集56巻1号246頁）は、児童扶養手当法の委任を受けて定められた政令（児童扶養手当施行令）が、児童扶養手当の支給対象児童に関して婚姻外懐胎児童について規定する「父から認知された児童を除く」という括弧書を、「法の委任の範囲を逸脱した違法な規定」として無効と解した。

図表6　憲法、条約、法律、命令の効力関係

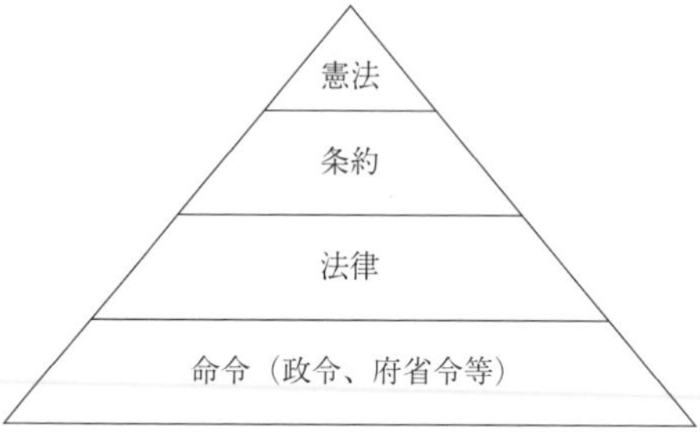

注：地方公共団体の条例や規則は、「法律・命令」に準ずる（芦部信喜・高橋和之補訂『憲法〔第七版〕』岩波書店、2019年、13頁）。
　　出典：筆者作成

（ⅳ）不文法源

　成文化されていない法源として、判例、慣習法、条理がある。

（a）判　例

　判例とは、ある問題に関し下された判決が集積し、ルール（法規範）が形成され、拘束力を持つものをいう。特に、最高裁判所の判決が重要であり、先例として判例を形成している。判例は裁判規範となっている。

（b）慣習法

　慣習法とは、慣習が法として認められたものをいう。社会保障法上の給付は、社会保障行政として行われ、法律による行政の原理が適用されるから、社会保障法において慣習法の成立する余地は限られている。

（c）条理（法の一般原則）

　条理とは、ものの道理を意味する。1875（明治8）年太政官布告第103号裁判事務心得3条に「民事裁判ニ於テハ成文アルモノハ成文ニ依リ成文ナキトキハ慣習ニ依リ成文慣習共ニ存セサルトキハ条理ヲ推考シテ裁判スヘシ」という規定があった。成文法や慣習法等を欠いている場合は、補充法源として条理がある。

　条理のみならず、信義誠実の原則（信頼保護の原則）、比例原則、平等原則などの一般原則が適用される。

　東京高裁昭和58年10月20日判決（行集34巻10号1777頁、確定）は、国民年金法の被保険者資格に国籍要件があった時代に、国民年金勧奨員の勧めにしたがって将来国民年金の給付がされることを信頼して保険料の支払いを続けた在日韓国人に対してなされた老齢年金の裁定却下処分を無効とした。その理由に「信義衡平の原則」を挙げた。「信頼関係が生じた当事者間（注：当事者＝保険料を納付した在日韓国人と控訴人である在日韓国人を国民年金被保険者ないし60歳に達したことにより右資格を喪失した者として扱った行政当局）において、その信頼関係を覆すことが許されるかどうかは、事柄の公益的性格に考慮をも含めた信義衡平の原則によって規律されるべきものであり、……控訴人の右信頼は法的保護を要請されるものである」とし、信義衡平の原則に従うと、控訴人と行政当局の間で生じた信頼関係を行政当局が覆すことができるのは、やむを得ない公益上の必要がある場合に限られるとし、本件は、やむを得ない公益上の必要には当たらないとした。

（ⅴ）行政規則

　行政規則は、行政主体の内部関係の統制を図る目的で定められ、国民や裁判所を拘束するものではないので、一般的には法規としての性質を有しない。しかし、上述したように、行政規則の中には、実質的に法規命令の性質を有するものがある。

　行政規則には、訓令・通達・告示・要綱などがあり、社会保障行政の実務において、重要である。訓令または通達は、各省大臣、各委員会及び各庁の長官が、その機関の所掌事務について、命令または示達するために、所管の諸機関及び職員に対し発するものである（行組14条2項）。具体的には、上級行政機関から下級行政機関に対する指示、法令の解釈指針、制度の運用指針を示す。告示は、各省大臣、各委員会及び各庁の長官が、その機関の所掌事務について、公示を必要とする場合に発するものである（行組14条1項）。具体的には、行政機関が、意思決定や事実を公式に知らせるための形式である。要綱は、行政内規として定められた規範である。具体的には、職員の事務処理の基準、給付や助成を行う事務取扱の基準などである。

第2章

社会保障法の理念と憲法

┌──┐
　この章で学ぶこと
　　社会保障法の特徴のひとつは、基本となる法典がなく、多様な生活関係を対象に制
　定されていることである。それは社会保障法が、その理念を表明する日本国憲法ととも
　もに登場していることにある。社会保障法を日本国憲法との関係から検討し、社会保
　障法に通底する役割と課題を考える。
└──┘

はじめに

　21世紀に入り国際社会は、グローバリゼーションと気候変動による、貧困・格差問題と大規模化する災害・感染症問題に取り組んでいる。もちろん貧困・格差問題は、欧米諸国にあっては1980年代から、社会保障制度改革として進められている。長期化する失業状態にある若者や、増大する移住労働者とその家族の生活が、それまで雇用労働者のライフ・サイクル（結婚、子育て、疾病、失業、死亡、退職）に即して貧困リスクに対応してきた社会保障制度にとり「新しい貧困」として浮上したからである。だが当時「ジャパン　アズ　ナンバー１」と好調な経済成長に沸く日本において、貧困への政治的関心は薄かった。

　ところが1989年ベルリンの壁の開放に始まり、冷戦体制が崩壊する。戦後の国際秩序が大きく変動し、グローバルな経済競争が生み出される。この直撃を受けて日本も1990年代半ば以降、非正規雇用の増大と若者の「超氷河期」といわれる就職難に直面する。2008年12月末に設置された「年越し派遣村」には多くの人々が、食と住と職を求めて集まる。「子どもの貧困」・「若者の貧困」・「母子世帯の貧困」あるいは「高齢者の貧困」が提起される。「正規雇用労働者とその家族」から排除される人々の貧困（＝「新しい貧困」）が浮上する。放置することの許されない「貧困」への取組み、すなわち権利としての生活保障が求

められている。だが、この課題は、つとに日本国憲法の要請ではないか。

1　日本国憲法と社会保障法

　第二次世界大戦を敗戦で迎えた日本にとり、民主主義の確立と人権保障とりわけ社会保障に関する権利は、新しい喫緊の政治課題であった。この課題を担って日本国憲法は、次のように表明する。

　第 1 に、民主主義の確立は、憲法前文に国民主権と平和的生存権として示される。国民主権は、天皇主権という権威主義の下で「戦争の惨禍」を起こしたことを反省して登場する。その決意は「全世界の国民が、ひとしく恐怖と欠乏から免れ、平和のうちに生存する権利を有することを確認する」と表明される。「恐怖と欠乏」すなわち「戦争と貧困」の克服は 2 年後の1948年、世界人権宣言の前文においても明記される。「人権の無視及び軽侮が、人類の良心を踏みにじった野蛮行為をもたらし、言論及び信仰の自由が受けられ、恐怖及び欠乏のない世界の到来が、一般の人々の最高の願望として宣言された」と。

　第 2 に、人権保障は憲法第 3 章「国民の権利及び義務」に示される。ひとつは「自由で平等な個人」像が、憲法13条「個人の尊重」と同14条「平等原則」に提示される。いまひとつは憲法25条「生存権」であり「すべて国民は、健康で文化的な最低限度の生活を営む権利を有する」という。生き延びるギリギリという印象のある「生存」ではなく「生活を営む」とあり、人々の暮らしが憲法の世界に登場する。しかも同条 2 項は「国の責務」を示す。「国は、……社会福祉、社会保障及び公衆衛生の向上及び増進に努めなければならない」と。

　この領域を対象に登場するのが、社会保障法である。ただし、憲法に「社会保障法」という名称はない。憲法25条を根拠に法律が制定されていく中で、同条 2 項にある「社会保障」が Social Security の訳語であり、アメリカにおいて1935年に制定された Social Security Act に由来することもあり、総称する用語として講学上、採用される。社会保障法は当時、名称のない法領域にもかかわらず、日本国憲法に明確に位置づけられて登場する。

　第 3 に「憲法保障」が採用される。憲法に政治のルールを示す立憲主義が権

威主義により否定されたドイツの経験を踏まえ、人権を掲げる憲法が議会制民主主義によって否定されることのないよう立憲主義の強化が課題となったからである。憲法98条は「憲法の最高法規性」を表明し、その保障として、憲法81条において裁判所が違憲立法審査権を持つ。社会保障法は他の法律等とともに、最高法規である憲法に反していないかを裁判所により審査される。

2　憲法25条と社会保障法

（ⅰ）社会保障法の出発──なぜ、生活保護法は「改正」されたのか？

（a）憲法25条の制定をめぐる問題

　憲法25条の下、生活保護法、児童福祉法、そして身体障害者福祉法と、いわゆる「福祉３法」が整備される。ただし生活保護法は、1946年に制定された旧生活保護法が1950年に全面的に改正されたものを指す。なぜ、憲法25条とともに、最も早く制定された旧生活保護法が、すぐに改正されたのか。その理由のひとつに、憲法制定過程で登場した憲法25条をめぐる問題がある。

　第90回帝国議会において、政府が提案する憲法草案が審議される。この政府案に現行憲法25条１項「生存権」はなかった。当初の政府案は現行憲法25条２項に類似する規定を提示するにとどまっていた。この政府案が修正され、新たに「生存権」を明記する１項が加えられる。と同時に、憲法27条１項に「勤労の義務」が挿入される。この２つの修正理由を、帝国憲法改正案委員会は衆議院本会議において次のように報告する。生存権は「一層明白に個人の生活権を認める」ためである、と。ここに「個人の生活権」保障という現代の「新しい貧困」に対応しうる社会保障法の理念が、提示される。と同時に勤労の義務は「生活権の保障を規定する以上、他方に労働の義務も規定することが至当であるとの意見に従って……勤労の義務を負う」とした（中村睦男・永井憲一『生存権・教育権』法律文化社、1989年、34頁）、という。

（b）欠格条項の問題

　後者の「勤労の義務」には、戦前の救貧制度を継承しかねない問題がはらまれていた。戦前の救護法には、その対象を労働能力のない者に限定する制限扶

助主義や「惰民・素行不良者養成の防止」のための欠格条項があった。この問題が、1946年に制定された旧生活保護法に露呈する。旧生活保護法は GHQ による「社会救済に関する覚書」（1946年 2 月）が示した国家責任・無差別平等の原則にそって、憲法と並行して審議され制定されており、当然、憲法25条の生存権の具体化であることも確認されていた。それゆえ旧生活保護法は、対象を労働能力の有無にかかわらない、一般扶助主義を採用した。だが同法 2 条は欠格条項を継承した。「能力があるにもかかわらず、勤労の意思のない者、勤労を怠る者その他生計の維持に努めない者」、「素行不良な者」を対象から排除した。憲法27条「勤労の義務」にそって、これに反する者が排除された。

　旧生活保護法は、その後に設置された社会保障制度審議会からの勧告（1949年「生活保護制度の改善強化に関する件」）を受けて再検討される。1950年に成立した生活保護法は、 1 条で憲法25条の具体化であることを明記し、旧法にはなかった不服申立制度を確保するとともに、欠格条項を削除する。改正された生活保護法 2 条は、困窮原因を問わず無差別平等に保護を受ける、とする。生活保護法の申請権は憲法25条「生存権」に基づくものであり、憲法27条「勤労の義務」による制限から解放される。そして1950年、社会保障制度審議会勧告が社会保障制度の基本骨格を示し、社会保障法の制定が進展する。

（ⅱ）憲法25条に関する学説──生存権は「法的権利」なのか？
（ａ）憲法25条に関する学説の動向

　憲法25条をめぐる学説には、①プログラム規定説、②抽象的権利説、③具体的権利説、そして④「ことばどおり」の具体的権利説がある。①プログラム規定説は、憲法25条を国の政治的道徳的義務の宣言とし、生存権は「国家からの自由」という自由権的な側面で法的効力を持つが、社会権的な側面、すなわち国民に国への具体的請求権を認めるものではない、とする（法学協会編『註解日本国憲法（上）』有斐閣、1953年、488-489頁）。②抽象的権利説は、憲法25条の生存権が法律に具体化されているときには法的権利である（芦部信喜『憲法〔第 7 版・高橋和之補訂〕』岩波書店、2019年、279頁）とし、現在の通説である。③具体的権利説は、法律に具体化されていない場合も、生存権は法的権利であり、立法不

作為を提起できる、とする。ただ、社会保障法の整備に伴い、立法不作為の問題の重要性が失われたこともあり、より明快な④「ことばどおり」の具体的権利説（棟居快行「生存権の具体的権利性」長谷部恭男編著『リーディングズ現代の憲法』日本評論社、1995年、165-166頁）が登場し、現在の有力説である。憲法25条を根拠に給付請求権を明確に認める。

（b）判例の動向

　憲法25条に関する最初の判例は、食糧管理法違反事件最高裁判決（最大判昭23・9・29刑集2巻10号1235頁）である。当時、深刻な食料難の中、戦時中から引き続き食糧管理法による統制が行われ、これに違反し起訴された者が、自らの行為を生活権の行使であり、食糧管理法を憲法25条違反と主張した。最高裁判決は「国の責務」について、次のように述べる。立憲主義は当初、自由権中心で経済活動を放任主義の下に置いたが、自由競争は貧富の差を拡大し社会的不公正が生じた。そのため現代国家は「積極的干与」に転じる。これが憲法25条「国の責務」であり「国家は、国民一般に対して概括的にかかる責務を負担しこれを国政上の任務とした」と。したがって「憲法の規定から直接に現実的な生活権」を引き出す主張は「誤解」であり、憲法25条の「規定により直接に個々の国民は、国家に対して具体的、現実的にかかる権利を有するものではない」とする。これは生存権の自由権的側面についての言及であり、社会権的側面についての判断を示したわけではない。

　そして1957年、原告（療養患者）の姓をとり朝日訴訟と呼ばれる事案が提訴され、生存権の法的性格が真正面から問われる。厚生大臣（当時）の決定した保護基準は、憲法25条「健康で文化的な最低限度の生活」に反するとの主張である。これを受けて裁判所は、地裁、高裁そして最高裁のいずれの判決も、生存権が法的権利であることを認める。これらの判決に対応して、プログラム規定説に代わり、抽象的権利説と具体的権利説が登場する。

（ⅲ）憲法25条と行政裁量──朝日訴訟は、何を明らかにしたのか？

（a）朝日訴訟における裁判所の見解

　朝日訴訟地裁判決（東京地判昭35・10・19行集11巻10号2921頁）は、厚生大臣（当

時）の決定した保護基準を、生存権保障を役割とする生活保護法に違反し、違憲・無効であるとの判断を示した。特に本判決が、生活保護法にいう最低限度の生活の水準は「客観的に確定」でき、かつ「予算によって左右されず逆に予算を指導支配すべきである」とした点は、③具体的権利説そして、その後に④「ことばどおり」の具体的権利説を登場させる。現在も生存権と財政民主主義との関係を考える重要な論点である。

　高裁判決（東京高判昭38・11・4行集14巻11号1963頁）は、厚生大臣の裁量を広く認める立場をとるが、生活保護基準を具体的に検討し「1割程度の不足をもつて本件保護基準を当・不当というにとどまらず確定的に違法と断定することは早計である」と結論し、原告敗訴とした。

　そして上告中の1964年に原告が死亡し、訴訟は、原告の養子によって継続された。これに対し朝日訴訟最高裁判決（最大判昭42・5・24民集21巻5号1043頁）は、保護請求権が一身専属の権利であり、譲渡も相続もできないとして、訴訟は終了との判断を示した。ここで最高裁は、あらためて生活保護法による国からの生活保護は「単なる国の恩恵ないし社会政策の実施に伴う反射的利益ではなく、法的権利であって、保護受給権とも称すべきものと解すべきである」と述べる。憲法25条の具体化として生活保護法が「法的権利」を保障するとし、戦前の救護法との断絶を明確にする。

（b）憲法25条に関する最高裁判決の見解

　ただ同判決は傍論ではあるが「念のため判決」とも称される部分で、25条の解釈について言及する。第1に憲法上の生存権は、食糧管理法違反事件最高裁判決に示されたように、個々の国民の権利を保障したものとはいえないが、その実現のために制定された生活保護法によって、具体的な権利として保障される。第2に、生活保護法による厚生大臣の定める保護基準は、憲法上の「健康で文化的な最低限度の生活」を維持するに足りるものでなければならない。

　とはいえ第3に、憲法上の生存権は「抽象的な相対的概念」であり「多数の不確定的要素を綜合考量してはじめて決定できる」ものである。保護基準の設定は「いちおう、厚生大臣の合目的的な裁量」にある。それゆえ第4に、厚生大臣の判断が「現実の生活条件を無視して著しく低い基準を設定する等憲法お

および生活保護法の趣旨・目的に反し、法律によって与えられた裁量権の限界を
こえた場合または裁量権を濫用した場合には、違法な行為として司法審査の対
象となることをまぬかれない」として、広範な行政裁量を認める判断を示す。
そして最後に、厚生大臣の設定した生活保護基準を、高裁判決に従いつつ検討
した上で、行政裁量の範囲にあると結論する。

（ⅳ）憲法25条と立法裁量——堀木訴訟最高裁判決は、何を明らかにしたのか？

（a）堀木訴訟最高裁判決

　1961年国民皆年金・皆保険制度が始まり、社会保障制度の整備が進展するな
か、1970年、原告の姓をとり堀木訴訟と呼ばれる裁判が提起される。事案は、
次のようなものである。母子世帯の母である原告は、母子世帯に児童扶養手当
が支給されると知り、その申請をする。だが原告は、視覚障害者として国民年
金法上の障害福祉年金を受給しており、これが児童扶養手当法の併給調整条項
に該当することを理由に、児童扶養手当の支給が認められなかった。原告は、
児童扶養手当の支給を求めて提訴する。

　1982年堀木訴訟最高裁判決（最大判昭57・7・7民集36巻7号1235頁）は、児童
扶養手当法の併給調整条項は立法裁量の範囲内にあり、したがって憲法25条に
違反するものではない、との判断を示す。第1に、憲法25条1項・2項ともに
「福祉国家の理念」による「国の責務」として「個々の国民の具体的・現実的
な生活権」の整備・充実を要請するという。この点は、同高裁判決と異なる。

　高裁判決（大阪高判昭50・11・10行集26巻10・11号1268頁）は国の責務を1項と2
項で異なるとし、1項は「最低限度の生活」保障である救貧施策、2項は「生活
水準の向上に努める」保障である防貧施策とする。したがって「生別母子世帯
の生活実態が劣悪」であるとすれば、その救済は防貧施策である児童扶養手当
法ではなく、救貧施策である生活保護法によるべきである、との判断を示す。

　第2に「個々の国民の権利に対応して国の義務が存在するものではない」と
する。これは食糧管理法違反事件最高裁判決の引用である。この引用は朝日訴
訟最高裁判決にもある。

　したがって第3に、具体的な立法措置は立法府の広い裁量に委ねられ、裁判

所の審査には適しないとする。「25条の規定の趣旨にこたえて具体的にどのような立法措置を講ずるのかの選択決定は、立法府の広い裁量にゆだねられており、それが著しく合理性を欠き明らかに裁量の逸脱・濫用と見ざるをえないような場合を除き、裁判所が審査判断するのに適しない事柄であるといわなければならない」と。生存権に関する法律が違憲立法審査権の対象となる可能性は、ごく限られる。司法が立法権に影響を与えることに極めて抑制的である。

　その理由は第4に、生存権が「抽象的・相対的な概念」であり、その具体化には、文化や経済的・社会的条件、国民生活の状況などとの「相関関係」、さらに「国の財政事情」及び「高度の専門技術的な考察」と「政策的判断」が必要となる、とする。

　最高裁判決は、憲法25条の「国の責務」を「福祉国家の理念」として強調すると同時に、立法府の広範な裁量を認める。「福祉国家の理念」を具体化する「国の責務」は、民主主義に基礎づけられる国会にあるとの判断が示される。

（b）堀木訴訟最高裁判決をめぐる学説

　第1の論点、憲法25条1項・2項の関係について学説は、最高裁判決と同じく一体説が通説である。高裁判決の採用する1項・2項分離説に対しては、1項の救貧施策に関して「厳格な司法審査が行われる旨を示唆」する点での評価もあるが、「他の施策をすべて防貧施策として広汎な立法裁量に委ねる点」（芦部前掲 2019）に重大な問題があるとする。

　第3の論点について学説は、司法の消極主義として批判的である。憲法41条は「国会は国権の最高機関であって、国の唯一の立法機関である」とする。だが同時に憲法81条は、違憲立法審査権を裁判所に認める。民主主義は多数決によるほかなく、多数決が必ずしも憲法適合的な判断をするとは限らない。とりわけ社会保障法は、少数者となる人々の生活への支援を重要な任務とする。多数決によって見落とされがちな個別の生活実態が原告により明らかにされる機会を、裁判所が受け止めるところに、生存権を法的権利とする意味がある。「福祉国家の理念」の下で国の責務が果たされることは、選挙による議会制民主主義に委ねられ、個々の国民は、その実現を待つだけであれば「恩恵」・「反射的利益」と大差ないことになりかねず、法的権利といえるのか疑問となろう。

　第4の論点については、④「ことばどおり」の具体的権利説による批判がある。生存権を「抽象的概念」とすることに対し、他の法概念（例えば「わいせつ」）と比較して、特に抽象的とはいえない。「専門技術的」・「政策的」判断の必要性は、生存権に関する立法に限定されるものではない。なにより「財政事情」について、生存権保障は、財政民主主義という多数派の意思に対し、裁判上の保護を少数派に提供するものである（棟居前掲1995）、と。

　そして現実に「福祉国家の理念」は、国の財政事情によって変化する。2004年「最低限度の生活保障」とされている保護費が減額される事態が起きる。「最低限度」の切り下げに対し「健康で文化的な最低限度の生活」を問う裁判が、再び登場する。これが、老齢加算訴訟である。

（ⅴ）憲法25条と生活保護基準の改定──なぜ再び、行政裁量が問われるのか？

（a）老齢加算訴訟の背景

　2004（平成16）年、厚生労働大臣は生活保護基準を改定し、老齢加算を段階的に減額し、2006（平成18）年に廃止した。老齢加算とは、70歳以上の者を対象とする生活扶助の加算であり、生活保護法に基づいて最低限度の生活保障として支給されてきた。同法8条には生活保護の基準について「要保護者の年齢別、性別、世帯構成別、所在地域別その他保護の種類に応じて必要な事情を考慮した最低限度の生活を充たすに十分なものであって、且つ、これをこえないものでなければならない」とある。「年齢」は保護基準に明記され、老齢加算は最低限度の生活保障として実施されてきた。これを削減・廃止するという厚労大臣の保護基準改定は、憲法25条及び生活保護法に反するのではないか。保護変更処分の取消しを求めて、老齢加算訴訟が各地で提起された。

（b）老齢加算訴訟最高裁判決

　東京で提訴された事案に関する最高裁判決（最判平24・2・28民集66巻3号1240頁）は、結論として、保護基準の改定に違法性はなく、憲法25条に違反するものでもないとする。保護基準の改定は厚労大臣の裁量権であり「高度な専門技術的な考察とそれに基づいた政策的判断にある、という。ただし、この「考察」と「政策的判断」について、判決は「裁量権の範囲の逸脱又はその濫用」

があるか否かを検討する。「考察」については「生活保護制度の在り方に関する専門委員会」の見解を対象とする。「政策的判断」については、同専門委員会の報告を受けて「加算に見合う特別な需要は認められない」とした厚労大臣の判断を対象とする。これが、裁量行使の判断過程について合理性の審査を行う、いわゆる「判断過程審査」である。しかも、その審査基準は「看過し難い過誤、欠落」ではなく「過誤、欠落」である。「看過し難い」という要件があれば、よほどのことがない限り「過誤、欠落」を認定できないことになる。だが単に「過誤、欠落」を審査するとされており、審査される行政の側からいえば、司法による厳しい判断が行われることになる。

　したがって学説も「判断過程審査」の採用と審査基準の厳格化については評価する。しかし事案が最低限度の生活を切り下げる、不利益な方向へ後退させる決定であり、このような行政判断には、正当な理由が明確に示される必要があるとして「制度後退禁止原則」が提起されている。

3　憲法13条・14条と社会保障法

（ⅰ）憲法13条と社会保障法——なぜ、憲法13条が、社会保障法と関係するのか？
（a）憲法13条の個人主義

　憲法13条は個人主義を表明する、人権に関する包括的規定である。前段は「個人の尊重」後段は「生命・自由・幸福追求の権利の尊重」（以下「幸福追求権」という）である。後段の幸福追求権は、プライバシーの権利や性・生殖に関する自己決定権など、憲法に明示的に列挙されていないが、「人格的生存に必要不可欠な権利・自由を包摂する包括的な権利」（樋口陽一・佐藤幸治・中村睦男・浦部法穂『注解法律学全集　憲法Ⅰ』青林書院、1994年、263頁［佐藤幸治執筆]）である。自己決定の自由という自由権的側面と自己決定できる環境整備という社会権的側面を持つ幸福追求権の特質は、人格的自律権に由来する。人格的自律権は自由権・社会権に通底する「個人の尊重」の核である。

　憲法13条「個人の尊重」に根拠を置く人格的自律権説は、生存権保障を個人が自律的・主体的に自らの生を追及するための環境整備と提示する。この人格

的自律権説により、生存権に関する2つの領域で、当事者の抱える問題が浮かび上がる。ひとつは、ケアを必要とする人々の権利保障である。1997年介護保険法や2002年障害者総合支援法など、当事者の「自律的な生の追求」の保障が要請される。いまひとつは、生活保護行政における当事者の「自律的な生の追求」保障である。2005年以降に導入された生活保護法における自立支援プログラムや2013年制定・2015年施行の生活困窮者自立支援法などの取組みにおいて、当事者の自己決定権保障が課題となる。多様な人間関係の中で当事者の自己決定が形成される「生活の現実」を踏まえ、当事者が自己決定できる環境の整備を社会保障法の役割とする立場からの提言が展開されている。

　だが、そこには課題もある。ひとつには、当事者の自己決定権が財政との関係から強要されかねない問題である。いまひとつは当事者の自律保障が、いっそう内面的な「自律」への意欲やその程度を、行政の判定に委ねることにより、当事者が生存権保障から排除されることを招きかねない点である。しかも、いずれの問題も、憲法25条の要請する個人像として提起されている。例えば生活保護法の当事者は、惰民化防止規定である欠格条項の想定する「保護に依存する者」ではなく、憲法25条1項のひとしく「自立する権利をもつ個人」である、と。だが現実には当事者を保護への依存者とみなすかのような行政の対応が継続し、申請権の侵害は深刻である。したがって社会保障における個人像は「一層明白な個人の生活権」として登場した憲法25条「自立する権利をもつ個人」像を土台に、憲法13条「自律的な生を追及する個人」像が展開している、ということではないか。それゆえ現在のところ「自立・自律する個人」像と表現されている。

（b）憲法13条と堀木訴訟最高裁判決

　憲法13条「個人の尊重」は堀木訴訟最高裁判決においても取り上げられている。当判決は、児童扶養手当法の併給調整条項が「個人の尊厳を毀損するような内容の定めを設けているときは、……憲法13条違反の問題を生じる」として、憲法25条の問題とは別に、「個人」として「子ども」の問題を検討する。子どもの「社会保障への権利」は、子どもの権利条約（1989年国連採択、1994年日本批准）26条に登場する。それより早く最高裁判決は「子どもの権利」を設

定する。ここに憲法13条とともに憲法25条が「個人」の生活を営む権利を明記する、先進性を見出すことができる。ただし判決は、憲法25条に関し児童扶養手当は子どもへの支給ではないとする判断に依拠し「児童の個人としての　尊厳を害し、憲法13条に違反する恣意的かつ不合理な立法であるといえない」と結論する。しかし児童扶養手当が親の所得保障であるとするのであれば、原告の受給する障害福祉年金に、母子福祉年金にある子ども加算がないことに言及する必要がある。障害年金受給後に出生した子どもの加算が障害年金に認められるのは、2010年障害年金加算改善法による。

（ⅱ）憲法14条と社会保障法──なぜ、社会保障法にとり、憲法14条が重要なのか

（a）憲法14条の平等原則

　憲法14条「平等原則」は、憲法13条と並ぶ人権の総論的規定であり、基本原則である。しかも憲法14条は、実質的平等論の進展により、社会保障法の根拠として重要な規定である。食糧管理法違反事件最高裁判決も指摘するように、20世紀に入り、資本主義が自由主義イデオロギーの下、社会的経済的不平等を深刻化させていること、すなわち「貧困」が発見される。「自由と平等」を掲げる憲法も「自由」だけを保障し、貧困問題したがって「平等」の課題を放置してきたのではないかが問われる。それゆえ第一次世界大戦を敗戦で迎えたドイツにおいて、生存保障を掲げる1919年ヴァイマル憲法が登場する。同憲法151条は「経済生活の秩序は、すべての人に、人間たるに値する生存を保障することを目指す正義の諸原則に適合するものでなければならない」とし、経済的自由に対する「人間たるに値する生存」保障を明記する。ヴァイマル憲法に示された近代憲法から現代憲法への転換が、第二次世界大戦後、平等原則を実質的平等原則として展開させている。日本国憲法14条もまた生存権を支える重要な原則である。以下、2つの最高裁判決を検討する。

（b）堀木訴訟最高裁判決と平等原則

　堀木訴訟最高裁判決は憲法14条に関して、憲法25条とは別に検討するという。本事案における平等原則の問題は、児童扶養手当が併給調整条項に該当して不支給となる人と、同条項に該当せず支給される人との間の「差別」が「著

しく合理性を欠く」か、という点にある。この「差別」について最高裁判決は「児童扶養手当の受給に関して差別を生ずることになるとしても……身体障害者、母子に対する諸施策及び生活保護制度の存在などに照らして総合的に判断すると、……差別がなんら合理的理由のない不当なものであるとはいえない」と述べる。「差別」の存否に明確には踏み込まないまま、他の制度の存在によって正当化する。

（c）平等原則と異なる世帯の比較

児童扶養手当法はひとり親世帯への支給を原則とする。ところが、障害福祉年金受給者が、ひとり親世帯の親であれば（父であれ母であれ）不支給とし、ふたり親世帯の父である場合には、その子どもの母親に支給する。

この異なる世帯を比較の対象として平等原則を検討するのが、地裁判決（神戸地判昭47・9・20行集23巻8・9号711頁）である。手当の支給が、障害福祉年金を受ける者が母であるか、それとも父であるかという点と、母が障害年金受給者であるか、それとも健全であるか、の2点の「差異」を検討することを地裁判決は、次のように述べる。「憲法14条は……実質的な平等を保障する趣旨をも有する」ので「憲法25条2項に基づく社会保障政策においても」要請される。そして2つの世帯の間には「憲法14条1項……の差別事由に該当する……性別による差別、並びに障害者であるとの社会的身分類似の地位による差別という二重の差別が存在する」と。

これに対し高裁判決は、異なる世帯の間で比較をする地裁判決を「正当でない」という。そして、同じひとり親世帯についての規定であることを理由に、性差別のない併給調整条項を比較の対象とし、性差別はないとする。

（d）性別役割分担論と平等原則

異なる世帯の間に「差別」が生じる原因のひとつに、性別役割分担論がある。児童扶養手当法も、その支給対象を「父と生計を同じくしていない児童」としているように、「父」は経済的役割の担い手である。それゆえ障害福祉年金を受給する「父」も生計の担い手ではないとみなされ、ふたり親世帯ではあるが「父」の不在により経済的困窮にある中で、子の養育にあたる母に児童扶養手当が支給される。ところが、障害福祉年金を受給する女性がひとり親世帯の母

親として子の養育をも担うことは、児童扶養手当法の想定するところではない。現実に「父」の不在による経済的困窮の中で子の養育を担う原告にとり、児童扶養手当の不支給は彼女の存在を否定することを意味する。原告が裁判に求めたのは、なにより彼女の「生」への承認である。このことを地裁判決は、実質的平等の観点から、障害と女性という「二重の差別」（＝「複合差別」という）として明確にする。障害女性の複合的差別の認識とその克服は、障害者権利条約（2006年国連採択、2014年日本批准）6条に明記される。

　性別役割分担論の克服が検討されるようになるのは、1979年に国連で採択され1985年に日本が批准する、女性差別撤廃条約による。社会保障法にも、人々の生活を営む自律的な力を性別役割分担論という固定的な女性観・男性観によって奪いかねない問題をはらんでいるかが問われている。女性差別撤廃条約の批准以降、性別をめぐる憲法14条と社会保障法との関係は、法改正という形で進められる。2010（平成22）年児童扶養手当法は母子世帯だけでなく、父子世帯をも対象にするよう改正される。また、2012（平成24）年には遺族基礎年金支給対象が「妻」となっており「夫」が除外されていたが、「配偶者」と改正され、父子世帯も対象となる。

　学説は「性に基く区別」については憲法14条に明記されていることを理由に、「疑わしい区別」として厳格な審査をすることを主張する。

（iii）学生無年金障害者訴訟——学生の「生活を営む権利」とは何か？

（a）学生無年金障害者訴訟の背景

　生存権保障と憲法14条との関係が問題になるのは、学生無年金障害者訴訟である。1959年国民年金法は「日本国憲法第25条第2項に規定する理念に基き、老齢、廃疾又は死亡によって国民生活の安定がそこなわれることを国民の共同連帯によって防止し、もって健全な国民生活の維持及び向上に寄与することを目的とする」という。だが、20歳以上の学生は任意加入とされ、ほとんどの学生は未加入であった。そのため障害を負っても、障害基礎年金を受給できなかった。ようやく1989年改正国民年金法は、20歳以上の学生を強制加入とする。ただし、改正前に障害を負った元学生らは救済措置もないまま放置され

た。

（ｂ）憲法14条と最高裁判決

最高裁判決（最判平19・9・28民集61巻6号2345頁）は、まず憲法25条に関して堀木訴訟最高裁判決に従い、「立法府の広い裁量にゆだねられている」とする。次いで憲法14条について「受給権者の範囲、支給要件等につき何ら合理的理由のない不当な差別的取扱いをするときは、別に憲法14条違反の問題を生じ得る」という。

憲法14条との関係において検討されるのは、2点の「区別」である。ひとつは「加入等に関する」事項であり「保険料負担能力のない20歳以上60歳未満の者のうち20歳以上の学生とそれ以外の者との間」の「差異」である。判決は「拠出制の年金である障害基礎年金等の受給に関し」ては「国民年金事業の財政及び国の財政事情にも密接に関連する事項」であり、立法府が「広範な裁量を有する」という。その理由は「拠出制」にある。例えば「20歳以上の学生」が国民年金に任意加入していないときに「傷病により重い障害の状態にあることとなる一般的な確率は低い」という。「低い確率」で生じることは、拠出制である以上「合理的理由のない不当な差別的取り扱いではない」とされる。

第2の「区別」は、20歳前障害者には無拠出制の障害基礎年金が支給されるが、20歳以上で障害を負った学生には支給されないという「区別」である。最高裁判決は「任意加入によって国民年金の被保険者になる機会を付与されていた」ことを理由に「両者の取り扱いの区別が、何ら合理的理由のない不当な差別的取り扱いであるということもできない」とする。

したがって2つの「区別」はいずれも立法裁量に委ねられる。しかし、学生無年金障害者は、この2つの「区別」によって、すなわち20歳以上の非学生に対しては学生だから稼得能力がないと除外され、20歳未満の者に対しては20歳以上だから稼得能力があると任意加入とされ、制度のはざまに置かれ、放置される。

この事態に対し学説は、①拠出制に関しては合理性の判断にとどまるとの立場もあるが、②「生きる権利」の保障であることから、厳格な基準によって審査されるべきである、との立場が表明されている。

　この問題もまた遅まきながら、立法によって解決されている。1989年改正国民年金法において、学生は国民年金の強制加入の対象とされ、2000年には学生特例納付制度が創設された。さらに2017年「特定障害者に対する特別障害給付金の支給に関する法律」が制定されている。

（ⅳ）憲法89条と社会保障制度——なぜ「慈善・博愛」事業が問題なのか？

　既にみてきたように、最高裁判決は、生存権保障における「国の責務」の中でも、特に立法を重視する。確かに日本国憲法41条は、国会は「国権の最高機関」であり「国の唯一の立法機関」であるとする。さらに憲法83条は「国の財政を処理する権限は、国会の議決に基く」ことを要請する。これは「財政立憲主義（財政国会中心主義）の原則を明示的に確認」（樋口陽一・佐藤幸治・中村睦男・浦部法穂『注解法律学全集　憲法Ⅳ』青林書院、2004年、213頁〔浦部法穂執筆〕）するものである。予算措置を必要とする生存権保障にとり、国会の果たす役割は極めて大きい。

　その中で89条「公の財産の支出又は利用の制限」の規定がある。前段で宗教上の組織・団体に対し、後段が「公の支配に属しない慈善、教育若しくは博愛の事業」に対し、公金支出等を禁止する。この条文は、国会の財政決定権への一定の制約とも考えられ、しかも「慈善・博愛の事業」したがって社会福祉事業が対象となっているところに、関心が寄せられる。

　ただし89条前段は、憲法20条「政教分離原則」を徹底させる趣旨であり、財政処理の原則とされている。これに従えば、後段の慈善・博愛事業も、憲法25条の下にあることは前提である。したがって89条後段は、公金等支出の禁止というより、当該事業への「公の支配」に重点がある。学説も「公の支配」の解釈をめぐり、主として３つに分かれる。①公費乱用にならないように監督すべきことを要請する、公費乱用防止説、②自主性を確保するために公権力の干渉を除く、自主性防止説、③特定の宗教等による事業への影響を防止するために「公の支配」を必要とする、中立説である。

　89条が国会の財政決定権への制約を課す対象は、前段では宗教、後段では教育と社会福祉事業である。いずれも戦前の権威主義体制を支える役割を担った

歴史を持つ。それゆえ日本国憲法は、20条「宗教の自由、国の宗教活動の禁止」、26条「教育を受ける権利」と23条「学問の自由」そして25条「生活を営む権利」を、それぞれ明記する。この点を89条は、国会の財政決定権の制約としても確保するものであるように思われる。

4　今後の課題

　日本国憲法が要請する社会保障法の役割は何か。堀木訴訟最高裁判決は、憲法25条1項・2項の意義として次のように述べる。「国の責務であるとされている社会的立法及び社会的施設の創造拡充により個々の国民の具体的・現実的な生活権が設定充実されてゆく」と。社会保障法の役割は、個々の国民の具体的・現実的な生活権保障にあり、その課題は、国民の生活権保障を、具体的・現実的に果たしているのかにある。ここに憲法訴訟の意義がある。

　第1に、検討した憲法訴訟の原告らが提示する具体的・現実的な生活の困難さは、社会保障法の役割の重要性と、その課題を明確にする。確かに最高裁判決は「個々の国民の権利に対応して国の義務が存在するものではない」と繰り返し述べる。だが、これは自由権としての生存権に関する確認にすぎない。

　しかし第2に、最高裁判決は原告らの訴えに対し「司法審査になじまない」として、立法・行政の裁量の問題とする。これは2つのことを示す。ひとつは社会保障法が生活権保障の役割を果たすためには、立法・行政の動向に高い関心を払う必要がある。民主主義は多数決によるため、ときに少数派を排除する「数の暴力」に陥る。特に予算は、政治的な対決要素があり、少数派を排除して勝ち取るところに成果を見出すこともある。この立法・行政にはらまれる民主主義の制度的欠陥を克服することが「個人の生活を営む権利」を憲法に掲げる理由である。立法・行政の運用を権利保障と連動させることは、社会保障法の課題である。

　いまひとつは、憲法訴訟で提起される社会保障法の課題は、未解決のまま、長く放置されたあと、その多くは立法による改正が行われていることである。それは予算にゆとりができたからではない。その背景には、女性差別撤廃条

約、子どもの権利条約、そして障害者権利条約など、女性、子ども、あるいは障害者の「社会保障を受ける権利」の提起にある。それは、家族の中で保護される存在とみなされてきた人々が「個人」として登場したことを示す。だが、日本国憲法はつとに「個人」の生活権を掲げており、それゆえ憲法訴訟の原告らも「個人」としての生活権保障を提起し、最高裁判決も「個人の尊厳」や「平等」に関する争点を取り上げる。放置することの許されない「個人の生活権」侵害を長く放置してきた事実は、いま、求められている当事者の生活権保障を社会保障法が果たしているのか、個別的・具体的・現実的に考えることの重要性を示す。ここに、日本国憲法の要請する社会保障法の課題がある。

第 **3** 章

社会保障給付の権利

この章で学ぶこと

　この章では、社会保障給付の受給権に関する主な共通事項、権利の救済、権利擁護について学ぶ。

　「社会保障の権利」に関する議論には、憲法上の権利に関する議論と、実定法上の権利に関する議論とがある。このうち、憲法上の権利については第Ⅰ部第2章（社会保障法の理念と憲法）で論じられている。また、各法が定める実定法上の権利の具体的な内容等については第Ⅱ部第3章以下の各章で論じられている。

　そこでこの章では、各法が定める給付の受給権に関する主な共通事項等について説明することにしよう。

はじめに

　社会保障給付の受給権は、法によって保護されている。また、受給権が行政機関や保険者の違法な処分や不当な処分によって侵害された場合には、権利救済の制度を利用することができる。それほど受給権は重要なものと考えられている。

　ただし、法による保護にも例外がある。また、例外として扱われてきた制度が、例外ではなくなることもある。なぜだろう。

1　社会保障の権利構造

　社会保障の権利構造を分析した河野正輝の知見によると、社会保障の権利は、「請求権（claim-right）、自由権（liberty-right）、免除権（immunity-right）および権能権（power-right）という複合的要素」から成る「複合的構造」を有している（河野正輝「社会保障の法体系と権利構造」社会関係研究9巻2号（2003年）13頁）。

図表 1　社会保障の権利構造

3 つの「権利の束」	「束」に属する権利	構成要素
実体的給付を求める権利	適切な基準を満たした給付を請求する権利	請求権
	給付の過程においてプライバシー侵害、虐待、拘束等を受けない権利	自由権
	一定の免除要件を満たすことにより、費用負担の免除を受ける権利	免除権
	給付を受ける権利の譲渡禁止	権能の制限
給付決定の手続上の権利	給付に関する情報を受ける権利	請求権
	給付決定を申請する権利	権能権
	要保障状態にあることの認定過程において意見を表明する権利	権能権
	給付の決定過程において選択（自己決定）する権利	権能権
	行政処分による決定の場合、迅速かつ公正な決定を求める権利	請求権
	不利益変更の処分の場合、弁明ないし聴聞の機会を求める権利	請求権
救済争訟の権利	①インフォーマルな苦情解決の手続による解決、②行政内部の不服申立てによる救済、③司法救済を求める権利が含まれる。	

出典：河野前掲 2003, 13-16頁より筆者作成

　河野は権能権について明確な定義をしていないが、法的権限（legal power over second party）と同旨と解される。その内容は「Xの自発的な行為によってYに特定の法的効果Cがもたらされることが法認されているならば、Xはこの効果CをYにもたらす法的権限を有する」（河野正輝『社会福祉の権利構造』有斐閣、1991年、89頁）というものである。

　図表1は河野による、3つに大別される権利の「束」の、「それぞれの束に属する権利とその権利構成要素の例示」である。

2　受給権の発生と消滅

（ⅰ）受給権の発生

　本章では以下、社会保障給付の受給権を取り上げる。図表1には「受給権」という言葉が示されていない。しかし、受給権という言葉は多く用いられている。社会保障給付の受給権の概念について、堀勝洋は次のように説明する。

> 　従来、社会保障給付についての実体的権利について、学説はしばしば請求権という語を用い、実定社会保障法は受給権と言う語を用いてきた。（略）社会保障給付に関する権利は、受給主体が支給主体に対して給付を行うよう求める権利であり、請求権である。社会保障給付には、法令上の支給要件を満たしても具体的な権利が発生するとは限らず、行政庁による一定の行為を必要とするものがある。このように受給に必要な行政庁の行為がなされ、実際に給付を受けることができるようになった権利を「受給権」と呼び、国民が公的団体に対して給付を行うよう求める権利を「請求権」と呼んで、区別するのが適切である（堀勝洋『社会保障法総論〔第2版〕』東京大学出版会、2004年、224頁）。

　社会保障給付の受給権は、各法が定める要件に該当したときに発生する。具体的な内容については、第Ⅱ部第3章以下で説明される。

（ⅱ）受給権の消滅

　社会保障給付の受給権は、①受給権者が死亡したとき、②消滅時効が到来したとき、その他、③支給事由に該当しなくなったときや失権事由が生じたときに消滅する。

（a）受給権者が死亡したとき

　受給権は受給権者の死亡により消滅し、相続されない（受給権の一身専属性）。死亡した受給権者に未支給の年金がある場合、法が定める遺族は、自己の固有の権利としてその支給を請求することができる（国年19条、厚年27条、労災11条、雇保10条の3。→第Ⅱ部第3章2（ⅱ）（c））。

（b）消滅時効が到来したとき

　現金給付の受給権は時効によっても消滅する。現物給付の受給権は消滅時効にかからない。各法が定める消滅時効は以下のとおりである。

- ・年金：裁定前の基本権・支分権につき 5 年（国年102条、厚年92条）。
- ・医療保険： 2 年（健保193条、国保110条、高齢医療160条）。
- ・介護保険： 2 年（介保200条）。
- ・労災保険：療養補償給付・休業補償給付等につき 2 年（労災42条）。障害補償給付・遺族補償給付等につき 5 年（同条）。
- ・雇用保険： 2 年（雇保74条）。

（c）支給事由に該当しなくなったときや失権事由が生じたとき

　これについては、各法が定めるところによる（→第Ⅱ部第 3 章以下）。

3　受給権の保護

（ⅰ）受給権を保護する理由

　社会保障給付の受給権の保護規定には次のもの等がある（荒木誠之編『社会保障法』青林書院、1988年、337頁［石橋敏郎執筆］；菊池馨実『社会保障法〔第 2 版〕』有斐閣、2018年、82頁；西村健一郎『社会保障法』有斐閣、2003年、61頁；堀勝洋『社会保障法総論〔第 2 版〕』東京大学出版会、2004年、239頁）。①受給権の譲渡・担保提供・差押の禁止、②租税その他公課の禁止（公課の免除）、③既得給付の不利益変更の禁止。

　法が受給権を保護する理由は、受給権は「給付を受ける者（受給権者、被保護者等）の生活の確保・安定」（西村前掲 2003, 61頁）ないし「受給権者の生活保障（菊池前掲 2018, 82頁）」を目的とするものであり、「生存権保障の一環としての権利である」（伊奈川秀和『〈概観〉社会保障法総論・社会保険法〔第 2 版〕』信山社、2020年、156頁）ためと解されている。

（ⅱ）受給権の譲渡・担保提供・差押えの禁止

　社会保障給付の受給権は、譲り渡し、担保に供し、または差押えることがで

きない（国年24条、厚年41条1項、国保67条、健保61条、労災12条の5第2項、雇保11条、介保25条、障害総合支援13条、児手15条、児扶手24条、児福57条の5第2項、生保58〜59条等）。

　受給権は、通常の債権とは異なり、譲渡が禁止されている。譲渡が禁止されている理由は、「社会保障受給権が、そもそも、生活の保障・安定を必要とする被保険者・要保護者としての地位に関連して生ずるものである以上、その給付が確実に権利者に帰属するよう配慮せねばならないから」（荒木前掲 1988, 337頁［石橋敏郎執筆］）と解されている。

（ⅲ）担保提供の禁止の例外

　受給権の担保提供の禁止には例外がある。年金担保貸付である（国年24条、厚年41条1項、労災12条の5第2項、国公共済49条、地公共済51条、恩給11条1項）。ただし、貸付の新規申込みは、2022年度末をもって終了する。

　この貸付制度は、独立行政法人福祉医療機構（独立行政法人福祉医療機構3条）が実施する事業である。この事業は、1975年に次の3つの理由から創設された（厚生労働省「年金担保貸付事業廃止計画」2013年3月による）。①老後の貴重な生活原資として、年金給付を受ける権利を担保に供することは禁止される必要があるとしても、医療・介護、冠婚葬祭等、年金受給者に一時的な資金需要が生じうること。②このような資金需要から、昭和40年代に年金受給者が高利貸しから年金証書を担保にし、高利の資金を借り入れたことが社会問題化したこと。③公務員には既に同様の制度（現在の恩給・共済担保貸付）が存在しており、官民格差是正が求められたこと。

　その後、2010年の行政刷新会議の事業仕分けにおいて、次の理由等により、「例えば、全社協の貸付制度、生活資金の融資、セーフティネットを十分用意した上で基本的には廃止する旨の評決が行われた」（同1頁）。①年金担保貸付の利用者が、その借入金の返済期間中に生活保護を受けることにより、生活保護費という公費が実質的に返済財源になってしまうこと等生活保護制度の立場から問題事例が生じていること。②年金給付を担保に貸し付ける仕組み自体が問題であること。③制度創設当時と比較し、代替となる制度が整備されつつあ

ること。

　この評決を受け、下記の考え方に基づき廃止計画が策定された。

　　年金生活者の一時的な資金需要に対し例外的に創設された年金担保貸付事業について
　は、生活費に充てられるべき年金が返済に充てられ困窮化し、生活保護受給に至
　る、また金融機関が窓口となっているため貸付審査が緩い等その弊害が指摘されてい
　る。使途においても、従前資金需要の大きな原因であった医療・介護費用について
　は、介護保険制度の導入等代替となる制度が整備され、平成24年度からは、外来診療
　も含めた高額療養費の現物給付化により、一時的に高額な医療費を立て替える必要も
　なくなり、資金需要の機会は大きく減少しているものと考えられる。また、債務の一
　括整理等を理由とする借入も、年金担保貸付事業による返済をあてにした安易な民間
　貸し込みを誘発している懸念も指摘されている。
　　このため、老後の生活を支える貴重な原資である年金について担保に供することを
　禁止した原点に立ち返り、年金を担保にした安易な借入れを許容する本事業は廃止す
　る（同2頁）。

　なお、本書では社会保障制度の関連制度と位置づけている公的貸付（→第Ⅱ
部第7章3（ⅱ））は、金融包摂（financial inclusion）に向けた公的な取組みのひ
とつとして、家計相談とともに引き続き重要な意義を有している。

（ⅳ）差押えの禁止の例外

　差押えの禁止にも例外がある。老齢年金等の国税滞納処分による差押（国年
24条、厚年41条1項等）である。なお、差押えの禁止に関して、最高裁判決（最
判平10・2・10金判1056号6頁）は、支給された年金が金融機関の預金口座に振
り込まれた場合、受働債権は年金の受給権ではなくそれが転化した預金債権で
あり、当該預金債権を差し押さえることは差押禁止規定に違反することはない
としている。

（ⅴ）租税その他公課の禁止（公課の免除）

　社会保障給付の受給者は、保険給付として支給を受けた金品を標準として租
税その他の公課を課せられることがない（国年25条、厚年41条2項、国保68条、健
保62条、介保26条、労災12条の6、雇保12条、障害総合支援14条、児手16条、児扶手25

条、児福57条の５第１項、生保57条等）。

　禁止（免除）される理由は、「本来これらの給付も所得として課税の対象となるはずのものであるが、これらの給付が、受給権者に負傷、疾病、失業、障害等の要保障事故が発生した場合にその生活を実質的に支えるためのものであることを考慮して、非課税の扱いとされている」（西村前掲 2003, 61頁）と解されている。

　ただし、老齢年金については課税の対象となる（国年25条、厚年41条２項）。所得税法上、老齢年金は雑所得（所税35条）となり、公的年金等控除の対象とされている。老齢年金が雑所得として課税対象となった理由について、金子宏は次のように説明する。

　　これら［各種］の年金は、その大多数が過去の勤務関係に起因するとの理由で、昭和61年までは給与所得として課税されてきた。しかし、第１に、これらの年金は本来の給与所得とは異なり経費を必要としないから、それに概算経費控除としての給与所得性を認めることは適当でないこと、第２に、これらの年金の受給者は通常は高齢者であるから、これらの年金に対する税負担は給与所得の場合よりも軽減する必要のあること、の２つの理由から、昭和62年の所得税法の改正で、それは、給与所得から切り離され、独立の所得類型とされたのである（控除額が給与所得の場合より大きくされた）（金子宏『租税法〔第24版〕』弘文堂、2021年、307頁）。

（ⅵ）既得給付の不利益変更の禁止

　生活保護の被保護者は、正当な理由がなければ、既に決定された保護を、不利益に変更されることがない（生保56条。→第Ⅱ部第７章２（xv）（ａ））。また、労働者災害補償保険の保険給付を受ける権利は、労働者の退職によって変更されることはない（労災12条の５第１項）。

　これらの規定は、「受給権者、要保護者の法的地位の安定を目的としている」（西村前掲 2003, 64頁）ものである。なお、生活保護法56条の趣旨については、「生活保護給付は、各種社会保険給付と異なり、生存権の現実的な侵害状態に対して最低限度の生活を保障するものであり、その給付が絶対的な生活必要費としての性質を有するため、行政庁の恣意による変更を排し、生活の安定を図ろうとする趣旨である」（荒木前掲 1988, 339頁［石橋敏郎執筆］）と解されている。

4　併給調整、給付制限、損害賠償との調整

（ⅰ）併給調整（併給制限）

　受給権が重複した場合には併給調整（併給制限）が行われる。併給調整とは、「社会保険等の受給権が同一人に重複して生じる場合に、そのうちの1つを完全に支給し、残りを支給停止または制限することで、一定の調整を行うこと」（西村前掲 2003, 71頁）である。

　併給調整が行われる理由は、過剰給付の防止である。すなわち、併給調整は、「同一の社会的リスクが異なる給付の支給要件に該当したり、異なる社会的リスクが同一の給付の支給要件に該当することがある。このような場合に、要保障性が倍加することで複数の給付を同時に支給する必要性があるとはいえない」（伊奈川前掲 2020, 167頁）ために行われると解されている。

　併給調整の具体的な内容については、第Ⅱ部第3章以下で説明される。

（ⅱ）給付制限（支給制限）

　受給権者が、それぞれの法が定める一定の場合には、当該受給権に基づく給付の支給が制限される。法が定める給付制限の事由には次のものがある。

　①故意により保険事故を発生させたこと、及び、故意の犯罪行為・闘争・泥酔・重大な過失・著しい不行跡により保険事故を発生させたこと・障害の程度の増進させたこと等（国年69〜70条、厚年73〜74条、国保60条、健保106条、介保64条、労災12条の2の2等）。

　②給付を不正に受給したこと（国年23条、厚年40条の2、国保65条1項、健保58条1項、介保22条1項、労災12条の3第1項、雇保10条の4第1項等）。

　③介護保険や医療保険の受給者が正当な理由なく指示や受診命令に従わないこと（国保62条、健保119条、介保64条）。

　④少年院・刑事施設・労役場等の施設に収容・拘禁されること（国保59条、健保118条等）。

（ⅲ）損害賠償との調整

　第三者の行為によって傷病、障害、死亡等の要保障事由（保険事故）が生じた結果、社会保障給付の受給権と損害賠償の請求権が競合することがある。この場合、社会保障給付と損害賠償との調整が行われる。この調整には次の2つがある。

　①求償権の代位取得（保険者が先に保険給付をした場合、保険者はその給付の価額の限度で、受給権者が当該第三者に対して有する損害賠償の請求権を取得する。国年22条1項、厚年40条1項、国保64条1項、健保57条1項、介保21条1項、労災12条の4第1項等）。これは、当該第三者の損害賠償責任の免責を認めないとの理由による。

　②給付義務の免責（当該第三者が先に損害賠償をした場合、保険者はその価額の限度で保険給付をしない。国年22条2項、厚年40条2項、国保64条2項、健保57条2項、介保21条2項、労災12条の4第2項等）。これは、同一事由による損害の二重補填を認めないとの理由による（最判昭52・5・27民集31巻3号427頁）。

　給付義務の免責は、「同一の事由について損害賠償を受けたとき」に認められる。この同一の事由について最高裁判決は、「(略)保険給付の趣旨目的と民事上の損害賠償のそれとが一致すること、すなわち、保険給付の対象となる損害と民事上の損害賠償の対象となる損害とが同性質であり、保険給付と損害賠償とが相互補完性を有する場合をいうべきものと解すべきであって、単に同一の事故から生じた損害であることをいうものではない」（最判昭62・7・10民集41巻5号1202頁）とする。

　この最高裁判決では、労働者災害補償保険法の給付（休業補償給付・傷病補償年金）及び厚生年金保険法の給付（障害年金）の保険給付が対象とする損害と同性質であるのは消極損害（逸失利益）のみであり、積極損害（入院雑費・付添看護費等）と精神的損害（慰謝料）は同性質であるとはいえないとされた。

5　権利の救済、権利擁護

（ⅰ）権利の救済

　社会保障給付の受給権を保障することには、「その権利が、行政機関や保険者の違法または不当な処分行為によって侵害された場合、その救済を求めて異議を申し立て、審査を請求し、最終的には、訴訟を提起して解決を求めるといった一連の法的争訟制度が整備されていることをも含んでいなければならない」（荒木前掲 1988, 337頁［石橋敏郎執筆］）とされる。

　社会保障給付の受給権に関する争訟制度は、このような意義を有している。次に、このような意義を有する争訟制度の概要を説明しよう。

　違法または不当な処分であると考える受給権者や被保護者は、当該処分に対する不服申立てや処分取消しの行政訴訟を提起することができる。この不服申立ては、「行政庁の違法又は不当な処分その他公権力の行使に当たる行為に関し、国民が簡易迅速かつ公正な手続の下で広く行政庁に対する不服申立てをすることができるための制度」（行審 1 条）を定める行政不服審査法に基づき行われることが原則となる。

　ただし、社会保障に関しては取り扱う内容の専門性が高いことから、特別の審査機関による不服申立ての制度が設けられている。その場合の不服申立ては、行政不服審査法が定める手続ではなく、それぞれの制度が定める審査機関と審査手続によることになる。図表 2 は、本書の各章が取り上げる主な諸制度における、不服申立ての申立先である。

　図表 2 のうち、社会保険の諸制度・障害者総合支援制度・生活保護制度には、審査請求に対する裁決を経た後でなければ処分の取消しの訴えを提起することができない旨の定め（行訴 8 条 1 項）が設けられている（国年101条の 2 、厚年91条の 3 、健保192条、国保103条、介保196条、障害総合支援105条、労災40条、雇保40条、生保69条）。これを審査請求前置主義という。審査請求前置主義がとられていない諸制度については、規定により審査請求をすることができる場合においても、直ちに提起することができる（行訴 8 条 1 項）。

　この審査請求に対する裁決の結果に不服がある者は、行政事件訴訟法に基づき、取消訴訟等の行政訴訟を提起することができる。

図表2　本書が取り上げる諸制度における不服申立ての申立先

対象となる制度	申立先	根拠法
健康保険制度・船員保険制度・厚生年金保険制度・国民年金制度等（→第Ⅱ部第3章）	審査 社会保険審査官 （厚生労働省に設置） 再審査 社会保険審査会 （厚生労働省に設置）	社会保険審査官及び社会保険審査会法
国民健康保険制度 （→第Ⅱ部第3章）	国民健康保険審査会 （都道府県に設置）	国保91～103条
高齢者医療制度 （→第Ⅱ部第3章）	後期高齢者医療審査会 （都道府県に設置）	高齢医療128～130条
雇用保険・労災保険制度 （→第Ⅱ部第4章）	審査 労働保険審査官 （厚生労働省に設置） 再審査 労働保険審査会 （厚生労働省に設置）	労働保険審査官及び労働保険審査会法
介護保険制度 （→第Ⅱ部第5章）	介護保険審査会 （都道府県に設置）	介保183～196条
障害者総合支援制度 （→第Ⅱ部第5章）	介護給付費等と地域相談支援給付費等にかかる処分につき審査請求前置主義 都道府県知事または不服審査会（都道府県に設置できる）	障害総合支援97～105条
保育制度 （→第Ⅱ部第6章）	行政不服審査法の規定による	
児童手当制度・児童扶養手当制度・特別児童扶養手当制度 （→第Ⅱ部第6章）	行政不服審査法の規定による	
生活保護制度 （→第Ⅱ部第7章）	申請却下等の処分につき審査請求前置主義 審査　　都道府県知事 再審査　厚生労働大臣	生活64～69条

出典：筆者作成

（ⅱ）権利擁護

　権利擁護とは、「判断能力が不十分な人々（認知症高齢者、精神障害者など）または判断能力があっても従属的な立場に置かれている人々等の立場に立って、必要な福祉サービス・医療サービス等の利用を援助し、財産を管理し、あるいは虐待を防止するなど、総じてこれらの人々の権利行使を擁護すること（実践としての権利擁護）である。そのための提供体制（制度としての権利擁護）として、（略）成年後見制度および地域福祉権利擁護事業など様々なシステムが導入されている」（河野正輝『社会福祉法の新展開』有斐閣、2006年、183頁）ものである。権利擁護は法的な概念ではなく、法律上の定義規定は存在しない。

　この「制度としての権利擁護」の主なものとして、成年後見制度（法定後見、任意後見）、福祉サービス利用援助事業（社福2条2項12号）、苦情解決手続（社福82条、介保176条1項3号）を挙げることができる。

第**4**章

社会保障の歴史と社会保障法学の展開

この章で学ぶこと

　現在私たちの目の前にある法や制度も、ある日、突然、神が授けたものではない。立法を必要とする事実、社会実態があり、立法府である国会の構成、国民の意識など様々な要素が結実したものが法や制度である。それら立法の背景や展開、歴史を知ることが現行制度の理解には欠かせない。また種々の学説は立法の展開を反映しているものといえるので、その意味でも法の歴史を知ることは重要である。

　本章では主要な社会保障法の展開と、社会保障法学の発展を学ぶ。

1　社会保障の歴史

（ⅰ）はじめに

　「親を養老院に入れる気か！」高齢者の自立を社会保険方式で支援する介護保険制度が1997年に実施される以前は、老人福祉法の下で展開された老人福祉施策である老人ホームの入所について、しばしばこのような罵声ともとれる怒号が親戚の間でさえ飛び交うことがあった。少なからぬ人々が老人ホームを養老院と呼んでいた。養老院は戦前の1929年の救護法に規定された貧困状態にある高齢者を「収用する」施設であった。それが戦後の生活保護法にも規定され、1972年の老人福祉法の制定とともに、生活保護法を離れ「軽費老人ホーム」と転換したのである。社会福祉を嫌悪し軽蔑するのは、日本における低い権利意識の問題だけではない法律の変遷という背景があったことを、法の歴史を学ぶことで知ることができる。

　歴史を学ぶことで現在の姿を深く知ることができるのは、社会保障法についても当てはまる。

（ⅱ）戦前の展開

わが国の社会保障は、憲法25条を根本原理として戦後、創設、構築され、発展したものである。その意味では、戦前わが国には社会保障は存在しなかった。戦前の社会的な支援や扶助の制度は極めて貧弱で、資本主義の弊害を緩和するための最低限度の対応であった。また労働組合運動は立法に影響を及ぼすほどの社会的な勢力にはなっておらず、ヨーロッパで見られたように労働組合が労働保険の構築や拡充を要求する実効的勢力とはなり得なかった。1922年の健康保険法による医療保険制度は存在したが、これは官僚主導でドイツの制度を輸入したものだった。しかし戦前にもその始原的形態としていくつかの制度は存在したし、医療保険では戦後に基本的に制度が継承されたものもある。まず戦前の制度を簡単に見ておこう。

（a）貧困に対する政策と法

資本主義は市民の自己責任原則と経済原則を貫徹しようとするが、労働災害、低賃金、失業など実際にはその弊害は覆い隠すことができないほど多い。資本主義社会で、自己の労働により自己の生活を維持し、自己の幸福を獲得するというのは実は大いなるフィクションにすぎず、資本主義社会での競争で利益を得る者は限られている。けがや病気で働けなくなってしまえば、生き馬の目も抜く資本主義競争社会では脱落者にならざるを得ないし、身体障害者や虚弱な人々、老齢者、児童ははじめから競争から排除されてしまっている。松原岩五郎のルポ『最暗黒の東京』（1883（明治16）年）や横山源之助が『日本之下層社会』（1899（明治32）年）で描いた世界である。

初期の救貧事業は、このような脱落者が蔓延し社会不安の原因となるに対する治安的発想からなされていた。したがって手厚い保護は惰民養成になるとして、必要最低限の援護に限られていた。

1874（明治7）年の恤救規則（じゅっきゅうきそく）は、救貧法的な性格を持ち、国家にとって放置することが体制の危機に直結する貧困のみを国家が救済するものであった。救済の対象は、極貧の独身者で廃疾のため労働不能の者、独身で70歳以上で重病または老衰のための労働不能の者、独身で疾病のため労働不能の者、13歳以下の孤児、に限定されていた（ここでいう「独身」とは、身寄り

のない者をさす）。給付は当初は米の現品を支給し、のちに米代に相当する現金でなされた。

　注目すべきは、対象者が独身で、家族と暮らしている者は給付が受けられない。そのような者は家族によって扶養されるべきだからである。また労働不能者に限定されていることは古典的公的扶助の特徴であるが、労働可能で極貧は「怠惰」の象徴と受け取られたのである。

　恤救規則はその後、救護法にとって代わられ、近代的な公的扶助制度に発展する。1929（昭和4）年の救護法（実施は昭和7年から）は、先進国の公的扶助をモデルにして、給付内容を類型化するなどして、より近代的な公的扶助の要素を持つものへと脱皮した。法形式的には、初めて公的扶助義務の立場を明らかにし、救護機関、救護費負担の明確化した。その一方で「性行不良」「怠惰」などの欠格条項が入っている。基調は「家族制度・隣保相互扶助の情誼」にあったのである。

（b）医療保険

　医療保障の関連では、開明的な官僚らによって、1883年のドイツの疾病保険制度がわが国にも輸入された。1922（大正11）年に成立した健康保険法は、わが国、初の医療保険法制であり、今日の健康保険法の「原型」である。ただし施行は大正15年、給付が開始したのは昭和2年からである。適用対象は製造業や鉱業などの事業で、常時10人以上が雇用される事業所で働く常用雇用の労働者（ブルー・カラー）と、一定年収以下の職員（ホワイト・カラー）に限定され、給付対象は業務上の負傷を含むものであった。医療給付は180日を限度としていた。

　民間の事務職員に対する医療保険としては、1939（昭和14）年の職員健康保険法が制定されたが、これは戦争に向けての増産体制、労働力保全、労働者の疲労増加を見こしてのものであり、戦時厚生立法の走りでもある。

　自営業者、農民など雇用されていない国民に対しては、1938（昭和13）年国民健康保険法が制定されたが、これは強制加入の制度ではなかった。同法はわが国が本格的な戦争遂行体制入ってゆく中で、「健兵」が必要となり、兵士の主たる供給源である農漁村における住民の健康維持・体力向上が必要となったため、農村住民が気兼ねなく医療機関にかかれるように地域保険制度を導入し

たものであった。またその運営のために同年、内務省社会局が拡充する形で「厚生省」が設置された。

　1941（昭和16）年には、国民健康保険制度の保険料を払えない低所得者、無収入者のための、医療保護法が制定された。

（c）所得保障法制

　所得保障に関しては、戦意高揚政策の重要な一環として、1939（昭和14）年に包括的な社会保険法として成立した船員保険法が年金制度を初めて採用したが、これを陸上労働者に対して拡大した労働者年金保険法が1941（昭和16）年に成立した。適用事業は健康保険法と同じだが、適用対象労働者は工場等の男性労働者のみであり、女性と事務労働者は除外されていた。1944（昭和19）年に厚生年金保険法と改称しこの段階で、女性と事務労働者も被保険者とした。年金制度ができたのは戦時中だが、受給者はいまだ存在せず、入ってきた拠出料は戦争の費用として処理された。

　なお民間の慈善事業への助成・指導・監督のために1938（昭和13）年に社会事業法が成立した。

図表1　社会保障の歴史年表

＊年代は制定年を示す。
＊戦前はわが国への影響を考慮し外国法の記載がある。戦後は必要に応じて国際条約なども記載した。

■戦前

1601（慶長6）年	イギリス・エリザベス救貧法
1722（享保7）年	イギリス・労役場法
1834（天保5）年	イギリス・改正救貧法
1874（明治7）年	恤救規則
1883（明治16）年	ドイツ・疾病保険法
1884（明治17）年	ドイツ・労災保険法
1889（明治22）年	ドイツ・老齢・障害・遺族年金保険法
1891（明治24）年	デンマーク・（無拠出）老齢年金法
1898（明治31）年	ニュージーランド・（無拠出）老齢年金法
1908（明治41）年	イギリス・（無拠出）老齢年金法
1911（明治44）年	イギリス・国民保険法（第一部　疾病保険：第二部　失業保険）

		工場法
1917（大正6）年		メキシコ・メキシコ共和国憲法（社会権条項）
		軍事救護法
1919（大正8）年		ドイツ・ワイマール共和国憲法
		国際労働機関（ILO）発足
1922（大正11）年		健康保険法
1926（昭和元）年		ニュージーランド・家族手当法
1929（昭和4）年		救護法
1931（昭和6）年		労働者災害扶助法／労働者災害扶助責任保険法
1933（昭和8）年		児童虐待防止法
1935（昭和10）年		アメリカ合衆国・連邦社会保障法
1937（昭和12）年		母子保護法
1938（昭和13）年		国民健康保険法
		社会事業法
		「厚生省」設置（内務省社会局の拡充）
		ニュージーランド・社会保障法
1939（昭和14）年		職員健康保険法
		船員保険法
1941（昭和16）年		労働者年金保険法
		医療保護法
1942（昭和17）年		イギリス・ベヴァリッジ・レポート
1944（昭和19）年		厚生年金保険法（労働者年金保険法を改称）
1945（昭和20）年		日本敗戦

■戦後

1946（昭和21）年		GHQ「社会救済に関する件」（SCAPIN-775）（公的扶助4原則（無差別平等、公私分離、救済の国家責任、必要な救済を充足）を示す）
		日本国憲法公布（1947年施行）
		（旧）生活保護法
1947（昭和22）年		児童福祉法
		労働基準法／労働者災害補償保険法
		失業保険法
1948（昭和23）年		世界人権宣言
1949（昭和24）年		身体障害者福祉法（児童福祉法、生活保護法、身体障害者福祉法の福祉三法体制が確立）
1950（昭和25）年		社会保障制度審議会「社会保障制度に関する勧告」
		（新）生活保護法
		精神衛生法（私宅監置制度廃止）
1951（昭和26）年		社会福祉事業法

1952（昭和27）年	ILO「社会保障の最低基準に関する条約」採択	
1958（昭和33）年	（新）国民健康保険法	
1959（昭和34）年	国民年金法	
1960（昭和35）年	精神薄弱者福祉法	
1961（昭和36）年	国民皆保険・皆年金体制確立	
	児童扶養手当法	
1963（昭和38）年	老人福祉法	
1964（昭和39）年	母子福祉法（福祉三法に精神薄弱者福祉法、老人福祉法、母子福祉法を加え福祉六法体制となる）	
	重度精神薄弱児扶養手当法	
1969（昭和44）年	老人家庭奉仕員派遣制度	
1971（昭和46）年	児童手当法	
1972（昭和47）年	勤労婦人福祉法	
	老人福祉法改正（老人医療費無料化）	
1973（昭和48）年	「福祉元年」	
	健康保険法改正（家族給付7割）	
	第1次オイルショック	
	厚生年金保険の給付額を引き上げて5万円年金を実現	
	年金支給額に物価スライド制を導入	
1976（昭和51）年	身体障害者雇用促進法改正（身体障害者の雇用を一定規模以上の事業主に義務づけ）	
1979（昭和54）年	国際人権規約批准	
1981（昭和56）年	国際障害者年	
1982（昭和57）年	老人保健法	
	難民条約批准	
1984（昭和59）年	健康保険法改正（退職者医療制度）	
1985（昭和60）年	年金制度改正（基礎年金の創設、年金の2階建化）	
	医療法改正（医療計画の導入）	
	女性差別撤廃条約批准	
	男女雇用機会均等法（勤労婦人福祉法改正）	
1986（昭和61）年	老人保健法改正（老人保健施設創設）	
1987（昭和62）年	社会福祉士及び介護福祉士法	
	精神保健法（精神衛生法改正）	
	障害者雇用促進法律（身体障害者雇用促進法改正。知的障害者も対象になる）	
1989（平成元）年	完全自動物価スライド制	
	高齢者保健福祉推進十か年戦略（ゴールドプラン）	
1990（平成2）年	福祉八法改正（老人福祉法、身体障害者福祉法、精神薄弱者福祉法、児童福祉法、母子及び寡婦福祉法、社会福祉事業法、老人保健法、社会福祉・医療事業団法の一部改正）	

1991（平成3）年	国民年金制度改正（学生も強制加入となる） 国民年金基金制度創設 育児休業法
1993（平成5）年	障害者基本法（心身障害者対策基本法改正。日本において精神障害者が初めて福祉の対象として明確に位置づけられた）
1994（平成6）年	エンゼルプラン／新ゴールドプラン 子どもの権利条約批准 地域保健法（保健所法改正） ＊人口に占める65歳以上の割合が14.5％を超え、高齢社会に突入。
1995（平成7）年	阪神淡路大震災 精神保健福祉法（精神保健法改正） 育児・介護休業法（育児休業法改正） 高齢社会対策基本法 社会保障制度審議会勧告「社会保障体制の再構築」
1997（平成9）年	介護保険法（実施は2000（平成12）年） 障害者雇用促進法改正（知的障害者の雇用を一定規模以上の事業主に義務づける）
1998（平成10）年	知的障害者福祉法（精神薄弱者福祉法の名称変更） 被災者生活再建支援法
1999（平成11）年	新エンゼルプラン／ゴールドプラン21 社会福祉構造改革分科会「社会福祉基礎構造改革について（中間まとめ）」 民法改正（成年後見制度導入） 労働者派遣法改正（製造業への派遣を除き、労働者派遣事業の原則自由化）
2000（平成12）年	社会福祉基礎構造改革（社会福祉制度を措置制度から契約制度に、応能負担から応益負担に転換。民間企業を含む多様なサービス提供主体の参入を推進） 社会福祉法（社会福祉事業法改正） 地方分権一括法施行（機関委任事務廃止） 児童虐待防止法
2001（平成13）年	高齢者居住安定確保法 待機児童ゼロ作戦閣議決定
2002（平成14）年	ホームレス自立支援法
2003（平成15）年	少子化社会対策基本法 次世代育成支援対策推進法 労働者派遣法改正（派遣可能期間を3年に延長。製造業への労働者派遣が解禁）
2004（平成16）年	高年齢者雇用安定法改正（65歳までの雇用確保措置を義務化） 児童虐待防止法改正（児童虐待の定義の見直し、通告義務の拡大、警察への援助要請、面会・通信制限規定の整備、要保護児童対策地域協議会の設置など）

2005（平成17）年	介護保険法改正（介護予防重視、居住費（住居費・光熱費）・食費の自己負担化）
	障害者自立支援法（障害者に対する福祉サービスを一元化。支援費制度を撤廃し、サービスの利用に際し利用者に応益負担化（原則1割））
	高齢者虐待防止法
2006（平成18）年	健康保険法改正（後期高齢者医療制度創設）
	高齢者医療確保法（老人保健法改正）
	認定こども園法
	障害者雇用促進法改正（精神障害者も法の対象になる）
2007（平成19）年	児童虐待防止法改正（都道府県知事による保護者に対する接近禁止命令制度の創設、児童相談所による強制立ち入り調査が可能になるなど）
	児童福祉法改正（児童虐待防止対策の強化など）
2008（平成20）年	「社会保障国民会議」設置
	派遣切り問題─日比谷公園に「年越し派遣村」が設置される
2010（平成22）年	日本年金機構が発足（社会保険庁廃止）
	障害者年金加算法
2011（平成23）年	東日本大震災
	高齢者居住安定確保法改正（高齢者円滑入居賃貸住宅（高円賃）と高齢者専用賃貸住宅（高専賃）を廃止し、サービス付き高齢者向け住宅を創設）
	特定求職者就職支援法
	障害者虐待防止法
2012（平成24）年	障害者総合支援法（障害者自立支援法改正）
	年金機能強化法（2016年よりパートタイマーへの厚生年金の適用拡大など）
	子ども・子育て関連三法（「子ども・子育て支援法」、「認定こども園法の一部改正」、「子ども・子育て支援法及び認定こども園法の一部改正法の施行に伴う関係法律の整備等に関する法律」）
	年金生活者支援給付法
	被用者年金一元法（実施は2015（平成27）年）
	社会保障制度改革推進法（社会保障改革国民会議の設置など）
2013（平成25）年	障害者権利条約批准
	障害者差別解消法
	生活困窮者自立支援法
2014（平成26）年	母子及び父子並びに寡婦福祉法（母子及び寡婦福祉法改正）
2015（平成27）年	医療保険改革関連法（「持続可能な医療保険制度を構築するための国民健康保険法等の一部を改正する法律」）
2016（平成28）年	雇用保険法改正（65歳以上の新規雇用者に対する雇用保険の適用、求職活動支援費の新設）

	児童福祉法改正（児童相談所の体制強化、特別区における児童相談所の設置）
	年金機能強化法改正（老齢基礎年金の受給資格期間を25年から10年に短縮）
2017（平成29）年	児童福祉法・児童虐待防止法改正（虐待事例の司法関与強化）
2018（平成31）年	高齢者・障害者等移動円滑化促進法改正
2020（令和2）年	障害者差別解消法改正

（ⅲ）戦後の展開

（a）占領期

　敗戦により新たな国家として歩みを開始したわが国にあって、社会保障は始動した。連合国の間接占領の期間（1945年〜1952年）、社会保障制度の展開にはGHQ（連合国軍最高司令官総司令部）の意向が色濃く現れた。新たに制定された日本国憲法は生存権を規定しており、憲法25条の下で社会保障は本格的にスタートし、従来の制度とは意味づけも転換しその性格も一新することとなる。

　戦後初期の社会保障の展開は、戦災の対応策としての性格を帯びていた。それゆえ戦争被害者への補償的な意味合いを持つ制度が構築されてゆく。大量の失業者や戦災孤児を念頭に置いた旧生活保護法（1946年）、児童福祉法（1947年）、失業保険法（1947年）などがその典型である。またそこでは日本政府ではなくGHQが社会保障の展開のイニシアティブをとっていたことを見逃してはならない。

（b）戦後復興と高度経済成長期

　1952年の占領期の終了とともに、わが国の社会保障は独自の歩みを進める。1950年社会保障制度審議会「社会保障制度に関する勧告」は、わが国の社会保障の骨格を提示したものであるが、そこでは社会保障における国家の役割を強調しつつ、社会保険中心の社会保障制度の構築が提言され、これによりわが国の社会保障制度の基本的特徴が決定された。

　1950代からは、社会保障制度の基本的制度を構築する時期であり、1960年代には内実はともかく、国民皆保険・皆年金、福祉立法などの制度創設は一段落つき、高度経済成長を背景に、さらなる社会保障の発展が期待された時期であった。そして1971年の児童手当法の成立でひとまず社会保障の基本制度は出

そろった。

　1961年に達成され国民皆保険・皆年金は、すべての国民が医療と所得保障に関して何らかの社会保険に所属することとしたもので、世界に類を見ない画期的なものであった。具体的には、被用者は厚生年金、共済組合年金と、健康保険、共済組合制度に、自営業者など被用者でない者は、1959年制定の国民年金制度と国民健康保険制度に加入することで、全国民をカバーする。

　所得保障に関していえば、皆年金の達成により生活保護のような公的扶助の果たす役割は残余的なものになることが予定された。

　社会福祉の領域について見れば、高度経済成長の過程で、核家族化など家族形態の変貌、過疎化など地域社会の変容により、従来のインフォーマルな「支えあい」は解体し公的関与の必要性が増大した。1963年の老人福祉法がその典型である。

（c）高齢社会の到来

　1970年代にわが国の社会保障の基礎構造は完成したといってもよい。例えば1970年は社会福祉施策が本格的に開始され「福祉元年」と呼ばれた。しかし同年のオイルショックで経済は一気に冷却し下落する。社会保障について核となる理念や原理を持たず、分配するパイの大きさに依存してきたわが国の社会保障は、パイの縮小とともに縮小してゆかざるを得ない運命にあった。80年代にかけて、高齢化社会の到来（65歳以上の人口が全人口に対して 7 ％を超えると「高齢化社会」というがわが国は1970年に到達した）、就労形態やライフスタイルの多様化に対応することが社会保障にも求められる。

　1985年の公的年金制度の根本改革は所得保障に関する選択の回答であるといえる。そこでは基礎年金制度が導入され、20歳以上の全国民が基礎年金制度に加入し、基礎年金という 1 階部分を保持することになり、その上にそれぞれの就労形態に応じ、 2 階部分の年金を持つことになる。このことで年金の「個人化」が実現した。

　また高齢者医療を見据えた最初の取組みは、1982年の老人保健法による老人保健制度で、わが国の医療制度で初めて予防からリハビリまでの包括的医療制度が導入された。これは生活習慣病が疾病の中心となる高齢社会の疾病構造の

傾向に対応したものだった。2000年代には老人保健制度は、高齢者の独立した医療保険制度である後期高齢者医療制度に変更される（2006年）。

（d）社会福祉の基礎構造改革

1990年以降、わが国は65歳以上の人口が全人口に対して14％を超え「高齢社会」に到達し（1994年）、問題は切迫してきた。1995年に発表された社会保障制度審議会勧告「社会保障体制の再構築」は副題「安心して暮らせる21世紀の社会をめざして」が示すように21世紀における社会保障制度のあるべき姿を示そうとしたものである。そこでは国民の自立と社会連帯が強調され、国家の果たす役割は後退している。その結果、高齢者福祉サービスについては介護保険制度を導入し、社会保険制度を活用することを選択した。

年金保険に関しては、2004年の改正より、社会情勢（現役人口の減少や平均余命の伸び）に合わせて、年金の給付水準を自動的に調整する「マクロ経済スライド制」導入され、給付水準の抑制と保険料負担の増大という形で超高齢社会（65歳以上の人口が、全人口に対して21％を超えると「超高齢社会」といい、わが国は2007年に到達した）に対応する財政的持続可能性が図られた。また民間労働者と公務員の年金制度を一本化する2015年の年金一元化も、制度を統合することで制度を巨大化させ安定させ、財政的持続性の追求を意図するものだった。

社会福祉に関しては、硬直化した福祉制度を、社会構造の変容に対応させるため「措置から契約へ」というスローガンに象徴される「社会福祉の基礎構造改革」が実施された。障害者自立支援法（のちに障害者総合支援法）が、障害福祉サービスについて、それまで身体、知的、精神という障害類型ごとに分立していたものを一本化した。同時にケアマネジメントが導入され、社会福祉サービスの定型化、客観化が進み、障害福祉サービスの供給体制の多様化、市場化が進み、一定の条件で株式会社の進出が可能となり、福祉ビジネスが登場する。また児童福祉に関しては、2006年の認定こども園法、2012年の子ども・子育て支援法、その後の幼児保育教育無償制度などは、法律の名称こそ、少子社会に対応しているかに思えるが、待機児童解消の弥縫策であった。

（e）少子高齢社会

2010年以降は、少子高齢社会の対応に社会保障制度が振り回される形とな

り、原理的というよりは政策的立法・制度の再設計が矢継ぎ早になされる。重要な法案も国民の合意というよりは政権党の強行採決により決定され、生存権に立脚した議論よりは財源論が優先することになる。「持続可能性」や「全世代型社会保障」というスローガンの下で、高齢者には負担を課し（例えば医療保険の自己負担増）、若年層の負担を軽減する方向での制度の再設計が進行しているが、ここには広く国民の意思を聴き、国民的合意を見出すという民主主義の基本原則の展開はない。

2　社会保障法学の展開

（ⅰ）戦前の展開

　以上のような制度の発展に対応して、社会保障法学の研究は1950年代に本格的に展開する。戦前もいくつかの社会政策に関連する法律は存在したが、「学問の自由」が著しく制限された下では、それらの法律に対する学問的検討はほとんどなされなかった。官僚による制度解説本を除けば、わずかに菊池勇夫（1898-1975年）や後藤清（1902-1991年）による研究や解説が発表されたのみである。戦前にあっても労働者の権利性に着眼し労働法研究に多くの業績を持つ菊池は、社会事業法について解説を発表し（「社会事業と法律」社会事業研究22巻 2 号（1934年）；「我国社会事業立法の発達」社会事業研究22巻 9 号（1934年）；「社会事業法と社会法体系」社会事業研究23巻 1 号（1935年）など）、後藤は『労働者年金保険法』（東洋書房、1939年）などを発表した。

　一方、実定法を離れ、民法などを中心とする資本主義社会を支える法群である「市民法」の修正として、「社会法」を法哲学的に探究した加古佑二郎（1905-1937年、主著に『近代法の基礎構造』日本評論社、1964年）や橋本文雄（1902-1934年、主著に『社会法と市民法』岩波書店、1934年）の研究があった。

　これらの研究は、戦前の翼賛体制に組み込まれ、侵略戦争に加担した（例えば後藤清）という批判は免れ得ないが、戦後社会保障法学の発展の基礎となる生存権思想の検討に貢献したといえる。

(ⅱ) 戦後初期の展開

　戦後初期の研究は、主に労働法学研究者によって担われ、労働法学の手法を、社会保障法研究に援用していた。したがって労働法を中心とする社会法研究において圧倒的な影響力を持っていたマルクス主義的アプローチが社会保障法学研究にも強い影響力を持っていた。この時期の研究の特徴として、マルクス主義的な法学方法論に基づいて、生存権の重視・圧倒的優越性、国家と全面的に対決する姿勢を伴った公的扶助への強い関心などを挙げることができる。

　そしてこの時期の社会保障法学は、社会保障受給権の確立が焦点であった。小川政亮（1920-2017年）は社会保障法学において初めて権利論を本格的に展開した（小川政亮『権利としての社会保障』勁草書房、1964年）。小川は社会保障の権利を、憲法的あるいは前憲法的な基本的人権（規範づける権利）と、法律的な権利（規範化される権利）に分け、前者は生存権保障のための社会保障体制の実現を要求する権利であり、後者は社会保障立法により具体的に一定内容の社会保障給付を要求する権利であるとする。法律的な権利は、中心となる実体的給付請求権、受給にあたり適正な手続が保障される手続的権利、受給について争うことができる自己貫徹権（争訟権）に分けることができるとした。小川の理論は学界のみならず、社会運動、裁判闘争において強い影響力を持った。

(ⅲ) 給付別体系論

　一方で本格的な制度展開を見据えて、多様な制度を統括する理論が体系論として荒木誠之（1924-2015年）によって提唱された（荒木誠之「社会保障の法的構造──その法体系試論（一）（二・完）」熊本法学5号（1965年）、6号（1966年）。後に荒木誠之『社会保障の法的構造』有斐閣、1983年にまとめられた）。荒木は社会保障を構成するとされている諸制度の持つ制度的多様性を、社会保障の本質についての観点から、体系化したのである。

　それは、〈要保障事由の持つ保障ニーズの内容・性質と、これに対応すべき保障給付の内容、性質に着目する〉体系論（給付別体系論）で、社会保障法を所得保障法と生活障害保障法とに二分し、前者は生活不能給付と生活危険給付からなり、後者は医療給付と社会福祉給付からなるとした。そして従来は重視

されてきた「社会保険」について、それは財源調達のひとつの手段にすぎないとした。

のちの社会保障制度の発展は、給付別体系論によって最も適切に分析できたことから、給付別体系論が主流となり、学界の通説的地位を占めていく。

1970年代になると大学などで「社会保障法」の講義が開講されることが増え、教科書も発刊されるようになる。単著の代表的なものとして籾井常喜（1931-2019年）の『社会保障法（労働法実務大系18）』（総合労働研究所、1972年）がある。籾井は、給付別体系論が「技術の問題」として捨象した給付の財源方法について、要保障事由との間に一定の合理的・必然的関連性を見出した。

また高藤昭（1929-2013年）は、それまで社会保障の副次的原理とされていた「社会連帯」を社会保障の基本原理とした（『社会保障法の基本原理と構造』法政大学出版局、1994年）。高藤の研究は、従来、影響力の強かったドイツ法研究から距離を置き、フランス法や広くヨーロッパ、国際労働機関（ILO）の動向を積極的に接収した点に特徴がある。

なお1977年に社会保障法研究会が設立され，1981年には社会保障法学会に発展した。社会保障法学会はその設立にあたり、労働法学会の協力と支援があり、会員も重複することが多かった。一方で社会保障法学会は既存の法律学会とは異なり、法学研究者のみならず、経済学、社会政策の研究者やソーシャルワーカーなど現場実践を支える職種の会員もいた。

（ⅳ）21世紀の展開

2000年代に入ると、社会福祉の領域で「自立」がクローズアップされ、社会保障法学の大きな論点のひとつとなる。河野正輝は、社会保障に見られる多様な法的手段に着眼し、「自立」を核とする「目的別体系論」を提唱した（河野正輝「社会保障法の目的理念と法体系」日本社会保障法学会編『講座社会保障法第1巻21世紀の社会保障法』法律文化社、2001年）。「目的別体系論」によれば、その目的が「自立」である法律は社会保障法として再構成でき、社会保障法の範囲は従来のものより大幅に広がり、その後も多様な法律の展開によって社会保障法の範囲は拡大を続けることになる。

　菊池馨実は、社会保障法の目的は「個人が人格的に自律した存在として、主体的に自らの生を追求すること」（＝個人的自由）の確保であり、社会保障は「自立した個人の主体的な生の追求による人格的利益の実現のための条件整備」であるとした（自由基底的社会保障法論）（菊池馨実『社会保障の法理念』有斐閣、2000年）。憲法13条、個人の自己決定権などを積極的に社会保障に位置付け、ここでは受給者も「主体的な個人」として、社会保障制度に貢献することが求められることになる。菊池の理論は「主体的な個人」と社会保障制度への「貢献」を結びつける点で従来の社会保障法学研究に大きな転換点をもたらすものだった。

　河野、菊池の研究は、21世紀の社会構造の変容を視野に入れて、従来の社会保障法学に拘泥されない意欲的なものであると評価できる一方、社会保障法の外縁は溶解し、社会保障法の独自の理念や原理は捨象され、多様な政策をまとめたにすぎないという批判が可能である。

　社会保障法学はその時代の要請に応えるべく理論的展開を遂げてきた。

　社会保障法が対象とする社会保障は、基本的には国民の生活保障であるので、「生活」のありようの変化に直接的な影響を受ける。今後の50年はおそらくこれまでの50年とは異質のそして急速な変化が——例えば、地球温暖化、激甚災害の増加、地域社会と家族の解体、労働の質的変化など——、われわれの社会に生じる。それがもたらす生活の変化に対応し、市民法の克服や修正形態として発展してきた社会法の原理を基礎として、人々の生存権保障の実現のための法理論を構築することが社会保障法学に求められる。

第Ⅱ部　社会保障法の全体像と各論

第**1**章

社会保障法の全体像

> **この章で学ぶこと**
>
> 　第Ⅱ部で社会保障法の全体像をつかむために必要な基礎知識として、社会保険、公的扶助、社会福祉サービス、社会手当の特色と仕組みについて学ぶ。なお、保険の仕組みを用いずに給付を行うものを社会扶助といい、公的扶助、社会福祉サービス、社会手当が含まれる（第Ⅱ部第2章参照）。

はじめに

　学生は、20歳になったら社会保険である国民年金の被保険者となり、保険料を負担しなければならない。保険料を負担しなければ、年金給付は受けられない。しかし、生活に困窮した場合に受給できる公的扶助に当たる生活保護は、何の負担も求められない。このような違いはどこからくるのだろうか。

1　社会保険

（ⅰ）社会保険に該当する制度

　日本の社会保障法制において、社会保険に該当する制度は5種類ある。年金保険、医療保険、介護保険、労災保険、雇用保険である。このうち、労災保険と雇用保険は、労働者に固有な要保障事由を対象としており、原則一括して保険料を徴収することから、「労働保険」と総称される。また、年金保険のうち厚生年金保険、医療保険のうち健康保険、労災保険、及び雇用保険は、被用者（労働者）に適用されるので、「被用者保険」と総称される。

　社会保険のうち、介護保険は、社会保険という方式によって財源を確保し給付している点で社会保険に分類されるが、高齢者に対する介護サービスを提供

するものである点で社会福祉サービスにも分類される。

（ⅱ）保険の原則と社会保険

　社会保険は、保険という仕組みを使っている。

　保険とは、「同様の危険にさらされた多数の経済主体が金銭を拠出して共同の資金備蓄を形成し、各経済主体が現に経済的不利益を被ったときにそこから支払を受けるという形で不測の事態に備える制度」（山下友信・竹濱修・洲崎博史・山本哲生『保険法〔第 4 版〕』有斐閣、2019年、2 頁）である。保険制度に加入する経済主体が拠出する金銭を「保険料」、火災や交通事故などの経済的不利益を生じさせる偶然の出来事を「保険事故」、保険料を徴収・管理し保険給付を行う業務に当たる者を「保険者」という。

　保険は、「大数の法則」を前提としている。「大数の法則」によれば、ある偶然に発生しているように見える出来事でも、大量に観察すると、その出来事の発生には蓋然性が存在する。保険について見ると、ある出来事を大量に観察する時、一定の危険の確率が見出され、それに基づいて保険料の算出をすることができる。

　保険には、公保険と私保険がある。公保険は、国、地方公共団体等の政策目的達成の手段として国等により運営される保険であり、社会保険は公保険のひとつある。私保険は、国庫等の補助を受けず、保険会社等の私法人によって運営され、私人間における私的自治に基づく保険である。加入は任意である。

　私保険には、2 つの原則がある。ひとつは、「給付反対給付均等の原則」である。保険契約者が支払う保険料と保険事故が発生した時に支払われる保険金の数学的期待値は等しいという原則であり、保険事故の確率が高いほど保険料は高くなる。もうひとつは、「収支相等の原則」であり、収入である保険料総額と支出である保険金総額を等しくなるようにする原則である。

　個々の加入者について、「給付反対給付均等の原則」が充足されれば、全体として、「収支相等の原則」が充足される。

　社会保険は、このような私保険の原則を修正している。労災保険を除き、保険事故の確率にかかわらず、保険料は設定されるので、給付反対給付均等の原

則は成立しない。また、国民年金や国民健康保険のように、保険料だけでは賄えず、公費が投入されており、収支相等の原則を満たしていない。

（ⅲ）社会保険の特色と意義

　社会保険は、「人々が生活する上で遭遇する生活上の危険（リスク）のうち多くの人が共通に持つ危険（「保険事故」という）に備えて、人々が予め保険料を出し合い、実際に保険事故に遭遇した人に、必要なお金やサービスを支給する」ものである。現在、社会保障法上保険事故とされているのは、疾病、負傷、出産、死亡、障害、老齢、労働災害、失業、要介護状態、要支援状態等である。社会保険に加入し、保険料を拠出し、給付を受ける者を「被保険者」という（労災保険には被保険者という概念はない）。

　社会保険の特色と意義は以下のとおりである。

　第1に、社会保険は、世界で初めて社会保険を立法化したドイツに見るように、沿革的に相互扶助的な共済制度に由来している。したがって、社会保険は、被保険者の拠出義務を前提として、保険給付を行うことを原則とする。社会保険は、拠出制という特色を有している。拠出制は、「拠出なければ給付なし」という原則に立つ。

　拠出制は、「集団の構成員間の相互依存関係」を意味する「連帯」と深く結びついている。国民年金法、介護保険法、高齢者の医療の確保に関する法律は、それぞれ第1条の「目的」において、「国民の共同連帯」を掲げている。

　第2に、私的保険の加入は任意であるが、社会保険は強制加入であるという特色がある。私保険は、加入するかどうかは、個々人の自由であり、加入は保険契約を締結することによって成立する。他方、社会保険では、例えば、国民年金では、被保険者資格を定める第7条のいずれかの被保険者資格に該当すれば、加入の申込みをせずに、自動的に（＝強制的に）国民年金の被保険者となり、保険料を納付する義務を負う（国保88条。ただし、同96条の6により、第2号被保険者及び第3号被保険者には特例がある）。

　強制加入によって、被保険者である資格を有する者すべてを保険に加入させることができるので、相互扶助の母集団を最大化することができ、社会保険の

目的の実効をあげることができるという意義がある。

　また、強制加入は、逆選択を防ぐ意義もある。「逆選択」とは、保険取引において、保険者と被保険者との間に生じる情報の非対称性（偏在）の結果として発生する現象である。保険者が、保険審査を行い、保険契約者のリスクを測定し、保険者の引き受け条件に見合った保険契約を行う場合、保険取引のイニシアティブは保険者にある。しかし、逆選択は、保険契約のイニシアティブが保険契約者に移行して、契約者にとって有利な保険契約が執り行われることである。逆選択は、保険事故発生の可能性の大きい高リスク者とそれが小さい低リスク者が、同一の保険料で引き受けられている場合、相対的に前者は有利になり、反対に後者は不利となり、その結果低リスク者が保険集団から脱退し、逆に高リスク者が多く加入する現象をいう（堀田一吉「保険取引における逆選択と経済的厚生」明大商學論叢101巻2号（2019年））。

　このように逆選択を許してしまうと、保険事故が発生する確率の高い者ばかりが被保険者となり、保険給付が増大し、保険財政は成り立たなくなる。強制加入は、逆選択を防ぐことができる。

　第3に、社会保険の「社会」が示すように、社会保険は、保険原理を扶助原理で修正しているという特色と意義がある。例えば、社会保険は、「拠出なければ給付なし」であるが、無拠出制の障害基礎年金がある（国保30条の4）。20歳未満の時に初診日がある傷病によって一定の障害がある者に、保険料の拠出なしに、20歳以降に障害基礎年金が支給される（所得要件あり）。なぜ、無拠出制を認めているのだろうか。20歳未満で厚生年金の被保険者ではない者は、国民年金の被保険者（第1号被保険者は、20歳から60歳）ではないので、保険料を納付することはできない。しかし、20歳前に負った障害により稼働能力を喪失するので、所得保障の必要性が高いことから、例外的に保険料の拠出なくして、障害基礎年金の受給を認めているのである。

　第4に、社会保険は、防貧という機能を有する特色と意義がある。例えば、病気になった時、医療保険によって自己負担3割で治療を受けることができれば、快復して、再び働くことができる。そうすれば、貧困に陥ることを防止できるという意義がある。

　第5に、社会保険は、所得再分配機能を有する特色と意義がある。例えば、医療保険では、被保険者が支払っている保険料が異なっても、保険給付の量と質は同じである。つまり、所得の多い人は多く保険料を負担するという応能負担に基づいており、医療保険の給付において、所得の多い人から少ない人に所得が再分配されている。

　第6に、社会保険は、保険事故に対する給付が定型化されている特色がある。

2　公的扶助

（ⅰ）公的扶助に該当する制度

　日本の社会保障法制において、公的扶助に該当するのは生活保護である。

（ⅱ）公的扶助の特色と意義

　公的扶助とは、「最低生活水準の維持を目的に、無拠出で最低生活水準に足りない分を補う限度で行う給付」である。

　公的扶助の特色と意義は以下のとおりである。

　第1に、公的扶助は、税金を財源とし、無拠出で給付が行われるという特色がある。すなわち、公的扶助は、保険の仕組みをとっていない。これは、公的扶助が、沿革的に19世紀の救貧制度に由来し、その構造がそのまま引き継がれたと考えられる。また、公的扶助は、低所得者や無収入者に対するものであるので、給付に拠出を要件とする社会保険はなじまない。

　第2に、公的扶助を受けるためには、資産調査がある。公的扶助は、「健康で文化的な最低限度の生活」を維持できない生活困窮者に対して給付するものであるので、当該生活困窮者の生活水準が最低生活水準を維持できていないことを確認するために、預金などの資産を調査することが受給のための要件となっている。

　第3に、公的扶助は、最低生活水準に至らない貧困から「健康で文化的な最低限度の生活」に至る水準にまで救うという救貧の機能を有する特色と意義が

図表1　公的扶助と社会保険の機能

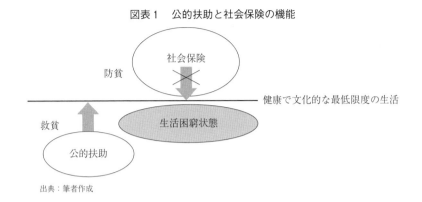

出典：筆者作成

ある。防貧を機能とする社会保険と救貧を機能とする公的扶助を図で示すと以上のようになる（図表1）。

　第4に、公的扶助は、社会保険のように定型的給付ではなく、生活困窮の程度に応じた給付が行われる。

（ⅲ）生活困窮者に対する重層的なセーフティネット

　現在、社会保障において、重層的なセーフティネットがある（図表2）。第1のセーフティネットは、貧困を予防する社会保険制度、第2のセーフティネットは、最低生活水準以下には至っていない生活困窮者に、職業訓練等を行う求職者支援制度及び生活困窮者支援制度、第3のセーフティネットは、公的扶助に当たる生活保護である（第Ⅱ部第7章参照）。

3　社会手当

（ⅰ）社会手当に該当する制度

　日本の社会保障法制において、社会手当に該当するのは児童手当、児童扶養手当、特別児童扶養手当などである（→第Ⅱ部第6章3）。主に子育てに関連する手当である。

図表2　重層的なセーフティネット

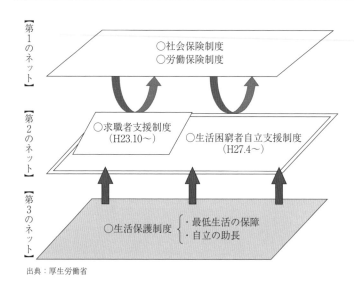

生活に困窮する者に対する重層的なセーフティネット

　最後のセーフティネットである生活保護制度及び生活保護に至る前の段階での
自立を支援する生活困窮者支援制度により、生活に困窮する者に対して、重層的
なセーフティネットを構成している。

【第1のネット】
○社会保険制度
○労働保険制度

【第2のネット】
○求職者支援制度
（H23.10～）
○生活困窮者自立支援制度
（H27.4～）

【第3のネット】
○生活保護制度 {・最低生活の保障 ・自立の助長

出典：厚生労働省

（ⅱ）社会手当の特色と意義

　社会手当は、「出費の増大という要保障事由に対する無拠出の現金給付」である。

　第1に、社会手当は、受給要件として、公的扶助のように資産調査は行われず、社会保険のように保険料の拠出を要件としない点で、公的扶助とも社会保険とも異なった特色を持っている。社会手当の財源は、主に税金であるが、企業等の一般事業主が、児童手当の一部を負担している（子育て支援69条）。

　資産調査が行われない点で、公的扶助のようにスティグマ（負の烙印）を感じないで、受給することができる。

　第2に、社会手当は、拠出は要件となっていないが、受給するためには緩い

所得制限がある。社会手当はいずれも、受給資格者の経済的負担の軽減として機能するものの、生活保護や年金ほどの高度な所得保障のニーズを前提とするものではないこと、社会保険のような事前の拠出に対応する給付設計と比べると裁量性が大きいことなどから、所得制限をかけて給付対象者を絞ることが許容される（第Ⅱ部第6章3（ⅱ）（ａ）引用）。

第3に、給付は定型的である。

第4に、社会手当は、子どもの育つ家庭の生活の安定に寄与して、その結果子どものすこやかな成長に資する意義がある。

4　社会福祉サービス

（ⅰ）社会福祉サービスに該当する制度

日本の社会保障法制において、社会福祉サービスに該当するのは、児童福祉サービス、高齢者福祉サービス、障害者福祉サービスである。社会福祉サービスは、児童、高齢者、障害者という、日常生活において生活上の障害（生活障害）を抱えている人が対象である。

（ⅱ）社会福祉サービスの特色と意義

社会福祉サービスは、「生活障害を抱えている人の生活障害を除去または軽減するための現物給付であり、その提供が社会的に組織されているもの」である。

第1に、社会福祉サービスは、サービス（現物）の提供によって、生活障害を抱えている人々の生活困難を除去または軽減するという特色を有している。ここで必要とされている給付は、現物給付である。社会福祉サービスの提供によって、様々な生活障害を抱えている人々も、人間として尊重された生活を営むことができる。

第2に、社会福祉サービスは、原則無拠出による給付である。現物給付は、現金給付の合理的な手段として発展してきた保険の技術にはなじまないから、無拠出給付とされている。ただし、高齢者福祉サービスは、要介護状態及び要

支援状態という保険事故に対する定型給付を行う介護保険（拠出制）によって、主に担われている。

　第3に、生活障害を除去または軽減するための社会福祉サービスの提供は、社会的に組織されている点に特色がある。そのためには、専門知識や能力を持つ行政担当者や事業従事者という人的基盤と保育所や特別養護老人ホームなどの福祉施設という物的基盤が必要である。

（ⅲ）社会福祉サービスと社会福祉法

　社会福祉法は、「社会福祉を目的とする全分野における共通的基本事項」を定めている（社福1条）。同法第3条は、社会福祉サービスの基本的理念として、個人の尊厳の保持を旨とすること、そして、「その内容は、社会福祉サービスの利用者が心身ともに健やかに育成され、又はその能力に応じ自立した日常生活を営むことができるように支援するものとして、良質かつ適切なものでなければならない」としている。

　さらに、福祉サービスの提供の原則として、社会福祉を目的とする事業を経営する者に対して、「その提供する多様な福祉サービスについて、利用者の意向を十分に尊重し、地域福祉の推進に係る取組を行う他の地域住民等との連携を図り、かつ、保健医療サービスその他の関連するサービスとの有機的な連携を図るよう創意工夫を行いつつ、これを総合的に提供することができるようにその事業の実施に努めなければならない」(社福5条)との努力義務を課している。

　社会福祉法は、「社会福祉を目的とする事業」の定義規定を設けておらず、「社会福祉を目的とする事業」の一部を「社会福祉事業」として列挙している。社会福祉事業には、第1種社会福祉事業と第2種社会福祉事業がある（社福2条）。第1種社会福祉事業は、国、地方公共団体または社会福祉法人（社福2条に定められている社会福祉事業を行うことを目的として、社会福祉法の規定により設立される法人）が経営することを原則としており（社福60条）、「利用者への影響が大きいため、経営安定を通じた利用者の保護の必要性が高い事業（主として入所施設サービス）」である。第2種社会福祉事業は「比較的利用者への影響が小さいため、公的規制の必要性が低い事業（主として在宅サービス）」である（厚生

労働省 HP「生活保護と福祉一般：第1種社会福祉事業と第2種社会福祉事業」https://www.mhlw.go.jp/bunya/seikatsuhogo/shakai-fukushi-jigyou2.html)。

図表3　社会福祉事業

第1種社会福祉事業

- 生活保護法に規定する救護施設、更生施設
- 生計困難者を無料または低額な料金で入所させて生活の扶助を行う施設
- 生計困難者に対して助葬を行う事業
- 児童福祉法に規定する乳児院、母子生活支援施設、児童養護施設、障害児入所施設、児童心理治療施設、児童自立支援施設
- 老人福祉法に規定する養護老人ホーム、特別養護老人ホーム、軽費老人ホーム
- 障害者総合支援法に規定する障害者支援施設
- 売春防止法に規定する婦人保護施設
- 授産施設
- 生計困難者に無利子または低利で資金を融通する事業
- 共同募金を行う事業

第2種社会福祉事業

- 生計困難者に対して日常生活必需品・金銭を与える事業
- 生計困難者生活相談事業
- 生活困窮者自立支援法に規定する認定生活困窮者就労訓練事業
- 児童福祉法に規定する障害児通所支援事業、障害児相談支援事業、児童自立生活援助事業、放課後児童健全育成事業、子育て短期支援事業、乳児家庭全戸訪問事業、養育支援訪問事業、地域子育て支援拠点事業、一時預かり事業、小規模住居型児童養育事業、小規模保育事業、病児保育事業、子育て援助活動支援事業
- 児童福祉法に規定する助産施設、保育所、児童厚生施設、児童家庭支援センター
- 児童福祉増進相談事業（利用者支援事業など）
- 就学前の子どもに関する教育、保育等の総合的な提供の推進に関する法律に規定する幼保連携型認定こども園
- 母子及び父子並びに寡婦福祉法に規定する母子家庭日常生活支援事業、父子家庭日常生活支援事業、寡婦日常生活支援事業
- 母子及び父子並びに寡婦福祉法に規定する母子・父子福祉施設
- 老人福祉法に規定する老人居宅介護等事業、老人デイサービス事業、老人短期入所事業、小規模多機能型居宅介護事業、認知症対応型老人共同生活援助事業、複合型サービス福祉事業
- 老人福祉法に規定する老人デイサービスセンター（日帰り介護施設）、老人短期入所施設、老人福祉センター、老人介護支援センター

- ・障害者総合支援法に規定する障害福祉サービス事業、一般相談支援事業、特定相談支援事業、移動支援事業、地域活動支援センター、福祉ホーム
- ・身体障害者福祉法に規定する身体障害者生活訓練等事業、手話通訳事業又は介助犬訓練事業若しくは聴導犬訓練事業
- ・身体障害者福祉法に規定する身体障害者福祉センター、補装具製作施設、盲導犬訓練施設、視聴覚障害者情報提供施設
- ・身体障害者更生相談事業
- ・知的障害者更生相談事業
- ・生計困難者に無料または低額な料金で簡易住宅を貸し付け、または宿泊所等を利用させる事業
- ・生計困難者に無料または低額な料金で診療を行う事業
- ・生計困難者に無料または低額な費用で介護老人保健施設、介護医療院を利用させる事業
- ・隣保事業
- ・福祉サービス利用援助事業
- ・各社会福祉事業に関する連絡
- ・各社会福祉事業に関する助成

出典：厚生労働省編『令和3年版厚生労働白書』資料編

第 2 章

社会保障の具体的手段・管理運営の組織・財源

この章で学ぶこと

　この章では、社会保障法の総論的な事項として、社会保障の具体的な手段、社会保障の管理運営を担う行政機関、社会保障の財源について、原理的な視点から学ぶ。

1　社会保障の具体的手段

（ⅰ）はじめに

　ある日の教室。社会福祉学部で社会保障法の講義を担当する先生に、学生が質問をしている。

　　学生「先週の児童福祉論の講義で、虐待の防止や一時保護について学びました。そのとき、児童福祉論の先生は、『このように、社会福祉の具体的な手段には禁止や保護等もあり、いずれも法に基づいて実施されます。ソーシャルワーカーを目指す学生は、社会福祉の法律を良く勉強しておくとよいでしょう』といわれました。社会保障法の講義でも、児童福祉論で習ったこれらの法律関係を詳しく教えていただけますか？」

　　先生「社会保障法の講義ではそれらについて取り上げません。本を紹介しますので自己学習して下さい。」

　　学生「え？　児童福祉は社会保障の一部ではないのですか？」

（ⅱ）社会保障の具体的手段としての給付

　社会福祉の具体的な手段には様々なものがある。そのうちどれが社会保障に含まれるか、すなわち社会保障の具体的手段にはどのようなものがあるかの説明は、社会保障の概念をどのように定義するかによって変わってくる。

　例えば、社会保障制度審議会「社会保障将来像委員会第一次報告」（1993年）は、「国民の生活の安定が損なわれた場合に、国民にすこやかで安心できる生活を保障することを目的として、公的責任で生活を支える給付を行うもの」と定義している（→第Ⅰ部第1章1（ⅱ）（b））。

　この報告が示した社会保障の定義によると、社会保障の具体的手段は給付（生活を支える給付）であり、学生が児童福祉論で学んだ禁止や一時保護や権利擁護は、社会保障の具体的な手段ではないこととなる。ただ、学生の疑問ももっともである。

　そこで以下では、はじめに社会保障の具体的手段として給付について説明し、次いで学生の疑問について原理的な視点から考えてみよう。

（ⅲ）現金給付（金銭給付）と現物給付

　社会保障の具体的手段としての給付は、現金給付（金銭給付ともいう）と現物給付に分類される。なお、わが国の社会保障法が規定する現金給付や現物給付の具体的な内容は、第Ⅱ部第3章以下の各章の中で説明される。

　現金給付の特徴は、個人の選択の自由が尊重される（自分でお金の使い道を決めることができる）という点にある。現金給付では、受給者はニードを充足するのに必要な財やサービスを、自らの判断で対価を支払って入手するためである。これに対して、現物給付の特徴は、財やサービスの給付によって受給者のニードが迅速に充足されるという点にある。

　ある制度に現金給付を用いるか現物給付を用いるかは、政策的な判断による。通常の状況では、基本的に「モノやサービスの給付と現金給付は互換的」（岩田正美『社会福祉への招待』放送大学教育振興会、2016年、138頁）であるためである。ただし、状況によっては現金給付と現物給付は代替的ではなくなる（岩田前掲 2016，35-136頁）。例えば、ニードを持つ人の属性によっては、現金でニードを充足することが困難となる（置き去りにされた乳児、路上で病気にかかり苦しんでいるホームレスの人、寝たきりの高齢者等）。また、災害時等の緊急性を要する場合も同様である。さらに、市場を形成できないものも、自ら購入して入手することが困難となる（障害者のための特殊な機器等）。

　社会保障制度の制度設計においては、現金給付と現物給付のこのような特徴や状況が勘案されることになる。

（iv）代理受領方式と受領委任方式——現金給付の事実上の現物給付化

　現金給付として制度設計されている保険給付を、事実上、現物給付化する支払い方式も用いられている。公的医療保険（以下では医療保険という）の各法、介護保険法、子ども子育て支援法、障害者総合支援法で用いられている、代理受領や受領委任という支払方式である（→第Ⅱ部第3章6（iii）（a）、第Ⅱ部第5章2（iv）（b）、第Ⅱ部第5章4（iii）（b）、第Ⅱ部第6章2（iv）（b））。

　償還払い方式（費用償還払い方式ともいう）とは、被保険者が利用した医療や介護に要した費用の全額を医療機関や介護事業者に支払った後、保険者に対して保険給付を請求する方式のことである。例えば健康保険では、被保険者本人が医療保険を使って診療を受けた場合の保険給付（療養の給付）は現物給付であるのに対して、被保険者の家族（被扶養者）が医療保険を使って診療を受けた場合の保険給付（家族療養費）は、法文上、償還払い方式によることとなっている（→第Ⅱ部第3章6（iii））。

　代理受領とは、償還払い方式の現金給付について、保険者が被保険者の委任を受けた医療機関や事業者からの請求に基づき、当該医療機関や事業者に対して直接、保険給付を行う方式である。例えば前述の健康保険の家族療養費は、法文上、償還払い方式によることとなっているところ、代理受領方式により事実上、現物給付化されている。なお、代理受領を行う医療機関や事業者については、行政による指定が代理受領の要件となる。

　また、受領委任とは、医療保険における、あんまマッサージ指圧・鍼灸施術にかかる保険給付について実施されている支払方式である。法文上、これらの保険給付は償還払い方式の現金給付とされているところ、保険者が被保険者の委任を受けた施術者からの請求に基づき、当該施術者に対して直接、保険給付を行うことが認められている（図表1）。なお、この施術者については、行政への登録が受領委任の要件となる。

図表1　償還払い・代理受領・受領委任

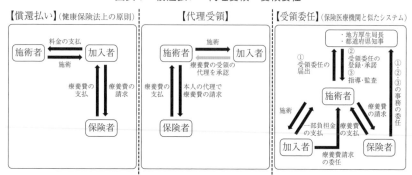

出典：第94回全国健康保険協会運営委員会（2017年11月21日）配布資料（https://www.kyoukaikenpo.or.jp/~/media/Files/shared/direction/dai94kai/2018112107.pdf）

（ⅴ）現物給付の質の保障

　現物給付の場合、給付される財やサービスの質をどのように保障するかが問題となる。

　質の保障の主な手段に、①規制・監督、②指定、③審査支払機関による審査がある。

（a）規制・指導監督

　質を保障する方法のひとつに、行政による規制と指導監督がある。具体的には、⑦サービス提供機関や業務従事者に対する事前的な規制と、④法定の基準（人員・設備・運営）に則った管理運営を行わないサービス提供機関や、不適切な行為を行った業務従事者に対する指導監督（立入調査、勧告、命令、公表・公示、業務の停止、指定の効力停止・取消し等）がある。

　⑦には、①サービス提供機関の開設許可・設置認可等（医療法、社会福祉法等）と、②業務従事者の免許制度（医師法、歯科医師法、保健師助産師看護師法、薬剤師法、社会福祉士及び介護福祉士法、精神保健福祉士法等）がある。これらの規制は、憲法22条が保障する営業の自由や職業選択の自由に対する消極目的規制として位置づけられる。

（b）指定（登録・確認）

　上記のような事業規制に加え、行政によるサービス提供機関や業務従事者の

指定（登録・確認）制度がある。この制度は、㋐医療保険、㋑介護保険、㋒障害者総合支援法、子ども子育て支援法で用いられている。事業者等が指定（登録・確認）を受けるためには、一定の基準（構造設備、人員、運営等）を満たすことが求められる。前述（ａ）のように、不適切な行為を行った事業者等に対しては指定の効力停止や取消しが行われる。

　㋐医療保険を用いた診療（保険診療）を行う医療機関は、保険医療機関としての指定を受け、医師が保険医としての登録を受けなくてはならない。この指定及び登録は厚生労働大臣が行う。

　指定によって、保険医療機関と医療保険の保険者との間に公法上の契約関係が成立すると解されている。指定によって成立する契約関係に基づき、保険医には全国一律の診療準則である療養担当規則や診療報酬点数表に準拠した診療を行うことが求められることになる（→第Ⅱ部第3章5（ⅰ））。

　㋑介護保険を用いた介護等を行うサービス事業者等は、都道府県知事または市区町村長が行う指定事業者としての指定を受けなくてはならない。指定の有効期間は6年であり、指定事業者等は6年ごとに指定の更新を行う必要がある。なお、介護保険法に基づき設置される施設である介護老人保健施設と介護医療院については、指定ではなく開設許可（介保94条1項）とされている。この開設許可も6年ごとに更新を行う必要がある。

　通説的な見解によると、介護保険法における指定の法的性質は、「事業者あるいは施設が法の定める設備・人員基準を満たしているか否か（すなわち、これらの事業者あるいは施設が提供する介護サービスが介護保険給付の対象としてふさわしいかどうか）をチェックする確認行為」（西村健一郎『社会保障法』有斐閣、2003年、310頁）であると解されている。この点において、前述した医療保険における指定とは異なる。

　㋒障害者総合支援制度を用いたサービス事業を行う事業者等は、介護保険におけるのと同様、都道府県知事または市区町村長が行う指定事業者としての指定を受けなくてはならない。また、子ども・子育て支援制度を用いたサービス事業を行う事業者等は、市区町村長が行う確認を受けなくてはならない。

（ｃ）審査支払機関による審査

　医療保険では、実際に提供されたサービスが妥当適切なものであったかを審査した上で保険給付が行われる（→第Ⅱ部第３章５（ｉ））。保険者は審査支払機関に事務を委託することができる。審査支払機関は指定医療機関から送付された診療報酬の請求書（レセプトという）を審査し、問題がなければ保険者に対して診療報酬を請求し、指定医療機関に対して支払いを行う。

　介護保険では、国民健康保険連合会（国保連）が保険者からの委託により審査支払の事務を行うことができる（介保176条）。国保連は指定事業者等から送付された介護報酬の請求書を審査し、問題がなければ保険者に対して介護報酬を請求するとともに、指定事業者等に対して支払いを行う。国保連には給付費等審査委員会が設置され、同委員会が介護給付費請求書及び介護予防・日常生活支援総合事業費請求書の審査を行う（介保179条）。

　このように、医療保険や介護保険では、実施された医療や介護について事後的に審査を行うことで、サービスの質の保障を担保している。

（ⅵ）サービス給付の実施方法

　現物給付のひとつであるサービス給付の実施方法には、措置による方法と契約による方法とがある。現在、中心的な位置を占めているのは、契約による方法（契約制度）である。契約制度の具体的な仕組みについては、第３章以下の各章の中で説明される。そこで、ここでは措置制度の基本的な仕組みについて説明しよう。

　図表２は措置によるサービス給付の仕組み（措置制度）の図である。措置制度では、措置権者である行政が対象者のニードを判定し、それに基づき行政処分である措置決定を行うとともに（図表の②）、事業者に対して対象者に給付を行うよう準委任契約である措置委託契約を締結する（図表の③④）。行政から委託を受けた事業者は、委託契約に基づき対象者に給付を行う（図表の⑥）とともに、行政より委託費を受領する（図表の⑤）。また、行政は対象者から費用の一部を徴収する（図表の⑦）。この徴収額は対象者の負担能力に応じて決まる（応能負担）。

図表 2　措置制度の仕組み

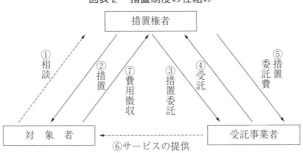

出典：北野誠一「2003年度の利用契約方式における支援費支給制度の問題点と北米等における支援費支給の動向について　その 1 」月刊ノーマライゼーション238号（2001年）

　なお、ニードの判定と措置決定は措置権者である行政の職権により行われる（職権主義）。すなわち、対象者からの申請に基づき措置が決定される訳ではない（そのため図表の①は申請ではなく相談となっている）。

　措置制度は、長らくわが国における社会福祉サービスの提供方法の中心的な位置を占めてきた。その背景には、慈善博愛事業に対する公金の支出を禁止する憲法89条の存在がある（→第Ⅰ部第 2 章 3 （ⅴ））。その後、1990年代後半の社会福祉基礎構造改革の中で、社会福祉サービスの提供方法の中心的な位置は、契約制度へと転換した（→第Ⅰ部第 4 章 1 （ⅲ）（d））。

　なお、措置制度は廃止された訳ではなく、現在も存在する。対象者が申請できない場合や緊急を要する場合等には、措置制度により職権でサービスが提供されることになる。

（ⅶ）「社会福祉の具体的手段」と社会保障の具体的手段

　ここまで、給付について説明してきた。次に、冒頭の学生と先生とのやり取りについて考えてみよう。社会福祉学の岩田正美は、「社会福祉の具体的手段」を次のように分類する（岩田前掲 2016, 131-132頁）。①規制・禁止、②保護・隔離、③個人や家族への所得の再分配、④個人や家族への財・サービスの供給、⑤個人や家族への相談や調整サービス、⑥個人への就労支援、⑦地域社会の開

発・整備。図表３は、岩田の記述に基づき、①から⑦の例と主な根拠法を示したものである。

（ⅷ）社会保障の具体的手段

　それでは、この①から⑦のうち、どれが「社会保障の具体的手段」に位置づけられるであろうか。言い換えると、①から⑦に関する法制度のうち、どれが社会保障法に位置づけられるであろうか。

　この点については議論が分かれよう。なぜならば、「今日にいたるも、社会保障の意義、内容およびその範囲はかならずしも明確ではなく、いまだ統一的あるいは支配的な概念規定に到達しているとはいいがたい」（古賀昭典編著『新版社会保障論』ミネルヴァ書房、2001年、２頁）ためである。

　社会保障の定義について、先に（ⅱ）で示した社会保障制度審議会「社会保障将来像委員会第一次報告」（1993年）のように、給付と関連づけて定義するのであれば、図表３の①⑦の全部と②⑥の一部に関する法制度は社会保障法ではなく、社会保障の関連制度に位置づけられることになろう。なお、⑤の相談や調整サービスについては、給付に認められるに至っている。

　現在の社会保障法学説の多くも、社会保障法の「守備範囲」を給付と関連づけて理解している（→本章４）。

2　社会保障の管理運営を担う行政機関

（ⅰ）はじめに

　社会保障制度の管理運営を担う主な組織に、次のものがある（伊奈川秀和『〈概観〉社会保障法総論・社会保険法〔第２版〕』信山社、2020年、69-73頁；同『〈概観〉社会福祉法〔第２版〕』信山社、2021年、110-118頁）。

　①行政機関（国、地方公共団体）、②公法人（特殊法人［日本年金機構、日本私立学校振興・共済事業団］、独立行政法人［年金積立金管理運用独立行政法人、独立行政法人国立病院機構等］、公共組合［健康保険組合、国民健康保険組合、公務員等の共済組合等］、これらに該当しない特別な公法人［全国健康保険協会］）、③私法人（企業年

図表 3　岩田による「社会福祉の具体的手段」の分類とその例

	社会福祉の具体的手段	その例（主な根拠法）
①	規制・禁止 →特定の行為や活動の禁止・制限	・児童労働・売春の禁止（労働基準法、売春防止法） ・虐待・暴力の禁止（児童虐待防止法、DV 防止法、障害者虐待防止法、刑法）
②	保護・隔離 →施設等への収容保護等	・被害者の一時保護（児童虐待防止法、児童福祉法、DV 防止法、障害者虐待防止法、高齢者虐待防止法） ・ホームレス緊急一時生活支援事業（生活困窮者自立支援法） ・母子生活支援施設（児童福祉法） ・児童自立支援施設（児童福祉法） ・児童の療育（児童福祉法） ・特別養護老人ホーム（老人福祉法） ・伝染病患者の一時的隔離（感染症法等）
③	個人や家族への所得の再分配 →現金給付	・各制度における現金給付 （国民年金法、厚生年金保険法、健康保険法、国民健康保険法、各種共済組合法、船員保険法、高齢者医療確保法、介護保険法、雇用保険法、労働者災害補償保険法、障害者総合支援法、児童手当法、児童扶養手当法、特別児童扶養手当法、生活保護法、等）
④	個人や家族への財・サービスの供給 →ハードなサービス	・各制度における現物給付 （健康保険法、国民健康保険法、各種共済組合法、船員保険法、高齢者医療確保法、介護保険法、雇用保険法、労働者災害補償保険法、老人福祉法、児童福祉法、母子父子寡婦福祉法、障害者総合支援法、身体障害者福祉法、知的障害者福祉法、生活保護法、等） ※代理受領方式等により事実上、現物給付化されるものもある。
⑤	個人や家族への相談や調整サービス →ソフトなサービス	・相談、調整、紹介、連携等 （生活保護法、介護保険法、障害者総合支援法等）
⑥	個人への就労支援 →授産から最近の就労自立支援まで	・作業指導、職業訓練、就労準備支援等 （生活保護法、雇用保険法、求職者支援法、生活困窮者自立支援法等）
⑦	地域社会の開発・整備	・住宅・道路・下水道等の改良事業 ・地域センターの設置 ・孤独死等の問題を地域全体の福祉資源の開発や見守りのネットワークで支える事業の構築 ・どのような人も使いやすい公共交通機関や建築物設置の推進。いわゆる「福祉のまちづくり」

出典：岩田前掲 2016, 132-134頁に基づき筆者作成

金連合会、社会保険診療報酬支払基金）。

　このように多岐にわたる組織のうち、行政機関はどのような業務を担っているのだろうか。

（ⅱ）国

　国の行政機関では、主に厚生労働省が社会保障の管理運営にかかる事務を行っている（組織図 https://www.mhlw.go.jp/houdou_kouhou/kouhou_shuppan/pdf/p20.pdf）。ただし、公務員共済の事務については、組合員が所属する各省が所掌している。

　厚生労働省には、各内部部局や施設等機関に加えて審議会（社会保障審議会、厚生科学審議会、労働政策審議会、医道審議会、薬事・食品衛生審議会、がん対策推進協議会、肝炎対策推進協議会、中央社会保険医療協議会、社会保険審査会、労働保険審査会、疾病・障害認定審査会、援護審査会等）が設置され、重要事項等について調査審議を行っている。このうち、社会保険審査会と労働保険審査会は、社会保険の給付等について行政不服審査を行う。

　また、厚生労働省の地方支分部局である都道府県労働局には、労働基準監督署と公共職業安定所が設置されている。前者は労災保険の事務を担当し、後者は雇用保険関係の事務を担当する。地方支分部局にはまた、地方厚生局がある。

（ⅲ）地方公共団体

　地方公共団体（都道府県、市町村、特別区）は、「国民健康保険・介護保険の管掌者（保険者）、児童福祉・障害者福祉等の事業実施主体として登場する」（菊池馨実『社会保障法〔第2版〕』有斐閣、2018年、41頁）。社会保障の管理運営にかかる事務の一部を共同で処理するため、複数の市町村や特別区が一部事務組合（自治248条2項）を設置することができる。また、広域にわたる総合的な計画を作成し、その事務の管理及び執行について広域計画の実施のために必要な連絡調整を図り、ならびにその事務の一部を広域にわたり総合的かつ計画的に処理するため、複数の市町村や特別区が広域連合（同条2項）を設置することが

できる。

　地方公共団体には、各法に基づき専門機関が設置されている。また、都道府県には、地方社会福祉審議会や都道府県児童福祉審議会等の審議会が設置されている（web 資料Ⅱ‐2‐①「地方公共団体が設置する専門機関」）。

3　社会保障の財源

（ⅰ）はじめに

　次の文章は、『平成24年版厚生労働白書——社会保障を考える』における、わが国の社会保険制度についての説明の一部である。

　　「社会保険の財源は保険料が中心である。保険料は、被用者保険では被保険者（被用者）本人のみならず、被保険者の職場の事業主も負担するのが原則となっている。また、社会保険制度の財源には、保険料以外にも国庫負担金等がある。（略）」(39頁)。

　それでは、なぜ被保険者の保険料を事業主が負担するのだろうか。また、なぜ国庫負担金があるのだろうか。

（ⅱ）社会保障給付費

　図表4は、わが国の社会保障給付費等の推移である。2020年度の社会保障給付費は126.8兆円であり、うち年金が57.7兆円、医療が40.6兆円、福祉その他が28.5兆円であった。1980年の数値と2020年の数値を比較すると、全体に占める割合が最も多いものが医療から年金に変わったことがわかる。

　図表5は、社会保障給付費の財源構成の推移である。2020年の数値は、全体の54.7% が社会保険料（被保険者拠出と事業主拠出の合計）で、38.0% が公費負担であった。このように、社会保障給付費の半分以上が社会保険料によって賄われている。

（ⅲ）社会保険の財源と財政調整

　社会保険（→第Ⅱ部第1章2）は、保険の仕組みを援用して（ただし保険の技術

図表 4　社会保障給付費の推移

	1970	1980	1990	2000	2010	2020 （予算ベース）
国民所得額（兆円）A	61.0	203.9	346.9	386.0	361.9	415.2
給付費総額（兆円）B	3.5 (100.0%)	24.9 (100.0%)	47.4 (100.0%)	78.4 (100.0%)	105.4 (100.0%)	126.8 (100.0%)
（内訳）　年金	0.9 (24.3%)	10.3 (42.2%)	23.8 (50.1%)	40.5 (51.7%)	52.2 (49.6%)	57.7 (45.5%)
医療	2.1 (58.9%)	10.8 (43.3%)	18.6 (39.3%)	26.6 (33.9%)	33.6 (31.9%)	40.6 (32.0%)
福祉その他	0.6 (16.8%)	3.8 (14.5%)	5.0 (10.6%)	11.3 (14.4%)	19.5 (18.5%)	28.5 (22.5%)
B／A	5.80%	12.20%	13.70%	20.30%	29.10%	30.50%

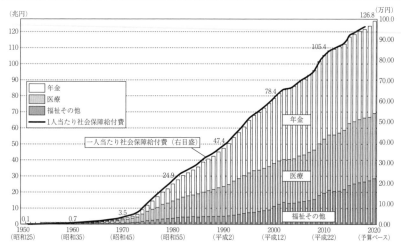

資料：国立社会保障・人口問題研究所「平成30年度社会保障費用統計」、2019〜2020年度（予算ベース）は厚生労働省推計、2020年度の国民所得額は「令和2年度の経済見通しと経済財政運営の基本態度（令和2年1月20日閣議決定）」

（注）図中の数値は、1950，1960，1970，1980，1990，2000及び2010並びに2020年度（予算ベース）の社会保障給付費（兆円）である。

出典：厚生労働省編『令和3年版厚生労働白書』

的な原則は修正して）給付を行い、財源の一部を保険料で賄う。社会保険の主な財源は次の3つに分散されている。①社会保険料、②公費負担、③積立金の運用収入。

　社会保険の財政運営は、保険集団内の相互扶助の考え方に基づき運営されている民間保険（私的保険）とは異なり、保険集団外からの支援（公的な財政支援である公費負担や他の保険集団からの財源の移転である財政調整）を受けるものがある。このことは、社会保険の各制度における被保険者の拠出（負担）と給付と

図表 5　社会保障給付費の財源構成の推移

表 9　項目別社会保障財源の推移

年　度	合計	社会保険料		公費負担		他の収入	
		被保険者拠出	事業主拠出	国庫負担	他の公費負担	資産収入	その他
	億円	億円	億円	億円	億円	億円	億円
2014（平成26)	1,372,678	342,827	308,771	319,896	130,364	217,195	53,626
2015（　　27)	1,253,577	353,727	315,596	325,528	157,024	20,571	81,132
2016（　　28)	1,364,995	364,949	324,010	332,204	161,010	103,224	79,597
2017（　　29)	1,412,809	373,647	334,366	333,299	165,573	141,126	64,799
2018（　　30)	1,326,043	383,382	342,544	335,997	167,916	44,286	51,919
2019（令和元)	1,323,746	389,665	350,417	344,067	175,070	15,944	48,582

表10　構成割合

年　度	合計	社会保険料		公費負担		他の収入	
		被保険者拠出	事業主拠出	国庫負担	他の公費負担	資産収入	その他
	％	％	％	％	％	％	％
2014（平成26)	100.0	25.0	22.5	23.3	9.5	15.8	3.9
2015（　　27)	100.0	28.2	25.2	26.0	12.5	1.6	6.5
2016（　　28)	100.0	26.7	23.7	24.3	11.8	7.6	5.8
2017（　　29)	100.0	26.4	23.7	23.6	11.7	10.0	4.6
2018（　　30)	100.0	28.9	25.8	25.3	12.7	3.3	3.9
2019（令和元)	100.0	29.4	26.5	26.0	13.2	1.2	3.7

出典：国立社会保障・人口問題研究所「令和元（2019）年度社会保障統計（概要）」（2021年8月)

の関係をわかりづらいものとしている。

　新田秀樹によると、「社会保障における『財政調整』の定義は論者により必ずしも一義的ではなく、その範囲にも広狭あるが、概ね①（本来は）財政的に独立した複数の運営主体間での資金（金銭）の移転がある、②一定の目的（負担の公平化、財政力の弱い主体への支援による制度の安定化等）をもって行われる、財政力格差を是正・緩和するための仕組みである、③財調が行われる領域としては主として社会保険の領域が想定されている、といった共通要素が認められる」（新田秀樹「財政調整の根拠と法的性格」社会保障法研究 2 号（2013年）64頁）ものである。

　財政調整の例として、前期高齢者納付金（高齢医療36条・139条 1 項）、後期高齢者支援金（高齢医療118条・139条 1 項）、基礎年金拠出金（国年94条の 2 ）等を挙げることができる。

（ⅳ）社会保険料

　社会保険では保険料の拠出が給付の要件となっている（社会保険における拠出と負担の牽連性）。ただし、負担能力の低い被保険者については、保険料の支払いの免除・猶予や、保険料の額の減額等がなされる。

　被用者保険の多くで、事業主がその使用する者（つまり労働者）の保険料を折半して拠出する旨が法定されている。また、労災保険では保険料の全額が事業主負担とされている（→第Ⅱ部第4章2（ⅳ））。

　労働保険（労災保険及び雇用保険）における保険料の事業主負担を正当化する理論的根拠については、次のように説明されている。これまでの議論の蓄積に基づくと、「（略）適用事業所に雇用されることに伴い、『労働者』に発生する業務上の災害や就労を前提とする失業への補償を目的としており、給付対象が『労働者』であること、ならびに、保障対象となる保険事故と就労との関連性が高いことにより、保険料の事業主負担が正当化されている（倉田賀世「社会保険財源における事業主負担の範囲」小宮文人他編『社会法の再構築』旬報社、2011年、218頁）。

　また、労働保険以外の社会保険における、「使用される者」の保険料の事業主負担を正当化する理論的な根拠については、次のように説明されている。「政府は『被用者は老齢、障害等の不安を解消し、安心して働くことが可能となり、その効果は円滑な事業活動に寄与する面を有する』と説明しており、学説も多くはこれに賛同する。これに加えて事業主が収益を上げるために使用する労働力は、人の人生の中で稼働することができる期間を一時的に利用しているのであるから、事業主の収益を人が稼働することができない時期にも配分すべきだ、という考え方に由来している」（丸谷浩介「厚生年金の被保険者資格」週刊社会保障2987号（2019年）53頁）。

　しかし、労働保険以外の社会保険について、（学説の多くが賛同する）事業主の間接な利益の存在を説く前段の説明は、因果関係の論証が困難な仮説の域を出ない。また、後段の説明は、なぜ現在「一時的に利用している」事業主が、その収益を「稼働することができない時期」に配分する原資を社会保険料の形で負担すべきかとの説明がややつきづらい。労働保険以外の社会保険における

事業主負担の理論的な根拠は必ずしも分明ではなく、政策的な判断により事業主負担を軽減・廃止することや、諸外国のように事業主負担の割合を引き上げることのいずれも可能である。

　国民健康保険の保険料は、地方税（国民健康保険税）として徴収することができる（地税5条）。この場合、形式が税である以上、憲法84条が定める租税法律主義（租税条例主義）が適用されるというのが最高裁判決の立場である（旭川国民健康保険条例事件：最大判平18・3・1民集60巻2号587頁）。

（ⅴ）公費負担

　社会保険への公費の投入は、保険の技術的な原則の修正となる。この修正については、生存権の実現のために行われるとの意味づけが可能である。すなわち、「社会保険立法が社会保障法としての性質をもつのは、保険的手段を援用しつつも、給付─反対給付の相応性という保険原則に対して、社会的扶養の原理によって、労働者を中心とする無産大衆に対して、社会的事故からの救済をはかり、生活を保障することに向けられるからである。その意味で社会保険における国家の負担は高くならざるをえないし、社会保障においては、保険技術は生存権実現のための一手段として考えられなければならない」（林迪廣・古賀昭典編『社会保障法講義〔改訂版〕』法律文化社、1984年、47-48頁［林迪廣・古賀昭典執筆］）との意味づけである。

　ここで「社会保険における国家の負担は高くならざるをえない」と説明されている公費負担の具体的な程度は、それぞれの制度の内容に即した政策的な判断に委ねられる。社会保険に「公費が投入されている理由は制度によって異なる」（江口隆裕「社会保障の財政」日本社会保障法学会編『講座社会保障法第1巻　21世紀の社会保障法』法律文化社、2001年、152頁）ためである。

　なお、社会保険に税財源が投入されてきた理由について、厚生労働省の「社会保障負担等の在り方に関する研究会報告書」(2002年)は、次の3つを挙げる。

　①保険制度間の財政力格差等を調整するため。とりわけ低所得者・高齢者が多く財政力の弱い地域保険に手厚く税財源を投入してきた。全国民に社会保険方式の制度に加入義務を負わせる皆保険制度を維持するためには、加入する保

険制度にかかわらずなるたけ公平な給付を行うことが望ましかった。

　②保険制度内の低所得者の保険料負担を軽減するため。税財源を投入することで保険料水準を引き下げてきた。皆保険制度の維持のためには、低所得者でも負担できる水準に保険料を抑える必要があった。

　③負担の賦課ベースを広げるため。保険料は所得比例または定額による負担賦課（国民健康保険の場合はその組み合わせ）であるので課税ベースが狭い（特に定額の国民年金の場合は逆進性が強い）ため、それを緩和するため課税ベースの広い税財源を投入してきた。

　これらに加えて、次の理由等が挙げられている（江口前掲 2001, 152頁；地主重美編『社会保障読本〔新版〕』東洋経済新報社、1983年、90-91頁［大野吉輝執筆］；堀勝洋『社会保障法総論〔第2版〕』東京大学出版会、2004年、55-56頁）。社会保険に強制加入させる見返り、加入を強制する以上は少なくとも事務費は公費で賄うことが望ましいこと、非被用者を対象とする社会保険には事業主負担がないこと、公的責任を遂行するため、等。ここでいう公的責任とは、「①失業のように生活困難が体制（特に自由主義体制）によってもたらされたこと、②保険財源の不足がインフレなど個人の責任ではなく社会経済的なものによってもたらされたこと、③年金財源の不足が政府の財政運営上の都合——すなわち年金積立金が低利の財政投融資資金として用いられたこと——によってもたらされたこと、などが挙げられている」（堀前掲 2004, 55頁）もののことである。

（ⅵ）積立金の運用

　積立金の運用収入を財源のひとつとする社会保険の代表として、ここでは公的年金を紹介しよう。公的年金の積立金の管理と運用は、年金積立金管理運用独立行政法人が、厚生労働大臣から寄託を受けて行っている。同法人は、積立金の管理運用について受託者責任を負う。年金積立金管理運用独立行政法人法は、役員等の注意義務を規定している（GPIF11条）。

　積立金の運用は、信託銀行等の運用機関に委託して行う。運用について、年金積立金管理運用独立行政法人法は、「安全かつ効率的に行われなければならない」（GPIF21条）と規定しており、運用は「積立金の管理及び運用が長期的

な観点から安全かつ効率的に行われるようにするための基本的な指針」（平成
26・7 総務省、財務省、文部科学省、厚生労働省告示第 1 号）に則って行われている。

（ⅶ）社会扶助の財源

　保険の仕組みを用いずに給付を行うものを社会扶助という。社会扶助の財源
は主に公費で賄われている（児童手当等には事業主負担もある）。社会扶助には、
社会手当（→第Ⅱ部第 1 章 3、第 6 章 3）、社会福祉サービス（→第Ⅱ部第 1 章 4）、
公的扶助（生活保護。第Ⅱ部第 1 章 2、第 7 章 2）がある。社会扶助は保険の仕組
みを用いないことから、保険料の拠出は給付の受給要件とはならない。しか
し、所得制限（→第Ⅱ部第 6 章 3（ⅱ）（ c ）、（ⅲ）（ e ））や資力調査（→第Ⅱ部第
7 章 2（ⅱ））を伴うことがある。

4　今後の課題（「社会福祉法（学）」の構想）

　最後に、1 の「（ⅰ）はじめに」に登場した学生の質問について考えてみよう。
学生は児童福祉論の講義で習った、規制・禁止（図表 3 の①）や保護・隔離（図
表 3 の②）に関する法制度も、社会保障法のいわば守備範囲であると理解して
いる。これに対して、わが国の社会保障法学説の多く（そして「（ⅰ）はじめに」
で学生の質問に答えた先生）は、社会保障法の守備範囲を給付や要保障事由と関
連づけて理解してきた（→第Ⅰ部第 1 章 1（ⅱ）（ c ）、第 4 章 2。本書もこの立場で
ある→第Ⅰ部第 1 章 1（ⅳ））。

　このことについては、次のように考えることはできないであろうか。それ
は、「『社会福祉法』と称される法領域があり、その一部に社会保障法がある」
という考えである（図表 6）。この考えによると、質問した学生のいう規制・禁
止や保護・隔離に関する法制度はこの「社会福祉法」に属するものの、社会保
障法ではないことになる。

　ここでもう一度、図表 3 を見てみよう。図表 3 は、社会福祉学の観点から
「社会福祉の具体的手段」を整理したものであった。ここで、この「社会福祉
の具体的手段」を、「福祉ニーズを充足する具体的手段」と読み替えてみる。

図表 6　「社会福祉法（学）」の考え方

出典：筆者作成

そうすると、①から⑦に関する様々な法（または①から⑥のすべてと⑦の一部に関する法）は、例えば「憲法25条に基づき公的責任において国民等の福祉ニーズを充足するための具体的手段に関する法」という、ひとつの法領域を形成していると把握することができる。この①から⑦に、本書で「社会保障の関連制度」と位置づけている公的貸付（→第Ⅰ部第3章3（ⅱ）、第Ⅱ部第7章3）を加えてもよいであろう。

　このように把握された法領域を「社会福祉法」と称し、法領域としての「社会福祉法」を対象とする学問を「社会福祉法学」と称することが考えられる。このような「社会福祉法」という法領域を設定することにより、様々な具体的手段の関係や制度横断的な組合せがよりわかりやすくなることが期待される。また、ソーシャルワークと法の関係の体系的な理解にも資するものとなろう。

　なお、この構想の考え方によると、給付（社会的給付）に関する法としての社会保障法は「社会福祉法」の中に位置づけられ、社会保障法を対象とする学問としての社会保障法学は「社会福祉法学」の中に位置づけられることとなる。

　ただし、このように構想される「社会福祉法」という法領域は、特定の法理や解釈原理で一貫した説明が可能となるものではない（菊池馨実は社会保障法という法領域について、「社会保障法という固有の実定法領域を画するためには、特定の

法理や解釈原理で一貫した説明が可能であることが必要であると考える」[菊池馨実「新しい社会保障法の構築に向けた一試論」小宮文人他編『社会法の再構築』旬報社、2011年、247頁]との見解を示している)。この点において、例えば刑事法的なアプローチと民事法的なアプローチが併存する医事法等の法領域と類似する性質を有するものとなる。

　ところで、この「社会福祉法（学）」の構想は、社会保障法を給付や要保障事由と関連づけて理解する本書の立場(→第Ⅰ部第1章1 (iv))に基づいている。今後、「なぜ社会保障法は給付と関連づけて理解されてきた／理解されているのか」について、学説史を踏まえつつ（社会保障法学においても学説史研究は重要な基礎的研究である）、原理的な視点から考察を深める必要がある。

第 **3** 章

日常生活の保障——年金と医療

この章で学ぶこと

　この章では、公的年金制度（以下「年金制度」と略）と医療保障制度について学ぶ。いずれも、私たちが安心して日常生活を送るために必要な制度ということができる。老齢・傷病・障害・死亡という、すべての国民に生じる事象に備える社会保障制度である点で、労働者を対象として労働に伴うリスクに備える社会保障制度である労働保険（→第Ⅱ部第4章）とは保険事故（要保障事由）の性質が異なっている。

1　年金（公的年金）制度の原理と法体系

（ⅰ）はじめに

　社会保障論の演習で学生が年金について意見交換をしている。ある若い学生の発言。「いまの高齢者は年金をたくさんもらって得をしている。それに引き換え、自分たちは将来、年金をあまりもらえず払い損となる。年金の保険料を払うのが馬鹿らしくなる」。どう考えたらよいのだろうか。

（ⅱ）年金制度の原理

　年金制度は、老齢、心身障害、扶養者の死亡のような長期的所得喪失・減少に対して長期給付を行う所得保障制度である（古賀昭典編著『新版社会保障論』ミネルヴァ書房、2001年、23頁［古賀昭典執筆］）。1961年の国民皆保険・皆年金の達成（→第Ⅰ部第4章1（ⅲ））により、すべての国民は年金と医療を保障する社会保険制度の対象となった（国年7条）。年金は、すべての国民が加入する国民年金と、勤め人が加入する厚生年金保険の「2階建て」の仕組みとなっている（図表1）。

図表1　国民皆年金

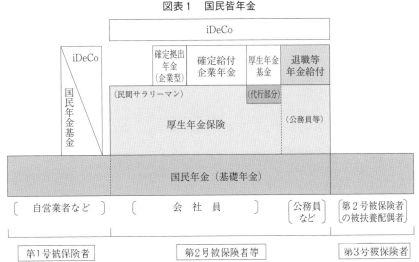

出典：厚生労働省HP「日本の公的年金は『二階建て』」(https://www.mhlw.go.jp/nenkinkenshou/structure/structure03.html)

　わが国の年金法制の基本をなす国民年金法と厚生年金保険法は、いずれも条文の中に法や制度の原理を明示していない。筆者は、この2つの法が定める年金制度について、①制度の目的は、「現金給付による生活の維持・安定・向上」にあり、②制度の原理は、「国民や労働者の世代間及び世代内の連帯」と、「社会的扶養」にあるものと考える。

　①は、国民年金法と厚生年金保険法の目的規定(国年1条、厚年1条)による。それによると、わが国の年金制度は、所得や稼働能力の減少や喪失をもたらす事由である被保険者の老齢・障害・死亡に対して、保険者が現金給付を行うことにより、本人または遺族の生活が損なわれることを国民の共同連帯によって防止するとともに(国民年金)、その健全な国民生活の維持・向上(同)や、労働者または遺族の生活の安定・福祉の向上(厚生年金保険)に寄与するものとされる。

　このような年金制度は、②に示したように、国民や労働者の世代間や世代内の連帯の原理を基礎として設計されている。厚生年金保険法には、国民年金法

１条の「国民の共同連帯」のような文言は用いられていないが、社会保険の仕組みを用いていることから、保険料拠出という「貢献による連帯」（伊奈川秀和『〈概観〉社会保障法総論・社会保険法〔第2版〕』信山社、2020年、55頁）が制度の原理となる。前述の国民皆年金も、この連帯の原理によって説明することができる。

　これに対して、社会的扶養に関しては根拠となる条文等は存しない。機能の観点から見ると、生活が損なわれるリスクとなる事由が生じたときに金銭が給付される仕組みとしての年金制度は、私的扶養が担う機能の一部を社会化したものと解することができる。ただし、この社会的扶養をわが国の年金制度の原理と位置づけることについては議論があろう。

　ここで社会的扶養を原理のひとつに挙げたのは、次の事柄は扶養の考え方を援用することによって説明できると考えるためである。それは、給付が一身専属的な権利とされていること、給付額が物価変動率や現役世代の負担能力を考慮して改定されること、稼働所得のある高齢者は老齢年金が減額されること（在職老齢年金）、遺族年金は婚姻により受給権が消滅すること等である。

（ⅲ）法体系

　図表2は年金制度に関する法の体系である。図表1で「2階建て」の公的年金に上乗せの給付を行っている年金（国民年金基金、厚生年金基金、確定給付企業年金、企業型確定拠出年金等）は、国民年金や厚生年金保険とは異なり任意加入である。これらはいずれも、公的色彩の強い私的年金と位置づけられる。なお、図表3は堀勝洋による公的年金と私的年金の区別に関する基準である。

2　国民年金法、厚生年金保険法

（ⅰ）保険事故・保険者・被保険者

（a）保険事故

　国民年金と厚生年金保険の保険事故は、被保険者の老齢、障害、死亡である。

図表2　年金制度の法体系

制度の分類	主な法律名
①基礎年金：20歳未満の厚生年金保険の加入者及び20歳以上のすべての国民を対象とする制度	国民年金法
②厚生年金保険：勤め人とその家族等を対象とする制度	厚生年金保険法
③関連する制度	日本年金機構法、年金積立金管理運用独立行政法人法、国民年金法（→国民年金基金）、厚生年金法（→厚生年金基金）、確定給付企業年金法、確定拠出年金法、独立行政法人農業者年金基金法、石炭鉱業年金基金法

出典：筆者作成

図表3　公的年金と私的年金（個人年金）の区別に関する基準

公的年金	私的年金
公的目的	私的目的
国家責任	私的責任
強制加入	任意加入
給付反対給付均等の原則の厳格な適用なし	給付反対給付均等の原則の適用あり
スライドあり	スライドなし
保険料納付は強制	保険料納付は任意
公費負担の投入あり	公費負担の投入なし
賦課方式	積立方式

出典：堀勝洋『年金保険法〔第4版〕』法律文化社、2017年、11頁

（ｂ）保険者

　国民年金と厚生年金保険の保険者は政府である（国年3条1項、厚年2条）。厚生労働省が管掌し、業務の運営に関する事務は日本年金機構が担当する（国年109条の4・109条の10・109条の11、厚年100条の4・100条の10・100条の11）。また、年金積立金の運用業務は、年金積立金管理運用独立行政法人が行っている。

（ｃ）被保険者

（ア）国民年金

国民年金制度は国民の連帯に基礎を置く制度であるため、20歳になるとすべての国民が被保険者となる。被保険者には強制加入の被保険者（国年7条1項）と任意加入被保険者（国年附則5条1項）がある（図表4）。第3号被保険者（「主として当該第2号被保険者の収入により生計を維持する者」）の生計維持関係の認定基準は、健康保険法における被扶養者の認定基準と同じである。

被保険者の被保険者資格の取得の効力は、法が定める事由（国年8条）に該当するに至った日に発生する。被保険者の被保険者資格の喪失の効力は、法が定める事由（国年9条）に該当するに至った日の翌日（一部はその日）に発生する。

（イ）厚生年金保険

厚生年金保険の被保険者は、適用事業所（厚年6条）に使用される70歳未満の者である（厚年9条）。70歳以上の者であっても、老齢年金等を受給していない場合には任意加入することができる（高齢任意加入被保険者。厚年附則4条の3）。

図表4　国民年金の被保険者

強制加入	第1号被保険者（自営業・農業者・無業者・学生等）	①日本国内に住所を有する、②20歳以上60歳未満の者で、かつ②第2号被保険者・第3号被保険者ではない者
	第2号被保険者（勤め人）	厚生年金保険の被保険者
	第3号被保険者（専業主婦／主夫等）	①第2号被保険者の配偶者であり、②日本国内に住所を有する者または日本国内に住所を有しないが渡航目的その他の事情を考慮して日本国内に生活の基礎があると認められるとして厚生労働省令で定める者で、かつ③主として当該第2号被保険者の収入により生計を維持する者のうち、④20歳以上60歳未満の者
任意加入被保険者		日本国内に住所を有する20歳以上65歳未満の者・日本国籍を有する者その他政令で定める者で日本国内に住所を有しない20歳以上65歳未満の者等

出典：筆者作成

　厚生年金保険は労働者の連帯に基礎を置く制度であることから、労働者の範囲が問題となる。前述の「使用される者」（厚年9条）は、労働基準法9条や労働契約法2条1項における「労働者」よりも広く解されている。これは労働法と社会保障法の制度目的の違いによるものであり、後述の健康保険法における「使用される者」（健保3条1項）も同様に解されている。

　具体的には、労務の対償として報酬を受けていれば事実上の使用関係があればよく、雇用契約の存在は要しないと解されている。法人の代表者や業務執行者も、労務の対償として報酬を受けている者は、その法人に使用される者として被保険者資格を取得する（昭24・7・28保発74号。同旨の裁判例に広島高岡山支判昭38・9・23高民集16巻7号514頁、大阪高判昭55・11・21行集31巻11号2441頁）。

　また、次の者等は厚生年金保険の適用除外となる（厚年12条）。①臨時に使用される者、②所在地が一定しない事業所に使用される者、③短時間労働者（1週間の所定労働時間が同一の事業所に使用される通常の労働者の1週間の所定労働時間の4分の3未満である短時間労働者／1か月間の所定労働時間が同一の事業所に使用される通常の労働者の1か月の所定労働時間の4分の3未満である短時間労働者）のうち、1週間の所定労働時間20時間未満の者／1か月の報酬が8万8000円未満の者／学生。

（ⅱ）受給権

（a）基本権と支分権

　定期金給付としての年金給付を受給する権利（受給権）には、基本権と支分権がある。基本権とは年金給付の支給を受ける権利（債権）のことをいう。また、支分権とは基本権に基づき支払期月ごとに支払うものとされる年金給付の支給を受ける権利（債権。国年102条1項、厚年92条1項）のことをいう。

（b）裁　定

　被保険者が受給要件を満たすと基本権が発生し、年金給付の受給権者となる。基本権は裁定という手続により確定する（裁定の趣旨につき最判平7・11・7民集49巻9号2829頁）。裁定は、各人の年金額を「支給が開始される際に、それまでの保険料納付額などをもとに決め」る（長沼建一郎『図解テキスト社会保

険の基礎』弘文堂、2015年、177頁）手続であり、受給権者の申請に基づき厚生労
働大臣（国年16条）や実施機関（厚年33条）が行う行政処分（確認行為）であるも
のと解されている。

（c）受給権者の死亡

　受給権者の死亡により受給権は消滅する（国年29条・35条・40条、厚年45条・53
条・63条）。受給権は一身専属的な権利であり、遺族に相続されない（→第Ⅰ部
第3章2（ⅱ））。死亡した受給権者に未支給の年金がある場合、法が定める遺
族は、自己の固有の権利としてその支給を請求することができる（国年19条、
厚年27条）。遺族が未支給の年金の請求権を得るためには、保険者による支給決
定を経る必要がある（最判平7・11・7民集49巻9号2829頁）。

（d）消滅時効

　国民年金の年金給付を受ける権利の消滅時効と、厚生年金保険の保険給付を
受ける権利の消滅時効は、その支給すべき事由が生じた日から5年である（国
年102条1項、厚年92条1項）。支分権の消滅時効は、当該給付の支払期月の翌月
の初日から5年である（国年同項、厚年同項）。

　なお、年金記録が訂正された結果、受給要件を満たすに至った場合や年金額
が増えた場合には、厚生年金保険の給付及び国民年金の給付にかかる時効等の
特例に関する法律（年金時効特例法）に基づき、5年を超える期間（消滅時効に
かかる期間）についても年金給付が支給される。

（ⅲ）給付制限・併給調整・年金額の改定

（a）給付制限

　国民年金法と厚生年金保険法は、制度が不適切に利用されないようにするた
め、給付制限に関する規定を設けている（国年69〜73条、厚年73〜74条・76条）。

（b）併給調整

　一人の被保険者に異なる保険事故が同時に生じると、複数の年金受給権が発
生する。この場合、受給権者は原則としてひとつの給付を選択するものとされ
る。年金制度の目的に照らして、過剰な給付となることを避けるためである
（→第Ⅰ部第3章3（ⅰ））。

　選択されなかった給付の受給権（基本権）は存続する。しかし、その支給は停止される。ただし、老齢厚生年金と遺族厚生年金の併給（厚年38条1項）や、障害基礎年金と老齢厚生年金の併給（同項）は例外的に認められている。

　なお、併給調整（支給停止・減額・差額の受給）は、年金給付と年金以外の現金給付との間でもなされる。例えば、年金と児童扶養手当、障害厚生年金と健康保険の傷病手当金、障害厚生年金・遺族厚生年金と労災保険の障害補償年金・遺族補償年金、老齢厚生年金と雇用保険の基本手当との間で併給調整がなされる。

（c）年金額の改定

　裁定を受けて新たに年金を受給する者については、年金の支給開始から3年間は、「過去の報酬水準が、現在であればいくらにあたるかを、手取り賃金の伸び率を掛けて評価しなおす」（長沼前掲 2015, 170頁）ための手続（賃金変動率に基づく年金額の改定）が行われる。その後は、上下する物価に応じて年金額を改訂する手続（物価変動率に基づく年金額の改定。物価スライドという）が行われる（国年27条の2、厚年43条の2・43条の3）。

　また、わが国の年金制度は賦課方式（後述）を基本としていることから、現役世代の負担能力を考慮する必要がある。そこで、マクロ経済スライドという、年金の給付水準を一定の範囲内で自動調整し、年金財政の均衡が図られると見込まれるようになるまで年金の所得代替率を徐々に引き下げる仕組みが導入されている。

（iv）保険給付（1）──老齢基礎年金

（a）支給要件

　老齢基礎年金の支給要件は次の2つである（国年26条）。

　①受給資格期間を満たすこと（保険料の納付済期間［国年5条1項］と免除期間［同条2項］を合算した期間が10年以上あること）。

　②受給開始年齢（65歳）に達していること。なお、60歳以上65歳未満の者は繰り上げ受給（国年附則9条の2）が、66歳以降の者は繰り下げ受給（国年28条）ができる。繰り上げ受給の場合には年金額が減額される。また、繰り下げ受給

の場合には増額される。

（ｂ）支給額

老齢基礎年金の支給額は、保険料納付済期間が480か月（40年間）で満額となる。その場合の支給額は、780,900円×（保険料納付済期間の月数＋保険料免除期間の月数×一定割合）÷480×改定率（毎年改定）である（国年27条）。

（ⅴ）保険給付（２）——老齢厚生年金

（ａ）支給要件

老齢厚生年金の支給要件は次の２つである（厚年42条）。

①受給資格期間を満たすこと（厚生年金保険の被保険者期間が１月以上あり、かつ国民年金の保険料納付済期間と保険料免除期間を合算した期間が10年以上あること）。

②受給開始年齢に達していること（老齢基礎年金と老齢厚生年金のいずれも65歳）。なお、60歳以上65歳未満の者は繰り上げ受給（厚年附則７条の３）が、また、66歳以降の者は繰り下げ受給（厚年44条の３）ができる。繰り上げ受給の場合には年金額が減額される。また、繰り下げ受給の場合には増額される。

（ｂ）支給額

老齢厚生年金の支給額は、現役時代の報酬額に比例する。支給額は、平均標準報酬額×5.481／1000×被保険者期間の月数である（厚年43条１項）。

老齢基礎年金とは異なり、老齢厚生年金の支給額が現役時代の報酬に比例するのは、制度目的の違い（国民年金は「生活が損なわれることの防止、健全な国民生活の維持・向上」、厚生年金保険は「労働者や遺族の生活の安定・福祉の向上」）の反映と見ることもできる。

（ｃ）加給年金

被保険者期間が240月以上の者が、老齢厚生年金の受給権を取得した当時に、その者によって生計を維持していた65歳未満の配偶者または子（18歳に達する日以後の最初の３月31日までの間にある子及び20歳未満で障害等級１級または２級の状態にある子）があるときは、加給年金額が加算される（厚年44条１項）。

（ｄ）在職老齢年金

老齢厚生年金の受給権者が在職しながら老齢厚生年金を受給するとき、毎月

の年金（基本月額）と賃金（総報酬月額＝標準報酬月額＋標準賞与額÷12）の合計額が一定の基準額以上の場合には、年金の一部または全部の支給が停止される（厚年46条、厚年附則11条）。この基準額は60代前半（60歳以上65歳未満）と60代後半以降（65歳以上）とでは異なっており、60代前半＜60代後半とされている。

（e）離婚時の年金分割

厚生年金保険には、被保険者が離婚した場合に婚姻期間中における両当事者の保険料納付記録の標準報酬（標準報酬月額と標準賞与額）を改定することにより、年金を分割することができる制度がある。

この年金分割には次の2つの種類がある。①合意分割（厚年78条の2等）。婚姻期間中の保険料納付記録の標準報酬を、離婚当事者の合意または家庭裁判所により決まる按分割合に基づき改定するもの。②第3号分割（厚年78条の13等）。婚姻期間中の第3号被保険者期間における保険料納付記録の標準報酬を、2分の1ずつの割合に改定するもの。

（vi）保険給付（3）——障害基礎年金

（a）支給要件

障害基礎年金の支給要件は次の3つである（国年30条1項）。

①傷病の初診日に被保険者であること。なお、20歳前に初診日がある障害者で、初診日に厚生年金保険の被保険者でなかった者については例外規定がある（国年30条の4）。

②障害認定日において、政令で定める障害等級（1級～2級）に該当する程度の障害の状態にあること。障害の状態に関して、障害の程度の変化に対応する規定がある。事後重症制度、基準傷病制度、併合認定・併合改定である。

事後重症制度とは、障害認定日に政令が定める障害等級に該当しない程度の状態であった者が、65歳に達する日の前日までの間に当該傷病により障害等級に該当するに至った場合、本人の請求により障害年金を支給することができる制度である（国年30条の2）。

基準傷病制度とは、障害認定日に障害等級に該当しない程度の状態の障害（先発障害）がある者に、65歳に達する日の前日までの間に新たに別の傷病によ

る障害（後発障害）が生じたとき、先発障害と後発障害を併合して初めて政令に定める障害等級に該当する場合、障害年金を支給する制度である（国年30条の3）。

　併合認定とは、障害年金の受給権者に対してさらに障害基礎年金を支給すべき事由が生じたとき、前後の障害を併合した障害の程度による障害基礎年金を支給することである（国年31条）。また、併合改定とは、障害年金の受給権者が、別の傷病により障害等級の1級または2級に該当しない程度の障害の状態にあるとき、両者を併合した障害の程度が増進した場合に、本人の請求により改定した障害厚生年金の額を支給することである（国年34条4項）。

　③初診日の前日において、当該初診日の属する月の前々月までに被保険者期間があり、かつ、保険料納付済期間と保険料免除期間とを合算した期間が被保険者期間の3分の2以上あること（国年30条1項）、または初診日の属する月の前々月までの1年間に保険料滞納期間がないこと（国年昭和60年改正附則20条1項）。

（b）支給額

　障害基礎年金の支給額は、障害等級が1級の場合は780,900円×改定率×1.25＋子の加算、2級の場合は780,900円×改定率＋子の加算である（国年33条・33条の2）。

（c）受給権の消滅

　障害基礎年金の受給権は、受給権者の死亡の他、次の3つにより消滅する。①障害等級1級～3級に該当しない者が65歳に達したこと。ただし障害等級1級～3級に該当しなくなった日から起算して3年を経過していないときを除く（国年35条2項）。②障害等級1級～3級に該当しなくなった日から起算して3年が経過したこと。ただし3年を経過した日において受給権者が65歳未満であるときを除く（国年35条3項）。③併合認定がなされたこと。この場合、従前の障害年金の受給権が消滅する（国年31条2項）。

（vii）保険給付（4）――障害厚生年金

（a）支給要件

障害厚生年金の支給要件は次の３つである（厚年47条）。

①傷病の初診日に被保険者であること。

②障害認定日において、政令で定める障害等級（１級～３級）に該当する程度の障害の状態にあること。厚生年金保険の被保険者で、障害等級３級よりも障害の程度が軽い状態の者には、一時金である障害手当金が支給される（厚年57条）。障害基礎年金と同じく、障害の状態に関して事後重症制度（厚年47条の２）、基準傷病制度（厚年48条の３）、併合認定（厚年48条）、併合改定（厚年52条４項）がある。

③初診日の前日において、当該初診日の属する月の前々月までに被保険者期間があり、かつ、保険料納付済期間と保険料免除期間とを合算した期間が被保険者期間の３分の２以上あること（厚年47条）、または初診日の属する月の前々月までの１年間に保険料滞納期間がないこと（厚年昭和60年改正附則64条１項）。

（b）支給額

障害厚生年期の支給額は、障害等級が１級の場合は老齢厚生年金の支給額×1.25＋配偶者加給年金額、２級の場合は老齢厚生年金の支給額＋配偶者加給年金額、３級の場合は老齢厚生年金の支給額である（厚年50条・50条の２）。

障害厚生年金では、被保険者期間が300月未満の場合には300月として計算される（厚年50条１項）。また、最低保障額（障害基礎年金２級の額×３／４）が定められている（厚年50条３項）。

（c）受給権の消滅

障害厚生年金の受給権は、障害基礎年金と同様の事由により消滅する（厚年48条２項・53条１～３項）。

（viii）保険給付（5）――遺族基礎年金

（a）支給要件

遺族基礎年金は、次の者が死亡したときに支給される（国年37条）。①国民年金の被保険者、②被保険者であった者で日本国内に住所を有し60歳以上65歳未

満の者、③老齢基礎年金の受給権者（保険料納付済期間と保険料免除期間とを合計した期間が25年以上の者に限る）、④保険料納付済期間と保険料免除期間とを合計した期間が25年以上の者。ただし、次の場合に限られる（国年37条）。死亡した者の保険料納付済期間と保険料免除期間を合算した期間が被保険者期間の３分の２以上ある場合、または死亡日の属する月の前々月までの１年間に保険料滞納期間がない場合。

（b）受給権者

遺族基礎年金の受給権者は、子を有する配偶者または子である（国年37条）。配偶者とは、死亡した被保険者等によって死亡当時生計を維持し、かつ、子と生計を同じくする者をいう（国年37条の２）。また、子とは、死亡した被保険者等によって死亡当時生計を維持していた、18歳に達する日以後の最初の３月31日までの間にある子または20歳未満で障害等１級または２級の状態にある子で、かつ、現に婚姻していない者である（同条）。

生計を維持していた者とは、死亡者と生計を同じくしていた者であり、かつ厚生労働大臣の定める金額（850万円）以上の収入を将来にわたって有すると認められる者以外のものである（国民年金法施行令６条の４、「国民年金法等における遺族基礎年金等の生計維持の認定に係る厚生大臣が定める金額について」平６・11・９庁保発36号）。

遺族年金における配偶者には、「婚姻の届出をしていないが、事実上婚姻関係と同様の事情にある者」が含まれる（国年５条７項、厚年３条２項）。事実上婚姻関係と同様の事情にある者について行政解釈は、当事者間に次の２つの要件を備えることを要するとする（平23・３・23年発0323第１号）。①社会通念上、夫婦の共同生活と認められる事実関係を成立させようとする合意があること。②社会通念上、夫婦の共同生活と認められる事実関係が存在すること。なお、被保険者が重婚的内縁関係や近親婚関係にあった場合の「遺族」については、厚生年金保険の項目（本節（ix）（b））で説明する。

（c）支給額

遺族基礎年金の支給額は、780,900円×改定率＋子に対する加算（老齢基礎年金と同じ額）である（国年38～39条）。

（d）受給権の消滅事由

遺族基礎年金の受給権は、受給権者の死亡の他、婚姻、直系血族または直系姻族以外の養子となったことにより消滅する（国年40条1項）。配偶者の有する受給権は、生計を同じくしていた子が前述の事由に該当した場合に消滅する（同条2項）。また、子の有する受給権は、前述の事由に該当した場合に加え、離縁、子が18歳に達した日以後の最初の3月31日が終了した場合（障害等級1級～2級の場合には20歳に達した場合）に消滅する（同条3項）。

（ix）保険給付（6）——遺族厚生年金

（a）支給要件

遺族厚生年金は、次の者が死亡したときに支給される（厚年58条）。①厚生年金保険の被保険者、②被保険者期間中の傷病がもとで初診の日から5年以内に死亡した者。ただし、遺族基礎年金と同様、死亡した者について、死亡日の前日において保険料納付済期間（保険料免除期間を含む）が国民年金加入期間の3分の2以上あること。③障害等級1級または2級の障害厚生年金の受給権者、④老齢厚生年金の受給資格期間が25年以上ある者。

（b）受給権者

遺族厚生年金では、優先順位の高い遺族が受給権を取得したときは、それ以外の者は遺族厚生年金を受給できる遺族ではなくなる（厚年59条2項）。遺族の優先順位は、配偶者・子→父母→孫→祖父母の順である（同項）。

なお、遺族厚生年金における遺族とは、被保険者等によって死亡当時生計を維持されていた次の者である（厚年59条1項）。①配偶者（夫は55歳以上）、②父母・祖父母（いずれも55歳以上）、③死亡した被保険者等によって死亡当時生計を維持していた、18歳に達する日以後の最初の3月31日までの間にある子・孫または20歳未満で障害等1級または2級の状態にある子・孫。生計を維持していた者とは、遺族基礎年金におけるのと同じである（厚生年金保険法施行令3条の10、平6・11・9庁保発36号。→本節（viii）（b））。

被保険者が重婚的内縁関係にあった場合の「遺族」について、最高裁判決は、「戸籍上届出のある配偶者であっても、その婚姻関係が実体を失って形骸化

し、かつ、その状態が固定化して近い将来解消される見込みのないとき、すなわち、事実上の離婚状態にある場合」には、農林漁業団体職員共済組合法における遺族給付を受けるべき配偶者には該当しないとする（最判昭58・4・14民集37巻3号270頁）。行政解釈も、「届出による婚姻関係がその実体を全く失ったものとなっているときに限り、内縁関係にある者を事実婚関係にある者として認定するものとする」（平23・3・23年発0323第1号）としている。

　また、被保険者が近親婚の関係にあった場合の「遺族」について、最高裁判決は、「民法の定める婚姻法秩序に反するような内縁関係にある者まで、一般的に遺族厚生年金の支給を受けることができる配偶者にあたると解することはできない」としつつ、「反倫理性、反公益性が婚姻法秩序維持等の観点から問題とする必要がない程度に著しく低いと認められる場合には、上記近親者間における婚姻を禁止すべき公益的要請よりも遺族の生活の安定と福祉の向上に寄与するという法の目的を優先させるべき特段の事情があるものというべきである」として、近親婚関係にあった遺族の厚生年金保険における配偶者性を認めた（最判平19・3・8民集61巻2号518頁）。

（c）支給額

　遺族厚生年金の支給額は、死亡した被保険者の老齢厚生年金の支給額の4分の3に相当する額である（厚年60条1項）。ただし、被保険者期間が300日未満の場合には、300日で計算する（同項）。

（d）受給権の消滅

　遺族厚生年金の受給権は、遺族年金と同様の事由により消滅する（厚年63条1項）。加えて、遺族厚生年金の受給権を取得した当時30歳未満である妻で、子のいない者については遺族厚生年金の受給権を取得してから5年の経過により消滅する（同項）。また、30歳に到達する前に遺族基礎年金の受給権が消滅したときには、消滅した日から5年の経過により遺族厚生年金の受給権が消滅する（同項）。

（ｘ）年金の財源と財政方式

（ａ）財 源

　図表 5 は年金の財源である。基礎年金の費用は、①国民年金からの基礎年金拠出金、②厚生年金からの基礎年金拠出金、③国庫負担（①と②それぞれ 2 分の 1 の額）、④積立金・積立金の運用収入によって賄われる。また、厚生年金保険の費用は、①厚生年金保険料、②国庫負担、③積立金の運用収入によって賄われる。

（ｂ）保険料

　国民年金の第 1 号被保険者の保険料は定額（16,900円×改定率）であり、被保険者が納付義務を負う（国年88条 1 項）。第 1 号被保険者の世帯主と配偶者には連帯納付義務が課されている（国年88条 2 ～ 3 項）。

図表 5 　年金の財源

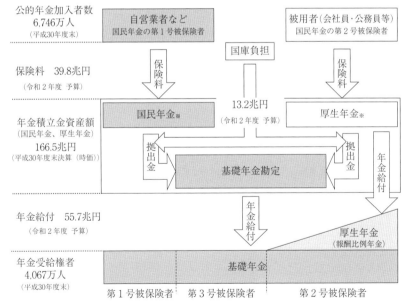

※　保険料と国庫負担以外にも、年金積立金の運用収益などの収入がある。
　出典：厚生労働省「令和 2 年度年金制度のポイント」より一部改変

　これに対して、国民年金の第2号と第3号被保険者は、国民年金の保険料の納付義務を負わない（国年94条の6）。第2号被保険者の保険料には国民年金と厚生年金の保険料が含まれており、また、第3号被保険者の保険料は厚生年金保険の被保険者全体で負担しているためである。国民年金の第2号被保険者の保険料は、被保険者の賃金に応じた額（報酬比例。事業主が支払う報酬・賞与の額×保険料率＝保険料額）である。保険料は事業主と被保険者が折半して負担し（厚年82条1項）、事業主が納付義務を負う（厚年82条2項）。

（c）保険料の免除・猶予・追納

　国民年金の保険料は、納付期限から2年が過ぎると時効により納付できなくなる（国年102条4項）。保険料の未納が長期間にわたると、年金の受給資格期間を満たすことができなくなる。そこで国民年金は、一定の場合に保険料の納付を免除・猶予する制度を設けている。

　保険料の免除には、法定免除（国年89条。障害基礎／厚生年金の受給者、生活保護の生活扶助受給者等）と、申請免除（国年90条・90条の2。前年の所得が一定額以下の者等）がある。法定免除の場合には保険料の全額が、また、申請免除の場合には保険料の全額・4分の3・半額・4分の1のいずれかが免除される。保険料が免除された期間は基礎年金の受給資格期間に算入される。ただし、免除された期間については免除の割合に応じて給付額が減額される（図表6）。

図表6　国民年金の保険料の免除・猶予・未納

	老齢基礎年金の受給資格期間への算入	老齢基礎年金の年金額への反映	障害基礎年金、遺族基礎年金の受給資格期間への算入
納付	あり	あり	あり
全額免除	あり	あり（減額）	あり
一部納付	あり	あり（減額）	あり
納付猶予・学生特例	あり	なし	あり
未納	なし	なし	なし

出典：日本年金機構 HP「国民年金保険料の免除制度・納付猶予制度」より一部改変（https://www.nenkin.go.jp/service/kokunen/menjo/20150428.html）

　学生は、本人の前年度の所得が一定額の場合には学生納付特例の制度を利用することができる（国年90条の３）。納付が猶予された期間は基礎年金の受給資格期間に算入される。ただし、猶予された期間については給付額の算定に反映されない。なお、2025年までの措置として、30歳未満の者（学生に限らない）を対象とする保険料納付猶予の制度がある（国年2016年改正法附則19条）。

　保険料の免除と猶予を受けた場合には、厚生労働大臣の承認により追納することができる（国年94条）。追納できるのは承認を受けた日から10年以内の保険料であり、保険料に一定の利子が加算される。

　また、国民年金においては、被保険者の出産前後（出産予定月の前月から出産予定月の翌々月まで）の保険料が、届出により免除される（国年88条の２）。厚生年金保険においては、育児休業期間と産前産後休業期間について、事業主の申請により事業主・被保険者の保険料がともに免除される（厚年86条の２・86条の２の２）。これに対して、介護休業期間中の保険料は免除されない。

（d）財政方式

　年金の財政方式には、積立方式（拠出した保険料が積み立てられ、将来、それを受給する方式）と賦課方式（現在の被保険者が拠出する保険料で、現在の高齢世代が

図表 7　年金の財政方式

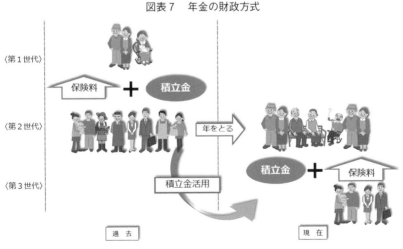

出典：厚生労働省 HP「教えて！公的年金制度」（https://www.mhlw.go.jp/topics/nenkin/zaisei/01/01-02.html）

受給する年金を賄う方式）がある。わが国の年金制度は、賦課方式を基本に不足するお金を積立金で補う「修正賦課方式」を採用している（図表7）。積立金の運用は、年金積立金管理運用独立行政法人が行っている。

3　医療制度の原理と法体系

（ⅰ）はじめに

　社会保障論の演習で学生が医療保険について意見交換をしている。ある若い学生の発言。「75歳以上の後期高齢者の医療費窓口負担は原則2割。自分たちは3割。医療保険でも高齢者は得をして自分たちは損をしている。不公平だと思う」。どう考えたらよいのだろうか。

（ⅱ）制度の原理

　医療保障制度は、「病気・負傷（けが）等が発生した後に治療を行い、病後のアフター・ケアを施し、さらに疾病を予防することを目的とする制度であり、医療を提供する諸制度を含むもの」である（西村健一郎『社会保障法』有斐閣、2003年、151頁）。社会保障法の図書では、個人を対象とした臨床医療にかかわる制度（医療提供体制に関する制度、医療と医療費の保障に関する制度）のことを医療保障制度というものが多い。本章もそれにならい、疾病の予防にかかわる地域保健や産業保健等は関連制度と位置づけた。

　なお、筆者は、関連制度まで含めた諸制度の目的は、「国民の健康の保持・増進」にあるものと考える。ただし、医療法1条の2に掲げる医療の理念は、個人（患者）に対する診療等にかかわる諸制度の理念であり、集団に対する公衆衛生にかかわる諸制度の理念と解することは困難であろう。

　本章で取り上げる医療保障制度の特徴は、「不健康や傷病という生活事故そのものへの対処」にある。すなわち、わが国の医療保障制度は、年金等の所得保障制度が「所得の喪失、減少や不足の状態に対応するものであるが、そのような状態の原因となる生活事故そのものに対処するものではない」（古賀前掲2001，26頁［古賀昭典執筆］）のとは異なり、「不健康・傷病という生活事故その

ものに対処して、これを予防・治療（リハビリを含む）して、除去・改善しようとする」（同）ものとなっている。

　医療提供体制に関する基本法となる医療法は、その条文の中に法の原理や法が定める制度の原理を示していない。筆者は、医療提供体制に関する制度の原理について、「『自由開業医制』の下での機能・業務分担と連携」を挙げることができると考える。

　わが国では、歴史的な経緯から民間の医療機関が多くを占め、「施設基準を満たせばどこでも自由に開業できる自由開業医制が採られ」（厚生労働省編『平成19年版厚生労働白書』5頁）てきた。この自由開業医制の下、医療法の第2次改正（1992年）以降、医療機関の機能分担と連携を図る制度改革がなされ現在に至っている。医療従事者に関しては、それぞれの資格を定める法律において医師、歯科医師、コ・メディカルスタッフの業務内容が規定され、医師の指示によって業務が行われる構造となっている。

　また、給付に関する中心的な制度である医療保険の各法も、その条文の中に法の原理や法が定める制度の原理を示していない。筆者は、「地域住民や労働者の世代内および世代間の連帯」と、「妥当適切な医療サービスの提供」が医療と医療費の保障に関する制度の原理となっているものと考える。

　地域住民や労働者の世代内及び世代間の連帯については、（年金と同様）医療保険制度が保険料拠出という「貢献による連帯」（伊奈川秀和『〈概観〉社会保障法総論〔第2版〕』信山社、2018年、55頁）を原理とする社会保険の仕組みを用いていることによる。なお、高齢者の医療の確保に関する法律（以下「高齢者医療確保法」と略）1条が「国民の共同連帯の理念等に基づき……保険者間の費用負担の調整、後期高齢者に対する適切な医療の給付等を行うために必要な制度を設ける」と規定している。

　妥当適切な医療サービスの提供に関しては、保険医療機関及び保険医療養担当規則（厚生労働省令）の第2条が「保険医療機関が担当する療養の給付は、被保険者及び被保険者であった者並びにこれらの者の被扶養者である患者（略）の療養上妥当適切なものでなければない」と規定する。これをわが国の医療と医療費に関する制度の原理と位置づけることについては議論があろう。筆者

は、妥当適切な医療サービスの提供を原理と位置づけることにより、わが国の医療保険制度の構造を説明できるものと考えている。

　わが国の医療保険制度では、保険者と自由開業医制の下で開設された医療機関とが契約を結び、契約を結んだ医療機関が被保険者に対して給付を行う仕組みがとられている（本章5（ⅰ））。その給付内容（医療サービスの内容）は、「当該傷病の状況とそれに対する担当医師たちの専門的判断に依存せざるを得ない」（古賀前掲2001, 26頁［古賀昭典執筆］）との特徴を有する。

　医師の判断に基づき決定された医療サービスの内容は、医学的な観点から見て適切妥当なものでなくてはならない。このことを担保するために、わが国の医療保険制度は、①医師に対して全国一律の診療準則（療養担当規則、診療報酬点数表等）に則った判断を求めるとともに、②医療機関から保険者に請求された医療費（診療報酬）の支払いの場面において被保険者（患者）に対してなされた医療の適切妥当性が審査される構造となっている（→本章5（ⅰ）、（ⅱ））。

（ⅲ）法体系

　わが国の医療保障制度は、①医療提供体制、②医療と医療費の保障、③関連制度に分類される（図表8）。このうち本書では①と②について取り上げる。

　①の医療提供体制に関する制度を構成する法は次の3つに分類することができる。①医療従事者に関する法、②医療機関・在宅医療に関する法、③地域医療に関する法。また、②の医療と医療費の保障に関する法は次の3つに分類することができる。①公的医療保険（以下「医療保険」と略）に関する法、②公費負担医療に関する法、③無料低額診療事業。

　③の無料低額診療事業とは、「生計困難者のために、無料又は低額な料金で診療を行う事業」（社福2条3項）である。厚生労働省「無料定額診療事業等に係る実施状況の報告：調査結果（令和2年度）」によると、2019年度における無料低額診療事業の実施施設は全国で723か所であった。また、その法人類型は、社会福祉法人193か所、公益社団・財団法人150か所、一般社団・財団法人34か所、医療法人128か所、医療生協208か所、その他（宗教法人等）8か所であった。

図表 8　医療保障制度の体系

制度の分類	主な法律
①医療提供体制	・医療のあり方（医療法） ・医療従事者（医師法、歯科医師法、保健師助産師看護師法、薬剤師法、診療放射線技師法、救急救命士法、健康保険法、国民健康保険法等） ・医療機関（医療法） ・医療提供体制の確保（医療法）
②医療と医療費の保障	・公的医療保険（健康保険法、国民健康保険法、高齢者の医療の確保に関する法律等） ・公費負担医療（戦傷病者特別援護法、原子爆弾被爆者に対する援護に関する法律、感染症の予防及び感染症の患者に対する医療に関する法律、心神喪失者医療観察法、精神保健福祉法、障害者総合支援法、児童福祉法、母子保健法、生活保護法等） ・無料低額診療事業（社会福祉法）
③関連制度	・地域保健（地域保健法、健康増進法、感染症の予防及び感染症の患者に対する医療に関する法律、予防接種法、食品衛生法、検疫法等） ・産業保健（労働基準法、労働安全衛生法、じん肺法等） ・学校保健（学校保健安全法等） ・医療倫理（ヒトに関するクローン技術等の規制に関する法律等）

出典：筆者作成

4　医療提供体制

（i）医療従事者

　医療従事者に関する制度を構成する法は、①資格法、②業務法、③責任法に分類される（宇津木伸・平林勝政『フォーラム医事法学』尚学社、1994年、200頁［平林勝政執筆]）。

　①の資格法は、医師免許や看護師免許等の免許制度に関する消極的目的規制の法である。主な法律に医師法、歯科医師法、保健師助産師看護師法等がある。医療行為を業として行う者を一定の知識や技術を有する者に限定することによって医療の質（妥当適切な医療）の確保を図る、事前的な規制が行われる（業務独占［医師17条、歯科医師17条、保助看30～31条等]）。このうち医師・歯科医師・薬剤師については、保険医や保険薬剤師として厚生労働大臣に登録された者の

み、医療保険による診療（保険診療）や調剤（保険調剤）を行うことができる（健保64条）。医療保険の仕組みを用いた医療従事者の質の確保と位置づけられる。

　②の業務法は、医療従事者の業務分担や医療行為を行う際に遵守すべき事項に関する法である。主な法律は資格法と同じである。医療行為の一部は、医師以外の医療従事者（コ・メディカルスタッフ）が分担して行うことができる。すなわち、看護師等の医療従事者は医師の指示の下、法定された業務を行うことができる（ただし、看護師が行う療養上の世話［保助看5条］は看護師の判断によって行うことができるものとされる）。

　③の責任法は、既になされた不適切な医療行為の責任を追求する法である。不適切な医療を行った場合、医師や医療機関は、民事責任（債務不履行・不法行為）、刑事責任（業務上過失致死傷、秘密保持義務違反等）が追求され、また、行政処分が行われる。これらにより、提供された医療の質（妥当適切であったか否か）が事後的に検証されるとともに、医療を受ける者の保護が図られる。

（ⅱ）医療機関

　図表9は医療機関の類型である。医療機関の機能は、このような形で分化している。医療機関に関する基本法は医療法である。同法に基づき病院や診療所等の構造設備や機能等に関する基準を設けて規制を行うことで、提供される医療の質の確保や患者の保護が図られている。診療所の開設には都道府県知事への届出を要するのに対して、病院の開設には都道府県知事の許可を要する（医療7～8条）。

（ⅲ）医療提供体制の確保

　地域における医療提供体制の確保に関する主な法律に、医療法がある。医療法は、都道府県知事に対して、医療提供体制の確保に関する計画（医療計画）の策定を義務づけている（医療30条の4）。医療計画には地域医療構想に関する事項を定めるものとされ（医療30条の4第2項7号）、この地域医療構想には病床の機能区分ごとの病床数の必要量と、病床の機能分化・連携の推進に関する事項が定めるものとされている（同号）。地域医療構想を実現するため、都道

図表9　医療機関の類型

1. 病院、診療所

　医療法においては、医業を行うための場所を病院と診療所とに限定し、病院と診療所との区分については、病院は20床以上の病床を有するものとし、診療所は病床を有さないもの又は19床以下の病床を有するものとしている。

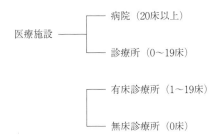

　病院については傷病者に対し真に科学的かつ適正な診療を与えることが出来るものであることとし、構造設備等についても相当程度、充実したものであることを要求している。
　また、診療所については19床以下の病床を有する診療所について構造設備等に関し病院に比べて厳重な規制をしていない。

2. 病院の類型

　医療法においては、病院のうち一定の機能を有する病院（特定機能病院、地域医療支援病院、臨床研究中核病院）について、一般の病院とは異なる要件（人員配置基準、構造設備基準、管理者の責務等）を定め、要件を満たした病院については名称独占を認めている。
　また、対象とする患者（精神病患者、結核患者）の相違に着目して、一部の病床については、人員配置基準、構造設備基準の面で、取扱いを別にしている。

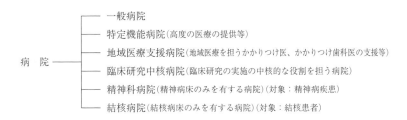

出典：厚生労働省編『令和3年版厚生労働白書』

府県は地域医療構想実現会議を開催する。地域医療構想実現会議には、医師会、歯科医師会、薬剤師会、看護協会、病院団体、医療保険者、市町村等の関

係者が参加して議論を行う。

　都道府県知事は、医療構想が定める病床数が既に充足されている場合、病院・診療所の開設者や管理者等に対して、病院の開設・病床数の増加・病床の種別の変更に関する勧告を行うことができる（医療30条の11）。この勧告に従わずに開設された新規病床については、健康保険法に基づきその一部または全部を保険医療機関として指定しないことができる（健保65条4項2号）。このように医療保険制度を用いた形で、病床数の需給調整が行われている。

5　医療保険制度の概要と保険診療の仕組み

　わが国の医療と医療費の保障は、医療保険による診療や調剤（保険診療、保険調剤）を中心とし、公費で医療を行う諸制度がそれを補完する。また、社会福祉法の第2種社会事業として、無料低額診療事業が行われている（社福2条3項）。この章では、医療と医療費の保障に関する制度の中心をなす医療保険制度について説明する。

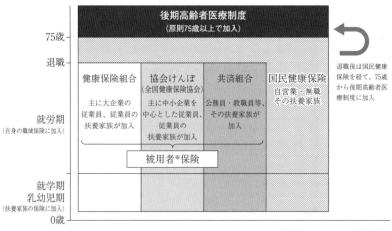

図表10　国民皆保険

出典：日本医師会HP（https://www.med.or.jp/people/info/kaifo/system/）より一部改変

図表11　わが国の医療保険の概要

	保険の種類（根拠法）	保険者	被保険者
職域保険	①協会管掌健康保険（健康保険法）。「協会けんぽ」と称される。	全国健康保険協会	健康保険組合が設立されていない適用事業所に使用される者・任意継続被保険者
	②組合管掌健康保険（健康保険法）。「組合健保」と称される。	健康保険組合※大規模な企業（労働者700人以上）等で設立される公法人	健康保険組合が設立されている適用事業所に使用される者・任意継続被保険者
	③船員保険(船員保険法)	全国健康保険協会	船員として船舶所有者に使用される者・疾病任意継続被保険者
	④国家公務員共済（国家公務員共済組合法）	国家公務員共済組合	国家公務員等
	⑤地方公務員等共済（地方公務員等共済組合法）	地方公務員共済組合	地方公務員等
	⑥私学共済（日本私立学校振興・共済事業団法）	日本私立学校振興・共済事業団	私立学校の教職員
	⑦国民健康保険（国民健康保険法）	国民健康保険組合	国民健康保険組合が設立されている同種の事業／業務に従事する者
地域保険	国民健康保険（国民健康保険法）	都道府県及び市町村	保険の種類①〜⑦の被保険者以外で生活保護受給者以外の者
	後期高齢者医療制度（高齢者医療確保法）	後期高齢者医療広域連合	75歳以上の者・65歳以上で寝たきり等の状態にある者

出典：筆者作成

　1961年の国民皆保険・皆年金の達成（→第Ⅰ部第4章1（ⅲ））により、すべての国民は医療保険制度の対象となった（国保5〜6条）。現在は、現役時代は縦割りの制度のいずれかに加入し、高齢者になると高齢者医療制度に加入する仕組みとなっている（図表10）。

　図表11は、わが国の医療保険制度の概要である。わが国の医療保険は、「地域住民や労働者の世代内および世代間の連帯」という原理の下、図表11に示すような制度が展開されている。現役世代の者は職域で保険集団を形成する医療保険（職域保険）または地域で保険集団を形成する医療保険（地域保険）のいず

れかに加入し、高齢期には後期高齢者医療制度に移行する仕組みとなっている。職域保険には、被用者（使用される者）とその被扶養者を対象とする保険（①〜⑥）と、同業者（医師、歯科医師、土木建築業等）とその世帯員を対象とする保険（⑦）とがある。

　言い換えると、現役世代の被用者及びその被扶養者は被用者保険（職域保険の①〜⑥）のいずれかに、それ以外の者は国民健康保険（職域保険の⑦及び地域保険）に加入する。

（ⅰ）保険診療の仕組み（1）──保険者・被保険者・医療機関の関係

　図表12は、わが国における医療保険による診療（保険診療）の仕組みである。保険者・被保険者・医療機関の主な関係は以下のようになっている。

　保険者と被保険者は保険関係にあり、被保険者は法定された額の保険料を法定された方法で保険者に拠出する。保険事故が発生した場合、保険者は被保険者に対して、保険給付（診療等の現物給付及び現金給付）を行う。

　ただし、診察・治療等の現物給付は、保険者が被保険者に対して直接行うものではない。保険者は、市中の医療機関（病院や診療所等）に対して被保険者の診療等を委託する形で、被保険者に対する給付を行っている。すなわち、厚生労働大臣が指定した医療機関（保険医療機関）において厚生労働大臣が登録した医師（保険医）が被保険者の診療を行い、保険者は診療した医療機関に対してその報酬（診療報酬）を支払うという関係となっている。

　なお、厚生労働大臣による医療機関の指定に関しては、指定によって保険医療機関と医療保険の保険者との間に公法上の契約関係（保険医療機関は保険診療のルールに準拠した診療を行い、保険者はそれに対して報酬を支払う）が成立すると解されている（裁判例に大阪地判昭56・3・23判時998号11頁等）。

　患者と医療機関は、診療契約という私法上の契約関係（準委任契約）にあり、その債務の性質は手段債務であると解されている。被保険者である患者は、医療保険の保険給付を求める（すなわち保険診療のルールに準拠した診療を求める）ため、医療機関で診療契約の申込みをする際、問診票等とともに被保険者証を提示する。被保険者証の提示がない場合には、全額自己負担する診療（自由診

療）の申込みとなる。

　医療機関が診療に要した費用を請求する権利（診療報酬請求権）は、個々の診療を行う都度、発生する（岐阜地判昭50・6・9行集26巻6号789頁）。医療機関で診療を受けた被保険者（すなわち療養の給付という保険給付を受けた被保険者）は、当該診療に要した費用（療養の給付に要する費用）の一部（一部負担金）を医療機関に支払う。医療機関は、その費用から一部負担金の額を差し引いた額を、保険者に対して請求する（診療報酬の請求）。保険者は医療機関より送られた診療報酬請求書を審査し、当該診療が保険診療のルール（保険医療機関及び保険医療養担当規則等）に準拠した、医学的に妥当適切なものであった場合、医療機関に対して診療報酬を支払う。

　なお、保険者は、診療報酬の支払いにかかる事務を、審査支払機関（社会保険診療報酬支払基金。国保の場合、国民健康保険団体連合会も可）に委託することができる（健保76条5項、国保45条5項）。この事務の委託は公法上の契約関係であり、委託を受けた審査支払機関は自己の名において診療報酬を支払う法律上の義務を負う（最判昭48・12・20民集27巻11号1594頁）。

図表12　保険診療の仕組み

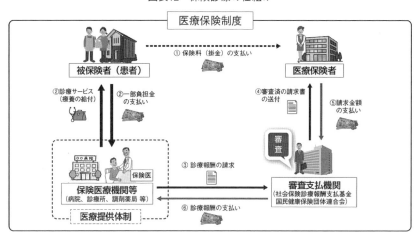

出典：厚生労働省編『令和2年版厚生労働白書』

（ⅱ）保険診療の仕組み（2）――保険診療のルール

（a）療養担当規則と診療報酬点数表

　保険医療機関及び保険医は、保険診療を行う（すなわち療養の給付を行う）にあたり、医師法・医療法・健康保険法・国民健康保険法等の関係法令を遵守するとともに、厚生労働省令「保険医療機関及び保険医療担当療養規則」（以下「療養担当規則」と略）を遵守しなくてはならない（健保70条1項・72条1項等）。

　療養の給付に要する費用の額は、厚生労働大臣の告示「診療報酬点数表」が定めるところにより算定される（健保76条2項）。また、使用する薬剤の額については、厚生労働大臣の告示「使用薬剤の薬価（薬価基準）」の定めるところにより算定される。

　診療報酬点数表では医療行為が点数化されており（1点×10円で計算）、診療報酬点数表に収載されている医療行為のみ保険診療として認められる。

（b）診療報酬の減点査定

　医療機関から診療報酬の請求を受けた審査支払機関は、当該診療等が療養担当規則や診療報酬点数表に準拠して行われたかを審査し、準拠して行われなかった診療等については診療報酬の一部または全部を支払わない。これを減点査定という。

　減点査定に不服がある医療機関は、審査支払機関に対して再審査を請求することができる（社会保険診療報酬支払基金15条1項、国保施行規則30条［再度の考案]）。再審査の結果に不服がある医療機関は、減点査定は抗告訴訟の対象となる行政処分には当たらないと解されていることから（最判昭53・4・4訟月24巻5号981頁）、診療報酬請求権を根拠に、審査支払機関に対して減点査定によって支払われなかった部分の診療報酬の支払請求訴訟（民事訴訟）を提起することになる。

　なお、減点査定が確定した場合、患者は当該医療について一部負担金を過払いしたことになる。その場合、医療機関は患者に対して過払いとなった金額を返還する必要がある（返還しない場合には、医療機関の不当利得となる）。

6　健康保険法、国民健康保険法

（ⅰ）保険事故・保険者・被保険者

（a）保険事故

　健康保険の保険事故は、被保険者とその被扶養者の業務災害以外の疾病、負傷、死亡、出産である。また、国民健康保険の保険事故は、被保険者の疾病、負傷、死亡、出産である（国保1条）。

（b）保険者

　健康保険及び国民健康保険の保険者は、図表11に示すとおりである。

（c）被保険者

（ア）健康保険

　健康保険の被保険者は、法が定める適用事業所（健保3条3項・31条）に使用される者である（健保3条1項）。生活保護の受給者も被保険者となる点で、生活保護の受給者を適用除外とする国民健康保険とは異なる（国保6条）。日本国籍を有しない外国人も、適用事業所に使用されている者は健康保険の被保険者となる。

　健康保険は労働者の連帯に基礎を置く制度であるため、保険集団のメンバーとなる労働者（使用される者）の範囲が問題となる。この「使用される者」の解釈は、厚生年金保険法9条における「使用される者」と同様に解されている（本章2（ⅰ））。労災保険とは異なり（昭61・3・14・基発141号）、法人の代表者や業務執行者も、労務の対償として報酬を受けている者は、その法人に使用される者として被保険者資格を取得する。

　「使用される者」の範囲に関しては、①短時間労働者の被保険者資格、②一定の期間を定めて雇用される者や臨時の必要により雇用される者等の被保険者資格、③使用関係終了後の被保険者資格について、それぞれ規定が設けられている。

　①は、厚生年金保険と同様である（健保3条2項）。また、③については、任意継続被保険者の制度がある（健保3条4項・37条）。これは、資格喪失の前日（使

用されなくなった日）まで継続して2か月以上被保険者であった者が、資格喪失日から20日以内に保険者に申し出ることで、引き続き2年間に限り被保険者となることができるという制度である。

　被保険者資格は、適用事業所に使用されるに至った日または使用される事業所が適用事業所になった日に取得し（健保35条）、原則として使用されなくなった日の翌日に喪失する（健保36条）。被保険者資格の得喪の効力は、厚生労働大臣（協会けんぽ）または健康保険組合（組合健保）による、被保険者資格の確認によって発生する（健保39条1項）。この確認は、事業主に義務づけられている被保険者資格の届出（健保48条）を受けて行われる。それとともに、被保険者や被保険者であった者は、直接、保険者に被保険者資格の確認を行うことができる（健保39条2項・51条1項）。

　健康保険では、被保険者の被扶養者（健保3条7項）の疾病や負傷等に対しても保険給付が行われる。この被扶養者とは、被保険者と一定の親族関係にあり、被保険者により生計を維持されている者で、日本国内に住所を有する者または日本国内に生活の基礎があると認められるものとして厚生労働省令で定めるものをいう（健保3条7項）。生計維持関係の認定基準は次のとおりである（昭52・4・6保発9号、庁保発9号）。①被保険者と認定対象者が同一世帯の場合、認定対象者の年収が130万円未満で、かつ被保険者の年収の2分の1未満であるとき。②被保険者と認定対象者が同一世帯ではない場合、認定対象者の年収が130万円未満で、かつ被保険者からの援助による収入より少ないとき。

　被扶養者となる配偶者には、事実婚の配偶者（届出をしていないが、事実上婚姻関係と同様の事情にある者［健保3条7項］）を含む。

（イ）国民健康保険の被保険者

　国民健康保険の被保険者は、都道府県の区域内に住所を有する者で、適用除外に該当する者（他の医療保険の被保険者や生活保護世帯の世帯員等）を除く者である（国保5～6条）。日本国籍を有しない外国人も、都道府県の区域内に住所を有する場合には、厚生労働省令が定める適用除外に該当する者（在留資格がない者や在留期間が3か月以下の者等［国保6条、国保則1条］）を除き、被保険者となる。病院・診療所・施設への入院・入所等によって他の市町村に転出した

被保険者については、特例として、転出直前の市町村に住所を有するとみなされる（国保116条の 2）。

被保険者資格は、都道府県の区域内に住所を有するに至った日または適用除外に該当しなくなった日に取得する（国保 7 条）。

（ウ）高齢者医療制度の被保険者

後期高齢者医療制度の被保険者は、広域連合の区域内に住所を有する、①満75歳以上の者、または　②広域連合により一定程度の障害の状態にあると認定された65歳以上75歳未満の者である。病院・診療所・施設への入院・入所等によって他の広域連合の区域内に転出した被保険者については、特例として、転出直前の広域連合の被保険者とされる（高齢医療55条）。

（ⅱ）給付制限

少年院等に収容される期間や刑事施設等に拘禁される期間は、被保険者について保険給付を行わない（健保118条、国保59条）。また、制度が不適切に利用されないようにするため、一定の場合には給付制限が行われる（健保116条以下、国保60条以下）。

（ⅲ）保険給付

（a）保険給付の内容

医療保険の保険給付は、①労働災害以外の疾病・負傷の療養に関する給付、②出産・埋葬に関する給付、③療養や出産で労務に服さない期間の所得保障に関する給付に分類される。図表13、14はこれを保険事故ごとに示したものである。

保険給付の内容は基本的に健康保険・国民健康保険・各種共済の間で違いはない。ただし、組合健保には健保組合独自の付加給付が認められている。また、国民健康保険と高齢者医療制度では、傷病手当金は条例または組合規約の定めにより支給することができる（任意給付［国保58条 2 項、高齢医療86条 2 項]）。国民健康保険では出産手当金も任意給付（国保58条 1 項）であるが、本章執筆時点で実施している市区町村はない。

図表13　医療保険の保険給付（1）─疾病・負傷を保険事故とする給付

名称	対象	内容
療養の給付	業務外の事由による疾病・負傷の治療等。正常分娩は傷病とみなされず出産育児一時金が支給される。	①診察、②薬剤等の支給、③処置・手術その他の治療、④居宅における療養上の管理・療養に伴う世話その他の看護、⑤入院・療養に伴う世話その他の看護、等（健保63条1項）。
家族療養費	健康保険の被扶養者が療養を受けた場合、被保険者に対して家族療養費が支給される（健保110条）。償還払いの現金給付（療養に要した費用の7割の額を支給。ただし未就学児は8割、70歳以上75歳未満の被保険者で①一定の所得以上の者の被扶養者は7割、②それ以外の者の被扶養者は8割の額）。代理受領方式により、事実上、現物給付化されている（健保110条4項・6項）。	
療養費	保険者が療養の給付等を行うことが困難と認めるときや保険医療機関以外の医療機関（国外を含む）で診療を受けたことがやむを得ないと認めるとき、療養の給付に代えて療養費が償還払いの現金給付として支給される（健保87条、国保54条）。	
入院時食事療養費	入院期間中の食事	食事にかかる費用（健保85条、国保52条）。被扶養者は家族療養費として支給。代理受領方式により、事実上、現物給付化されている。
入院時生活療養費	療養病床に入院する65歳以上の被保険者が受ける生活療養	生活療養にかかる食費・水道光熱費等の費用（健保85条の2、国保52条の2）。被扶養者には家族療養費として支給。
保険外併用療養費	保険外診療（保険未適用または適用除外）と併用した保険診療	評価療養・患者申出療養・選定療養を受けた場合、保険診療部分について保険外併用療養費が支給される（健保86条、国保53条、高齢医療76条）。
高額療養費	一定期間内における療養の給付の一部負担金等が、著しく高額となるもの	一部負担金が一定額（自己負担限度額。世帯で合算することができる）を越えた場合、超えた金額が償還払いの現金給付として支給される（健保115条、国保57条の2）。ただし代理受領方式により、事実上、現物給付化されている。
高額介護合算療養費	1年間にかかった医療保険の一部負担金の額と介護保険のサービス利用者負担額の合計額が、著しく高額となるもの	1年間における自己負担金の額とサービス利用者負担額の合計額が一定額を越えた場合、超えた金額について高額介護合算療養費が現金給付として支給される（健保115条の2、国保57条の3）。
訪問看護療養費	居宅において継続して療養を受ける状態にある者が指定訪問看護事業者から受けた、医師の指示に基づく療養上の世話や診療の補助	療養上の世話や診療の補助にかかる費用が支給される（健保88条、国保54条の4、高齢医療78条）。被扶養者には家族訪問看護療養費として支給（健保111条）。代理受領方式により、事実上、現物給付化されている。
傷病手当金※国民健康保険と高齢者医療制度では任意給付	業務外の事由による疾病・負傷等の療養期間中における労務の不提供に伴う収入減	1日につき、標準報酬日額の3分の2の額を最長で1年6か月、現金給付（健保99条）。被保険者のみに支給される。

出典：筆者作成

図表14　医療保険の保険給付（２）─死亡・出産を保険事故とする給付

名称	対象	内容
埋葬料・埋葬費（健保）、葬祭費・葬祭（国保、高齢者医療制度）	被保険者・被扶養者の埋葬	埋葬料・埋葬費・葬祭費は現金給付（健保100条、国保58条、高齢医療86条）で、葬祭は現物給付（国保58条、高齢医療86条）。健康保険の被扶養者の死亡には家族埋葬料を支給（健保113条）。
出産育児一時金	出産	定額の現金給付（健保101条、国保58条）。被扶養者には家族出産育児一時金として支給（健保114条）。
出産手当金 ※国民健康保険では任意給付	出産の前後における労務の不提供に伴う収入減	１日につき、標準報酬日額（過去12か月間の標準報酬月額を平均した額÷30）の３分の２の額を現金給付（健保102条）。被保険者のみに支給される。

出典：筆者作成

　健康保険の被保険者の被扶養者が療養を受けた場合の給付は現金給付である（家族療養費）。これは、この保険給付が被保険者本人に対する給付とされているためである。

　埋葬料と埋葬費は健康保険法の給付であり、埋葬を行った者に支給される。その者が死者と生計維持関係がある場合には埋葬料が、生計維持関係がない場合には埋葬費が支給される（健保100条）。葬祭費と葬祭は国民健康保険と高齢者医療制度の給付であり、市町村の条例または国民健康保険組合の規約に基づき支給される（国保58条、高齢者医療86条）。また、出産育児一時金は、国民健康保険では市町村の条例または国民健康保険組合の規約に基づき支給される（国保58条）。

（ｂ）混合診療の禁止

　ある疾病や負傷の診療に保険が適用されない医療行為（すなわち後述の診療報酬点数表に収載されていない医療行為）が含まれた場合、保険が適用される部分を含めた一連の診療全体が自由診療となって医療費の全額が自己負担となる。このように、保険診療と保険外診療は併用することは認められない（混合診療の禁止という）。

　ただし例外として、混合診療が一部認められているものがある。評価療養（高度の医療技術を用いた療養その他の療養で、療養の給付の対象とすべきか否かの評価を行うことが必要な療養のうち、患者申出療養を除くもの）、患者申出療養（高度の医療技術を用いた療養で、患者の申出に基づき、療養の給付の対象とすべきか否かの評価を行うことが必要な療養）、選定療養（特別の病室の提供その他）である（健保63条、国保36条、高齢医療64条）。これらは混合診療禁止の例外として、保険が適用される部分について保険給付（保険外併用療養費）が支給される。

（ⅳ）一部負担金の負担割合

　一部負担金の目的は、健康保険法と国民健康保険法のいずれにも規定されていない。健康保険及び国民健康保険における、療養の給付にかかる一部負担金の負担割合は次のとおりである（健保74条、国保42条）。70歳未満の被保険者は、療養の給付に要した費用（診療報酬）の3割。70歳以上75歳未満の被保険者は、診療報酬の2割（ただし一定所得以上の者は3割）。健康保険の被保険者については、療養に要した費用から家族療養費として支給される額を差し引いた額を負担する。

　また、後期高齢者医療制度の一部負担金の負担割合は1割である。ただし、一定所得以上の者は2割または3割の負担となる（高齢医療67条）。

　一定期間内における一部負担金の額が一定額（自己負担限度額。世帯で合算することができる）を超えた場合、超えた金額が高額療養費として被保険者に支給される。また、1年間における医療保険の自己負担金の額と介護保険のサービス利用者負担額の合計額が一定額を超えた場合、超えた金額が高額介護合算療養費として被保険者に支給される。これらにより、一部負担金に事実上の上限額が設けられている。

（ⅴ）保健事業

　保険者は高齢者医療確保法が定める特定健康診査及び特定保健指導を行うほか、被保険者等の健康の保持増進に必要な事業を行うよう努めるものとされている（健保150条、国保82条）。

（vi）医療保険の財政

（a）健康保険

　健康保険事業の費用は、保険料と公費（国庫負担・国庫補助）で賄われる。保険給付の給付費は主に保険料によって賄われるが、協会けんぽでは給付費の給付費の13％から20％の範囲内で国庫補助が行われている（健保153条）。

　保険料は、一般保険料額＋介護保険料額で算出される。一般保険料額は被保険者の賃金に応じた額（報酬比例。事業主が支払う報酬・賞与の額×一般保険料率＝保険料額）である。この一般保険料率は、協会けんぽでは都道県支部が一定の範囲内で、組合健保では各健保組合が独自に決定する（健保160条）。被保険者が介護保険の第2号被保険者の場合、一般保険料額に介護保険料額が加算される。また、任意継続被保険者については事業主負担がなく、保険料の全額を自己負担する（健保161条1項）。保険料は、事業主が納付義務を負う（健保162条2項）。

　育児休業期間中と産前産後の休業期間中の保険料は、事業主の申請により事業主・被保険者の保険料がともに免除される（健保159条・159条の3）。これに対して、介護休業期間中の保険料は免除されない。

（b）国民健康保険

　国民健康保険事業の費用は、保険料（または保険税）と公費（国庫負担・国庫補助、都道府県・市町村の特別会計への繰入金等）で賄われる。健康保険と比べると投入されている公費の割合が多い。健康保険と比べて保険集団の財政基盤が弱いためである。

　市町村国保の保険料は、市町村が世帯主から徴収する（国保76条1項）。また、国民健康保険税として賦課・徴収することもできる（地税703条の4）。組合国保の保険料は、組合が組合員から徴収する（国保76条2項）。保険料（保険税）は、所得割額＋資産割額＋被保険者均等割額＋世帯別平等割額＋介護保険料額で算出される。被保険者が介護保険の第2号被保険者の場合、介護保険料額が加算される。市町村及び国保組合は、特別の理由がある者に対して、条例や規約の定めにより保険料の減免や徴収の猶予を行うことができる（国保77条）。

（c）前期高齢者

　被用者保険（健康保険等）の被保険者は、引退後、国民健康保険に移行することが多い。そのため、健康保険等の保険者と国民健康保険の保険者との間で、65歳以上75歳未満の高齢者（前期高齢者）の加入者数に不均衡が生じる。そこで、保険者の間で財政調整が行われる。

（d）後期高齢者医療制度

　後期高齢者医療制度の財源の内訳は、約5割が公費（国：都道府県：市町村の割合＝4：1：1）、約4割が後期高齢者支援金（健康保険・国民健康保険等の各保険者がその被保険者から徴収し、社会保険診療報酬支払基金に一括納付する［高齢医療118条］）、約1割が保険料である。保険料は後期高齢者医療広域連合が条例で定める（高齢医療104条2項）。なお、後期高齢者支援金の額は、各保険者が実施する特定健康診査等の実施とその成果にかかる目標の達成状況に応じて加算・減算される（高齢医療121条）。これは、医療保険の保険者に対して、その被保険者の健康づくりに取り組むよう促す効果を有している。

7　今後の課題

　この章の1と2の「（ⅰ）はじめに」で提起されているのは、年金と医療保険における「世代間の格差」の問題である。この問題に関しては、厚生労働省「社会保障の教育推進に関する検討会報告書──資料編」（2014年）所収の「参考資料1　社会保障の正確な理解についての1つのケーススタディ　～社会保障制度の"世代間格差"に関する論点～」における、「社会保険での世代間の『格差』は、本当に問題なのか？」という下記の指摘が重要である。

（略）
●社会保険は、この制度がなければ発生したであろう、世代間の生活水準の格差を縮小する役割を果たしてきた。この政策目的を遂行する際の政策基準は、各世代の「生活水準」であった。こうした社会保険の中で世代間格差を推計すれば、世代間格差は確実に存在する。しかしながら、そこで推計された格差について、各世代の生活当事者達は、果たして価値を伴う規範的判断である「不公平」と感じているの

であろうか。

●各世代の生活当事者達が意識する「公平」「不公平」感に近似できる指標を作るというのであれば、次のような要素も考慮にいれた方がいいのではないか。

　◆老親への私的扶養は、社会保険制度の充実に伴い減っているのではないか。

　◆前世代が築いた社会資本から受ける恩恵は、今の若人の方が高齢者より大きいのではないか。

　◆教育や子育て支援による給付は、今の若人の方が高齢者より充実しているのではないか。

　◆少子高齢化の中で、親からの1人当たりの相続財産は、昔よりは増えているのではないか、等。

→これらを考慮に入れて世代間の「公平」「不公平」を表す指標を作成しないと、各世代を生きる人たちにとって生活実感と外れた指標で議論していることにはならないか。もっとも、同一世代の中で、相続財産を受ける者とそうでない者がいるであろうが、そうした問題は、世代内の格差問題として把握すべきことである。

　年金や医療保険における世代間の格差の問題を論じる場合には、この資料が指摘している点に留意する必要がある。

　それとともに、高齢者と若者の意思疎通と相互理解を促すような世代間交流（多世代交流）の活動を公的に支援することが必要であると考えている。それは、「（略）行き過ぎた世代間格差は是正されなくてはならない。しかし、この格差を是正するための議論が、世代間の相互理解と共感や、『地域社会で共に生きる仲間』としての連帯意識と帰属意識に裏打ちされていない場合、世代間の葛藤・対立・分断を引き起こすおそれもある」（増田幸弘・三輪まどか・根岸忠編『変わる福祉社会の論点〔第2版〕』信山社、2019年、25頁［増田幸弘執筆］）と考えるためである。

　この世代間交流を公的に支援するための方策として、市町村地域福祉計画（社福107条）の策定ガイドラインの中に、世代間交流に関する事項を盛り込むこと等が考えられよう。

第**4**章

労働の保障

この章で学ぶこと

　第3章が、老齢や傷病などの日常生活に生起する普遍的な要保障事由（保険事故）を扱う社会保険である年金保険及び医療保険について学ぶのに対し、第4章は、業務災害や失業などの労働生活に生起する労働者に固有の要保障事由（保険事故）を扱う社会保険である労災保険及び雇用保険について学ぶ。

　労災保険及び雇用保険を同じ章で学ぶことによって、全体としてどのように労働者に固有の要保障事由（保険事故）が保障（補償）されているのかを概観することができ、また、労災保険と雇用保険における労働者の適用範囲の違いなども理解することができる。

1　労災補償の原理と法体系

（ⅰ）はじめに

　大学病院に勤務する医師は、脳梗塞の発症が業務による明らかな過重労働によると認定されれば労災補償を受けることができるが、開業医の医師は、業務による明らかな過重労働で脳梗塞を発症しても労災補償は受けられない。なぜこのような違いが出てくるのだろうか。

（ⅱ）原理と法体系

（a）原　理

　労働者が、労働災害により負傷した場合、使用者に対して不法行為に基づく損害賠償責任を問うことができる。しかし、労働者は、使用者に過失があったことを立証しなければならず、過失の立証には使用者の予見可能性の立証が必

要であった。また、労働者に過失があった場合には、過失相殺が行われた。したがって、労働者が、裁判で使用者の不法行為責任を追及することによって、労働災害による損害の填補を受けることは困難であった。

19世紀末に、ヨーロッパにおいて、労働災害は企業活動に内在する危険が顕在化したものであるので、企業活動において利益を得ている使用者は、労働災害から生じた労働者の損失を補償すべきであるとする考え方が形成された。1897年のイギリスの労働者災害補償法、1898年のフランスの労災補償法などの無過失責任の原則に基づく民事責任法の特別法である労災補償立法がなされた。無過失責任の原則に立てば、使用者の予見可能性の立証は不要となる。また、労働者の過失は問われないので、過失相殺は行われない。なお、ドイツは、最初から社会保険方式をとり、1884年に労災保険法を制定した。

日本も、無過失責任の原則に立ち、使用者の個別的な災害補償責任を定める労働基準法とその責任保険としての労働者災害補償保険法を制定している。

（b）法体系

労災補償に関する法は、図表1のように分類できる。本節では、民間労働者に適用される法制度を中心に説明する。

図表1　労災補償制度の法体系

法制度の分類	主な法律
民間労働者対象	
労働災害に関する使用者の個別的な災害補償責任を定める法	労働基準法（労基法）
使用者の個別的な災害補償責任を担保し、社会保障としての広がりを持った法	労働者災害補償保険法（労災保険法）
保険関係の成立、消滅、保険料の徴収等について定める法（雇用保険と共通）	労働保険の保険料の徴収等に関する法律（労働保険徴収法）
公務員対象	
一般職の国家公務員の公務上の災害または通勤災害に対する補償等を定める法	国家公務員災害補償法
地方公務員等の公務上の災害または通勤災害に対する補償等を定める法	地方公務員災害補償法

出典：筆者作成

（iii）労災保険の社会保障化──「労災保険のひとり歩き」

　日本の労災補償制度は、①労基法が定める使用者の無過失責任に基づく災害補償義務による補償と②労災保険法が定める政府による社会保険方式の補償の二本立てである。労基法は、労働災害に関する使用者の個人的な補償責任を定めるが（労基「第8章災害補償」75～88条）、次のような問題があった。①使用者に支払い能力がなければ、労働者は補償されない、②補償を拒否する使用者に対しては、労働者は裁判を起こさなければならず、簡易・迅速な補償を得られない。

　そこで、使用者にとっても、労働災害が発生し災害補償をしなければならない危険を保険により分散しておくことが望ましいことから、使用者の個人的な災害補償責任を集団的に担保するものとして労災保険法が制定された。当初の労災保険法は、労基法に定める補償と同じ種類と内容の給付を定めるものであった。

　その後、労災保険法は、労基法に定める災害補償を拡充する次のような改正がなされた。①遺族補償給付等の年金化、②労働者ではない者の加入を認める特別加入制度の導入、③通勤災害保護制度の創設等。労災保険法は、使用者の個人的な災害補償責任を集団的に担保する責任保険の枠組みからはみ出し、被災労働者や遺族の生活を保障し、労働者以外の者や通勤災害への適用を拡大するようになった（詳しくは、web資料Ⅱ–4–①「労災保険法の主な改正」参照）。このことを「労災保険のひとり歩き」といい、社会保障的な広がりを持つようになった。

　現在、労災補償は労災保険法によっており、労基法による災害補償は限られた場合のみ行われている（後述の2（ix）参照）。

（iv）労災保険法の目的

　労災保険法は、業務災害、複数業務要因災害または通勤災害に対する保険給付を行い、業務災害、複数業務要因災害または通勤災害を被った労働者の社会復帰の促進、被災労働者及びその遺族の援護、労働者の安全及び衛生の確保等を図り、労働者の福祉の増進に寄与することを目的とする（労災1条）。

　負傷、疾病、障害、死亡（以下「傷病等」）が生じた時点において、事業主が同一でない事業場に同時に使用されている労働者を「複数事業労働者」といい、「複数業務要因災害」とは、2 つ以上の事業の業務を要因とする傷病等のことをいう（労災 7 条 1 項 2 号）。対象となる傷病等は、脳・心臓疾患、精神障害及びその他 2 以上の事業の業務を要因とすることの明らかな疾病である（労災則 18 条の 3 の 6）。なお、厚生労働省は、2020 年 9 月に副業・兼業の普及促進のためのガイドラインを策定している。

　労災保険法は、労働災害発生後の給付等を定めているが、労働安全衛生法は、事故を予防する。

2　労災保険の保険関係

（ⅰ）成立と消滅

　労災保険においては、「事業」という概念を中心において、その事業主を保険加入者及び保険料負担者とし、保険者である政府は、保険料を徴収する一方、要保障事由（保険事故）が生じた場合には、被災労働者またはその遺族に対して保険給付を行うこととし、そのような法律関係を「保険関係」としている。

　「事業」とは、企業を意味するものではなく、工場、鉱山、事務所のように、経営組織として独立性を持った経営体をいい、一定の場所において、一定の組織の下に有機的に相関連して行われる作業の一体として認めることができれば、事業として扱われる（昭 22・9・13 発基 17 号、昭 23・3・31 基発 511 号、昭 33・2・13 基発 90 号、昭 63・3・14 基発 150 号、平 11・3・31 基発 168 号）。

　一人でも労働者を使用する事業は強制適用事業である（労災 3 条 1 項）。強制適用事業の事業主については、その事業が開始された日に保険関係が成立する（労保徴 3 条）。ただし、国の直営事業及び官公署の事業には適用されない（労災 3 条 2 項）。現在、国の直営事業は存在していない。官公署の事業とは、非現業の官公署（事業部門を除く一般行政事務を取り扱う事務所）をいい、国家公務員には国家公務員災害補償法が、地方公務員には地方公務員災害補償法が適用され

る（図表１参照）。

　また、零細事業主に配慮し、常時５人未満の労働者を使用する個人経営の農林、水産の事業は、暫定任意適用事業となっている（昭和44年改正法附則12条１項、整備令17条、昭50・４・１労働省告示35号）。暫定任意適用事業の事業主については、加入は事業主の意思又は労働者の過半数の意思にまかされており、事業主が労災保険の加入申請をし、厚生労働大臣の認可があった日に保険関係が成立し、適用事業となる（整備５条）。

　保険関係が成立している事業が廃止され、または終了した時は、その事業についての保険関係は、その翌日に消滅する（労保徴５条）。

（ii）保険者

　労災保険の保険者は、政府である（労災２条）。

（iii）加入者と保険料の負担

　労災保険の加入者は事業主である。労災保険には被保険者という概念はなく、労働者は被保険者と位置づけられていない。労働者は、労災保険法による保険給付の対象として位置づけられている。

　なぜ事業主が労災保険の加入者なのだろうか。業務災害は、職場に内在するリスクが顕在化したものである。事業主は、労働者を使用していれば、常に業務災害が発生するリスクを負っている。万が一業務災害が発生すれば、事業主は労基法に定める災害補償を自分の負担で行わなければならなくなる。労災保険は、そのようなリスクを事業主の間で分かち合う社会保険である。したがって、労災保険の加入者は事業主であり、保険料は事業主のみが負担する。労働者は負担しない。

（iv）財　　源

　労災保険の財源は、主に事業主負担の保険料である（労災30条）。一部国庫補助がある（労災32条）。労働者には保険料の負担はない。

　原則として、労災保険の保険料は単独で徴収されるのではなく、雇用保険と

一体となった「労働保険」として、「労働保険料」が一元的に徴収される。

　労働保険の保険料には、適用事業から徴収される一般保険料、特別加入者から徴収される特別加入保険料、雇用保険の日雇被保険者から徴収される印紙保険料がある。一般保険料の額は、その事業主がその事業に使用するすべての労働者（被用者保険の被保険者とならない労働者も含む）に支払う賃金総額に一般保険料率にかかる保険料率を乗じて得た額である（労保徴11条 1 ～ 2 項）。保険料率は、①労災保険にかかる保険関係のみが成立している事業については労災保険料率、②雇用保険にかかる保険関係のみが成立している事業については雇用保険料率、③両方とも成立している場合は両者の保険料率の合計である。

　労災保険率は、事業の種類ごとに、過去 3 年間の業務災害、複数業務要因災害及び通勤災害にかかる災害率ならびに二次健康診断等給付に要した費用の額等を考慮して、厚生労働大臣が定める（労保徴12条 2 項、労保徴令本則。web 資料Ⅱ - 4 - ②「労災保険率表」）。また、同じ事業でも個々の事業ごとの災害率にはかなりの高低が認められるので、事業主の負担の公平を図り、災害防止努力を促進するために、災害率に応じて労災保険率を上下させるメリット制がとられ、一定規模以上の事業主に適用されている（労保徴12条 3 項・20条）。

　メリット制は、災害率が高くなると労災保険料率が高くなる仕組みであることから、「労災かくし」につながる原因のひとつになっている。

（ⅴ）要保障事由（保険事故）

　労災保険の要保障事由（保険事故）は、①業務災害（一人の事業主の支配下にある労働者のその業務に起因する傷病等）、②複数業務要因災害（複数事業労働者の 2 以上の事業の業務に起因する傷病等）、③通勤災害（通勤によって労働者が被った傷病等）である（労災 7 条 1 ～ 2 号）。

　労災保険からの給付がなされる業務災害については、労災保険からの給付が健康保険よりも優先される（健保55条 1 項。図表 2 ）。

図表 2　労災保険と健康保険の適用関係

原因・事由　　　　　　　災害分類　　　　　　　適用される社会保険

出典：厚生労働省の図を筆者が一部加工

（ⅵ）労災保険給付の対象

（a）労働者

　労災保険法による保険給付の対象は「労働者」であるが、同法にはその定義はない。通説・判例は、労災保険法の「労働者」とは、労基法 9 条に定義する「労働者」と同じであると解している。労災保険法が、労基法に定める使用者の労災補償義務を填補する制度として制定された法であるからである。同居の親族のみを使用する事業及び家事使用人については、労基法が適用されないので（労基116条 2 項）、労災保険法も適用されない（後述する雇用保険法も同じ）。

　労災保険法の「労働者」であるかどうかは、契約の形式にとらわれず、実態として使用従属関係にあるかどうかで判断する。使用従属性の判断基準として、「指揮命令下の労働かどうか」を判断する。具体的には、①仕事の依頼、業務従事の指示等に対する諾否の自由の有無、②業務遂行上の指揮監督の有無、③拘束性（勤務場所及び勤務時間）の有無、④代替性の有無などが判断要素となる。報酬（賃金）の性格に労務対償性があるかどうかは、使用従属性を補強する要素と考えられている。

　会社と請負契約を締結し、自己所有のトラックを持ち込んで運送業務に従事していた傭車運転手については、労働者性が認められなかった（横浜南労基署長〔旭紙業〕事件：最判平 8 ・11・28判時1589号136頁）。他方、プロダクションと

の間で映画を撮影するための撮影技師として撮影業務に従事する契約を締結した映画撮影技師については、労働者性が認められた(新宿労基署長〔映画撮影技師〕事件：東京高判平14・7・11労判832号13頁)。

　労働者であれば、雇用形態は問わない。学生であっても、アルバイト先では労災保険法の適用を受ける労働者である。なお、労災保険法には国籍要件はないので、外国人労働者も非正規滞在であったとしても労災保険の給付を受けられる。

(b) 特別加入者

　労働者以外でも、その業務の実情、災害の発生状況などから見て、特に労働者に準じて保護することが適当であると認められる一定の者には、特別に任意加入を認める特別加入制度がある (労災33条)。特別加入できるのは、①中小事業主等、②一人親方その他の自営業者、③特定作業従事者、④海外派遣者である (労保則46条の16～46条の18。昭40・11・1基発1454号)。特別加入者は、業務災害、複数業務要因災害または通勤災害を被った場合、一定の要件を満たす時に労災保険からの給付対象となる。

　社会経済情勢の変化を踏まえ、特別加入の範囲を拡大し、2021 (令和3) 年4月1日より、芸能従事者、アニメーション制作従事者、柔道整復師及び創業支援等措置に基づく事業を行う高年齢者を追加し、2021 (令和3) 年9月1日より、自転車配達員及びIT フリーランスが追加された。

(vii) 業務災害

(a) 業務上外の認定

　労基法75条等の「業務上」の傷病等と労災保険法1条等の「業務上の事由」による傷病等は同じであると解されており (労基84条1項、労災12条の8第2項)、「業務上」とは、「業務に起因する」ということである。何が「業務上」なのかは、法律には規定されていないので、主に行政解釈に委ねられており、通達による認定基準が出されているものもある。本節では、行政解釈による業務上外認定について解説し (主に厚生労働省労働基準局編『業務災害及び通勤災害認定の理論と実際　上巻』労務行政研究所、2001年を参照)、行政解釈に対する裁判

所の司法解釈についても言及する。

　業務上と判定されるためには、業務から傷病等が生ずべき客観的蓋然性の有無を経験則によって事後判断し、一定の因果関係があることを要する。このような労働関係を場として成立する因果関係を「業務起因性」という（「相当因果関係」ともいうが、民法上の概念とは異なる。最判昭51・11・12判時83号34頁参照）。業務起因性が、業務上外の認定における法律上の要件である。

　当該傷病等が、業務に起因して生じた業務上の傷病等であるというためには、その原因が「当該労働関係のもとにあること」を条件として発生したことが必要である。この「労働者が労働関係のもとにあること」を、認定実務上「業務遂行性」と呼んでいる。したがって、業務遂行性は、労働者の具体的な業務遂行行為又は時間的・場所的状態を指すものではなく、労働者が労働契約に基づき、事業主の支配下にある状態を指す関係概念である。

　業務上の負傷は、何らかの「災害」を媒介として生ずるが、業務上の疾病には、「災害」を媒介として発症する「災害性疾病」と、「災害」を媒介しないで発症する「職業性疾病」（非災害性疾病）がある（図表3）。図表3の　━▶　は、因果関係を示し、傷病等のうち、直接的に業務上外が問題となるのは、一般に序列（1）に位置する負傷等である。（2）の疾病、障害、死亡の業務上外は（1）の負傷または疾病との因果関係、（3）の障害または死亡の業務上外は（2）の疾病との因果関係の問題となる。

（b）業務の範囲

　業務行為には、当該労働者が労働契約の本旨に従って行う諸行為が含まれる。労働契約の予定する職務行為や作業行為等のみならず、それに伴う諸行為も、労働契約の本旨に反しない限り、業務行為に含まれる場合が多い。例えば、作業中における生理的必要行為、作業の前後における準備行為や後始末行為、作業に伴う必要行為、緊急行為、合理的行為などである。

（c）「災害」を媒介とする業務上の傷病等

　業務起因性は、傷病等の原因となる事実によって媒介された因果関係である。それは、発生状態が時間的に明確なまたは明確にされうる出来事である。すなわち、転倒、墜落・転落、急激な身体的負荷、精神的緊張などの傷病等の

図表3　業務上の傷病等の因果関係

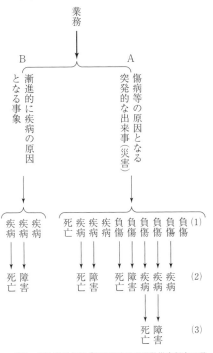

出典：厚生労働省編『業務災害及び通勤災害認定の理
論と実際　上巻』労務行政研究所、2001年の118頁に掲
載の図

原因となる突発的な出来事であり、それを「災害」と呼ぶが、法解釈によって
生み出された概念である。この「災害」という概念は、労働者の被った傷病等
を意味する「業務災害」の災害とは異なる概念であることに注意を要する。

　「災害」を媒介とする業務上傷病等は、「業務➡災害」及び「災害➡傷病等」
という２つの因果関係がある。「災害➡傷病等」の因果関係は、医学的に解明
されるので、業務上外か否かで問題となるのは、「業務➡災害」の因果関係で
ある。

　「災害」に該当する事実が媒介しない限り、業務起因性は一般的に成立しな
い。そして、反対の証明がない限り、業務遂行中に生じた「災害」は業務起因

性があると推定されるが、業務遂行性があっても業務起因性があるか否かは検討しなければならない。

業務遂行性に関して、3つのケースが考えられる。

第1のケースは、事業主の支配・管理下で業務に従事している場合。この場合、災害は被災した労働者の業務としての行為や事業場の施設・設備の管理状態等が原因となって発生するものと考えられるので、特段の事情がない限り、業務起因性が認められる。

ただし、次の場合は、業務起因性は認められない。①労働者の私的行為または業務を逸脱する恣意的行為が原因となって被災した場合、②労働者が故意に災害を発生させた場合、③労働者が個人的な恨みなどにより、第三者から暴行を受けて被災した場合、④天災地変によって被災した場合。④については、事業場の立地条件や作業条件・作業環境により、天災地変に際して被災しやすい業務の事情がある時は、業務起因性が認められる。

第2のケースは、事業主の支配・管理下にあるが業務に従事していない場合。休憩時間や就業前後は実際に業務をしていないので、その時間に私的な行為によって発生した場合は、業務起因性は認められない。ただし、事業場の施設・設備や管理状況などが原因で発生した場合は、業務起因性が認められる。

第3のケースは、事業主の支配下にあるが、管理下を離れて業務に従事している場合。この場合は、事業主の管理下を離れているものの、労働契約に基づき事業主の命令を受けて仕事をしている時は事業主の支配下にあると考えられる。積極的な私的行為を行う等の特段の事情がない限り、一般的には業務起因性が認められる。

福井労基署長（足羽道路企業）事件判決（名古屋高金沢支判昭58・9・21労民集34巻5＝6号809頁）は、従業員の慰安と親睦を図る忘年会参加について業務遂行性を認めることはできないとした。他方、国・行橋労基署長（テイクロ九州）事件判決（最判平28・7・8集民253号47頁）は、中国人研修生の歓送迎会参加後一時中断した業務を再開するために会社所有の自動車で工場に戻る際に、あわせて中国人研修生をアパートに送る途上で生じた交通事故の際は会社の支配下にあったとし、業務上の事由による災害に当たるとした。

（ d ）業務上の疾病

　業務上の疾病には、労基法施行規則別表第一の二に例示列挙されている疾病と労基法施行規則別表 1 の 2 には例示列挙されていない疾病がある（web 資料Ⅱ - 4 - ③「労基法施行規則別表第一の二」）。例示列挙されている疾病には、「災害」を媒介とするものと「災害」を媒介しないものがある。「災害」を媒介しない業務上の疾病に業務起因性が認められるためには、「①労働の場に有害因子が存在している、②健康障害を起こしうるほどの有害因子の量や期間にさらされた、③発症の経過及び病態が医学的にみて妥当である」という 3 つの要件を満たさなければならない。

　例示列挙されている疾病のうち、認定基準のある脳・心臓疾患と精神障害について説明する。

（ e ）脳・心臓疾患の業務上外認定──いわゆる「過労死」

　脳・心臓疾患は、その発症の基礎となる動脈硬化や動脈瘤等の血管病変等が、主に加齢、食生活、生活環境等の日常生活による諸要因や遺伝等による要因により形成され、それが徐々に進行し増悪し、ある時突然に発症する。仕事が特に過重であったために、血管病変等が自然的経過を超えて著しく増悪し、その結果、脳・心臓疾患を発症した場合は、仕事がその発症にあたって、相対的に有力な原因となったものとして、労災補償の対象となる（図表 4）。

　ただし、業務による明らかな過重負荷がなく、基礎疾患である高血圧症が自然的経過により増悪し、たまたま脳出血を就業時間中に発症したとしても、発症原因として業務による明らかな過重負荷が認められない限り、当該脳出血と

図表 4　脳・心臓疾患の発症原因と業務上外

発症の原因

業 務 に よ る 明 ら か な 過 重 負 荷	➡	業務上
業 務 以 外 に よ る 過 重 負 荷	➡	業務外
発症の基礎となる血管病変等の自然経過	➡	業務外

出典：厚生労働省の図を筆者が一部加工

業務との間には相当因果関係は成立しない。逆に、事業主の支配管理下を離れた私的な時間における脳出血の発症であったとしても、発症原因として業務による明らかな過重負荷によるものと認められれば、業務起因性が認められる。

　厚生労働省は、脳・心臓疾患を労災と認定する際の基準として、「血管病変を著しく増悪させる業務による脳血管疾患及び虚血性心疾患等の認定基準」（令3・9・14基発0914第1号）を定めている。現在の認定基準の前の認定基準である平成13年12月12日基発第1063号は、最高裁判決である横浜南労基署長（東京海上横浜支店）事件判決（最判平12・7・17判時1723号132頁）及び西宮労基署長（大阪淡路交通）事件判決（最判平12・7・17労判786号14頁）を受けて改正されたものであった。前認定基準の改正から約20年が経過する中で、働き方の多様化や職場環境の変化が生じていることから、最新の医学的知見を踏まえて、認定基準は改正され、2021年9月15日から施行された。

　改正点は、次のとおりである。①長期間の過重業務の評価にあたり、労働時間と労働時間以外の負荷要因を総合評価して労災認定することを明確化した、②長期間の過重業務、短期間の過重業務の労働時間以外の負荷要因を見直した。③短期間の過重業務、異常な出来事の業務と発症との関連性が強いと判断できる場合を明確化した、④対象疾病に「重篤な心不全」を新たに追加した。

　医学経験則に照らして、脳・心臓疾患の発症の基礎となる血管病変等をその自然的経過を超えて著しく増悪させることが客観的に認められる負荷のことを「過重負荷」という。業務による明らかな過重負荷として認められるものとして、①長期間の過重業務、②短期間の過重業務、③異常な出来事がある。これらの業務による明らかな過重負荷を総合的に判断し、業務上外を認定する（web資料Ⅱ-4-④「脳・心臓疾患の労災認定フローチャート」）。

　「特に過重な業務」に就労したと認められるか否かについては、業務量、業務内容、作業環境等具体的な負荷要因を考慮し、同僚労働者または同種労働者（以下「同僚等」という）にとっても、特に過重な身体的、精神的負荷が著しいと認められるか否かという観点から、客観的かつ総合的に判断する。行政解釈によると、「同僚等」は、脳・心臓疾患を発症した労働者と同程度の年齢、経験等を有する健康な状態にある者のほか、基礎疾患を有していたとしても日常

業務を支障なく遂行できる者をいう。慢性心不全を基礎疾患とする致死性不整脈発症を原因とする労働者の死亡が業務に起因するものかどうかが争われた豊橋労基署長（マツヤデンキ）事件判決（名古屋高判平22・4・16判タ1329号121頁）は、身体障害者であることを前提として雇用した労働者については、業務が過重であるか否かの判断において当該労働者を基準とするとして、業務起因性を認めた。

（ｆ）精神障害の業務上外認定──いわゆる「過労自殺」

精神障害は、業務による心理的負荷（事故や災害の体験等）、業務以外の心理的負荷（家族の出来事等）、個体側要因（既往歴等）など様々な要因によって発病する。厚生労働省は、精神障害を労災と認定する際の基準として、「心理的負荷による精神障害の認定基準」（平23・12・26基発1226第1号、改正令2・5・29基発0529第1号、令2・8・21基発0821第4号）を定めている。

精神障害の労災認定のためには3つの要件がある。①認定基準の対象となる精神障害を発病していること。②認定基準の対象となる精神障害の発病前おおむね6か月の間に、業務による強い心理的負荷が認められること。③業務以外の心理的負荷や個体側要因により発病したとは認められないこと。

①の認定基準の対象となる精神障害とは、WHO（世界保健機関）の国際疾病分類第10回修正版（IDC-10）第Ⅴ章「精神および行動の障害」に分類される精神障害であって、認知症や頭部外傷などによる障害及びアルコールや薬物による障害は除かれる。

②の「業務による強い心理的負荷が認められる」とは、業務による具体的な出来事があり、その出来事とその後の状況が、労働者に強い心理的負荷を与えたことをいう。この場合の強い心理的負荷とは、精神障害を発病した労働者がその出来事及び出来事後の状況が持続する程度を主観的にどう受け止めたかではなく、同種の労働者が一般的にどう受け止めるかという観点で評価される。「同種の労働者」とは、職種、職場における立場や職責、年齢、経験等が類似する者をいう。業務による強い心理的負荷が認められるかどうかは、「別表1業務による心理的負荷評価表」（web資料Ⅱ-4-⑤「業務による心理的負荷評価表」）に基づき、「強」と評価される場合、認定要件の②を満たすことになる。

図表5　自殺と労災認定

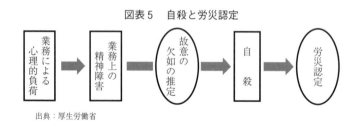

出典：厚生労働省

　複数事業労働者については、複数の事業場の業務上の心理的負荷を総合的に評価して、労災と認定できるかを判断する。なお、複数事業労働者でも、1つの事業場のみの業務上の心理的負荷を評価し業務上と認められる場合はこれまでどおり業務災害として労災認定される。

　ところで、労災保険法12条の2の2第1項は、「労働者が、故意に負傷、疾病、障害若しくは死亡又はその直接の原因となった事故を生じさせたときは、政府は、保険給付を行わない」と定めている。「故意」とは、「結果の発生を意図した故意」と解されており（昭40・7・31基発902号）、労働者の自殺については、原則労災保険給付はなされない。しかし、業務上の精神障害によって、正常な認識、行為選択能力が著しく阻害され、または自殺行為を思いとどまる精神的な抑制力が著しく阻害されている状態で自殺を行ったと認められる場合には、結果の発生を意図した故意には該当しないとされている（平11・9・14基発第545号。図表5）。これが、いわゆる「過労自殺」と呼ばれる。

（ⅷ）通勤災害

（a）通勤の形態と範囲

　通勤災害とは、通勤によって労働者が被った傷病等をいう。「通勤」とは、労働者が、就業に関し、①住居と就業の場所との間の往復、②就業の場所から他の就業の場所への移動、③単身赴任先住居と帰省先住居との間の移動を、合理的な経路及び方法によって行うことをいい、業務の性質を有するもの（例えば緊急用務のため休日に呼出しを受けて出勤する場合の移動による災害等）を除く（労災7条2項。web資料Ⅱ-4-⑥「通勤の形態」）。「合理的な経路及び方法」とは、

移動を行う場合に、一般に労働者が用いると認められる経路及び方法をいう。

　ただし、往復の経路を逸脱し、または中断した場合は、逸脱または中断の間及びその後の移動は、「通勤」とはならない。「逸脱」とは、通勤の途中で就業や通勤と関係のない目的で合理的な経路をそれることをいい、「中断」とは、通勤の経路上で通勤と関係のない行為を行うことをいう。しかし、例外的に、中断または逸脱を、「日常生活上必要な行為であって、厚生労働省令で定めるものをやむを得ない事由により最小限度の範囲で行う場合」には、逸脱または中断の間を除き、合理的な経路に復した後は再び「通勤」とされる（労災7条3項、労災施行規則8条）。具体的には、①日用品の購入その他これに準ずる行

図表6　通勤の範囲

1.　合理的な通勤経路を逸脱・中断した場合

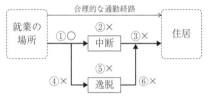

○：通勤として認められるもの　×：通勤として認められないもの

▶合理的な通勤経路から
　逸脱・中断の間（左図②④⑤⑥）

▶合理的な通勤経路に
　復帰後の移動の間（左図③）

の事故による負傷等については、
原則として労災補償の対象となりません。

2.　日常生活上必要な行為のために、合理的な通勤経路を逸脱・中断した場合

○：通勤として認められるもの　×：通勤として認められないもの

▶合理的な通勤経路に復帰後の移動の間（上図❾）の事故による負傷等については、例外的に労災補償の対象となります。※その場合も、逸脱・中断の間（上図⑧⑩⑪⑫）は対象外です。

出典：厚生労働省

為、②職業訓練、学校教育法第1条に規定する学校において行われる教育等、③選挙権の行使その他これに準ずる行為、④病院等で診察または治療を受けること、その他これに準ずる行為、⑤要介護状態にある配偶者、子、父母、孫、祖父母及び兄弟姉妹ならびに配偶者の父母の介護である（労災施行規則8条）。⑤は、大阪高裁平成19年4月18日判決（労判937号14頁）を受けて、付加された行為である。通勤の範囲については、図表6参照。

（ｂ）通勤災害の業務上外認定

通勤の途上で発生した傷病等が通勤災害と認められるためには、①労災保険法に定める「通勤」の定義に該当する事実が存在し（通勤遂行性）、②生じた傷病等が「通勤によるもの」と認められること（通勤起因性）が必要である。通勤と傷病等の間に相当因果関係がなければならない。通勤災害は、通勤に通常内在する危険（通勤の経路に内在している危険と通勤方法・手段に内在している危険）が具体化したものであり、通常負傷することが多いが、疾病にかかる場合もある（西村健一郎・朝生万里子『労災補償とメンタルヘルス』信山社、2014年、141頁）。

（ⅸ）給　付

保険給付には、業務災害に関する保険給付、複数業務要因災害に関する保険給付、及び通勤災害に関する保険給付がある（労災12条の8～25条）。給付内容は同じであるが、複数業務要因災害及び通勤災害に対する給付は、労基法の使用者の災害補償責任として定められていないので、「補償」という文言は使われない。そのほか、二次健康診断等給付があり、脳血管疾患及び心臓疾患の発生を予防することを目的として、保険者（政府）が、直接二次健康診断等を給付する（労災26～28条）。

さらに、労災保険の附帯事業として、社会復帰促進等事業がある（労災29条）。被災労働者の社会復帰の促進、被災労働者及びその遺族の援護、労働者の安全及び衛生確保等を図っている。社会復帰促進等事業として行う特別支給金があり、必要な事項は、労災保険法50条により定められた労働者災害補償保険特別支給金支給規則が定めている（昭49・12・28労働省令30号、web資料Ⅱ-4-⑦「労災保険給付等一覧」）。

　労災保険法または厚生労働省令で指定する法令に基づいて、労基法の災害補償に相当する給付が行われる時は、使用者は労基法の補償の責任を免れる（労基84条１項）。したがって、労基法が適用されるのは次の場合に限られる。①業務災害による傷病の療養のための休業の最初の３日間は、労基法76条の休業補償による。②暫定任意適用事業における労災補償は、労基法の災害補償による。

（x）労災補償と民事責任

　日本の労基法及び労災保険法は、被災労働者または遺族が、労災補償請求とは別に、その災害の発生について民事責任を負うべき使用者または第三者に対して損害賠償請求をすることを禁止していない。また、労基法及び労災保険法の規定には、労働者の労災補償請求権と損害賠償請求権との併存を前提とした調整規定が置かれている（労基84条、労保附則64条）。さらに、労災補償は、定率または定額の補償であり損害の全額を填補するものではなく、また慰謝料など労災補償では補償されないものがある。したがって、被災労働者または遺族は、労災補償請求とは別に、使用者または第三者に対して損害賠償を請求することができる。これを労災民事訴訟という。

（a）使用者の損害賠償責任

（ア）損害賠償請求の法的構成

　使用者の損害賠償責任を問う法構成には、不法行為構成と債務不履行構成がある。両者を比べてみよう。①人の生命または身体を害する行為に対する損害賠償請求権の消滅時効は、かつては、債務不履行構成によると有利であったが（旧民法167条１項により債務不履行の時効は10年、旧民法724条により不法行為の時効は３年）、2020年４月１日施行の改正民法により、現在は同じ期間になった。②立証責任は、両者とも被災労働者または遺族にある（最判昭56・２・16民集35巻１号56頁）。③遺族の慰謝料については、不法行為の場合は認められるが（民711条）、債務不履行の場合は認められない。

　不法行為構成には、①使用者の故意または過失に対する不法行為責任を問うもの（民709条）、②使用する被用者（上司）が事業の執行について第三者（労働者）

に加えた損害に対して使用者等の不法行為責任を問うもの（民715条）、③土地の工作物の設置等の占有者及び所有者として使用者の不法行為責任を問うものなどがある。

労働者が自殺した電通事件最高裁判決（最判平12・3・24民集54巻3号1155頁）は、被災労働者が恒常的に著しく長時間にわたり業務に従事していること及びその健康状態が悪化していることを認識しながら、その負担を軽減させるための措置をとらなかったことについて上司等に過失があるとして、民法715条に基づいて、使用者の損害賠償責任を認めた。

債務不履行構成は、使用者に労働契約上の安全配慮義務の不履行という債務不履行責任を問うものである（民415条）。国と公務員との関係において、安全配慮義務を最高裁が初めて認めた陸上自衛隊事件（最判昭50・2・25民集29巻2号143頁）では、最高裁は、「国は、……公務員の生命及び健康等を危険から保護するよう配慮すべき義務（以下「安全配慮義務」）を負っているものと解すべきである」とし、安全配慮義務は、「ある法律関係に基づいて特別な社会的接触の関係に入った当事者間において、当該法律関係の付随義務として当事者の一方又は双方が相手方に対して信義則上負う義務として一般に認められるべきもの」であるとしている。その後、最高裁は、民間企業においても、労働契約上の義務として、使用者に安全配慮義務があることを肯定した（川義事件：最判昭59・4・10民集38巻6号557頁）。

安全配慮義務は、2008年3月1日施行の労働契約法5条に明文化された。

（イ）労災補償と使用者の損害賠償の調整

同一の事由について、労働者が、労基法の災害補償請求と民法の損害賠償請求を同時に使用者にすることは理論上可能である。しかし、災害補償制度の趣旨から同一の災害について二重の賠償義務を使用者に課すことは妥当ではない。そこで、同一の事由について、労基法の災害補償の価額の限度において民法上の損害賠償の責任を使用者に免除している（労基84条2項）。また、労災保険給付がなされた場合も、労基法84条2項の類推適用により、同一の事由について、その価額の限度で使用者は損害賠償責任を免れる。

同様に、同一の事由についての労災保険法の保険給付と使用者に対する損害

賠償請求の調整の問題が生ずる。両者の調整が何ら行われないとすれば、受給権者は、双方から損害の填補を受けて、本来の損害額を上回って填補されること、また労災保険料は全額事業主負担であるので、両者の重複は事業主の負担の重複をもたらすこととなり、合理的ではない。そこで、労災保険法附則64条は、1項で損害賠償と将来の年金給付の調整について定め、2項で労災保険給付に相当する部分を含む民事損害賠償が先行して行われた場合は、同一の事由について、政府はその労災保険給付に相当する部分の価額の限度で、当該民事損害賠償に相当する労災保険給付を行わないことができると定める。

（ｂ）第三者の損害賠償責任――第三者行為災害

労災保険給付の原因である災害が、第三者（その災害に関する労災保険関係の当事者である政府、事業主及び労災保険の受給権者以外の者）の行為などによって生じたものであって、労災保険の受給権者である被災労働者または遺族に対して、第三者が不法行為に基づく損害賠償の義務を有しているものを「第三者行為災害」という。

第三者行為災害において、被災労働者または遺族が労災保険給付を先に受けた場合は、政府は被災労働者または遺族の第三者に対する損害賠償請求権を取得し、同権利に基づいて保険給付の価額の限度で第三者に求償する（労災12条の4第1項）。被災労働者または遺族が損害賠償を先に受けた場合は、政府は損害賠償の価額の限度で労災保険給付の価額を控除して支給する（労災12条の4第2項）。

3　雇用保険の原理と法体系

（ｉ）はじめに

週3日15時間働くパートタイム労働者は、労働災害に遭った時には労災保険法の適用を受けることができるが、失業した時には雇用保険法の適用を受けることができない。パートタイム労働者は労働者であるのに、労災保険法と雇用保険法の適用には違いがある。それはなぜなのだろうか。

（ⅱ）原理と法体系

（a）原　理

　労働者は、使用者に雇用されることによって賃金を得て、生活することができる。仕事を失うこと（失業）は、労働者にとって生活できなくなることを意味する。憲法27条1項の「勤労の権利」（労働権）は、具体的に政府に対して雇用保障を請求できる権利ではないが、国の2つの政策義務（①雇用の機会を提供する制度を構築することの義務、②労働の機会を得られない労働者に対し生活を保障する義務）を定める。雇用保険法は、②の国の義務を具体化する法である。

　他方、憲法27条1項は、「勤労の義務」も定める。これは、国民に勤労することを強制する具体的義務を定めるものではないが、単なる道徳的・訓示的規定ではない。労働の能力と機会がありながら働く意思のない者に対しては、労働権を根拠に持つ法律上の制度の利益を与えないことができる。雇用保険法4条3項が、失業等給付を受給するには公共職業安定所を通じた求職活動を要件とし、働く意思のない者には受給権を認めていないのは、勤労の義務の効果である。

（b）法体系

　雇用保障に関係する法体系は、図表7のように分類できる。

　社会保障法の全法体系からみると、失業し生活に困窮した労働者には、雇用保険制度という第1のセーフティネットがある。労働者には求職者給付が支給され、一定期間所得保障がなされて求職活動をすることができる。雇用保険の

図表7　雇用保障関係の法体系

失業、雇用継続等に対する給付を行い、失業の予防、雇用状態の是正等の労働者の福祉の増進を図る法	雇用保険法
雇用保険の対象外となる者等への職業訓練及び給付金を支給する法（雇用保険の附帯事業）	職業訓練の実施等による特定求職者の就職の支援に関する法律（求職支援法）
保険関係の成立、消滅、保険料の徴収等について定める法（労災保険と共通）	労働保険の保険料の徴収等に関する法（労働保険徴収法）

出典：筆者作成

受給が終了しても就職できなかった労働者や雇用保険がそもそも適用されなかった離職者等に対しては、第2のセーフティネットとして求職者支援制度がある。再就職や転職を目指す者が、生活支援の給付金を受給しながら、無料の職業訓練を受講することができる。第2のセーフティネットによっても就職できず生活困窮から抜け出せない者は、第3の最後のセーフティネットである生活保護制度によって、憲法25条の「健康で文化的な最低限度の生活」を保障される（第Ⅱ部第1章「図表2　重層的なセーフティネット」及び第Ⅱ部第7章参照）。

（ⅲ）雇用保険法の目的

　雇用保険法は、①労働者が失業した場合、労働者について雇用の継続が困難となる事由が生じた場合、労働者が自ら職業に関する教育訓練を受けた場合及び労働者が子を養育するための休業をした場合に必要な給付を行うことにより労働者の生活及び雇用の安定を図り、その就職を促進すること、並びに②労働者の職業の安定に資するために、失業の予防、雇用状態の是正及び雇用機会の増大、労働者の能力の開発及び向上その他労働者の福祉の増進を図ること、という2つの目的を持っている（雇保1条）。①の目的を達成するために、失業等給付及び育児休業給付を行い、②の目的を達成するために、雇用保険二事業（雇用安定事業及び能力開発事業）を行う（雇保3条）。

4　雇用保険の保険関係

（ⅰ）成立と消滅

　雇用保険も労災保険と同様に、「事業」という概念を用いているが、「事業」の意味についても労災保険と同じである（本章の2（ⅰ）を参照）。

　一人でも労働者を雇用する事業は強制適用事業である（雇保5条1項）。ただし、労災保険と同様に、零細事業主に配慮し、常時5人未満の労働者を使用する個人経営の農林、水産の事業は暫定任意適用事業である（雇保附則2条、雇保施行令附則2条）。

　強制適用事業の事業主については、その事業が開始された日に保険関係が成

立し（労保徴4条）、暫定任意適用事業の事業主については、加入は事業主の意思または労働者の2分の1以上の意思にまかされており、事業主が雇用保険の加入申請をし、厚生労働大臣の認可があった日に保険関係が成立し、適用事業となる（整備附則2条）。

　労災保険にはない手続であるが、適用事業の事業主は、雇用する労働者に関して、被保険者となったこと等を厚生労働大臣（所轄公共職業安定所長）に届けなければならない（雇保7条）。厚生労働大臣（所轄公共職業安定所長）は、7条の規定による届出、又は職権で労働者が被保険者となったこと等の確認を行う（雇保9条）。被保険者又は被保険者であった者は、所轄公共職業安定所長に9条の規定による確認を請求することができる（雇保8条）。

　保険関係が成立している事業が廃止され、または終了した時は、その事業についての保険関係は、その翌日に消滅する（労保徴5条）。

（ⅱ）保険者

　雇用保険の保険者は政府である（雇保2条1項）。

（ⅲ）被保険者

　被保険者は、適用事業に雇用される労働者である。労働者の定義は、雇用保険法にはなく、労災保険法と同様に、通説・判例は、労基法9条に定義する「労働者」と同じであると解している（本章2（ⅵ）（a）参照）。会社の取締役や役員は、原則として被保険者とならないが、会社の役員と同時に部長、支店長、工場長等の従業員としての身分を有する者は、服務態様、賃金、報酬等から見て、労働者的性格の強いものであって、雇用関係があると認められる場合に限り、雇用保険に加入できる。

　ただし、労働者であっても次の者は、雇用保険法が適用されない（雇保6条）。①週の所定労働時間が20時間未満である者、②同一の事業主の適用事業に継続して31日以上雇用されることが見込まれない者、③季節的雇用者、④学校の学生または生徒、⑤船員法第1条に規定する船員で漁船に乗り組むため雇用される者、⑥国、都道府県、市町村その他これらに準ずるものの事業に雇用

される者のうち、厚生労働省令で定めるもの。

　雇用保険の被保険者となる労働者は、上記適用除外に該当せず、雇用保険の適用事業に雇用される労働者で、１週間の所定労働時間が20時間以上かつ31日以上の雇用見込みがある労働者である。雇用形態は問わない。労災保険のように、労働者以外の者の特別加入制度は雇用保険にはない。

　現在の雇用保険は、非正規雇用労働者を被保険者として包摂するために、被保険者の資格要件を緩和してきているが、「自らの労働により賃金を得て生計を立てている労働者」を被保険者とする考え方が根底にあることは変わらない。

　被保険者には、①一般被保険者、②短期雇用特例被保険者、③日雇労働被保険者、④高年齢被保険者の４種類ある（web資料Ⅱ‐4‐⑧「雇用保険の被保険者」）。正規雇用労働者は、一般被保険者である。

　2022年４月１日より、一の事業主の適用事業における１週間の所定労働時間が20時間未満であるが、二の事業主の適用事業における１週間の所定労働時間の合計が20時間以上である複数の事業主に雇用される65歳以上の労働者については、高年齢被保険者の特例として、試行的に雇用保険が適用されるようになった。

（ⅳ）財　　源

　雇用保険の財源は、事業主及び被保険者が負担する保険料と国庫負担である。

（ａ）保険料

　失業等給付は、事業主と被保険者が折半して負担し、雇用保険二事業は、事業主が全額負担する（最新の保険料率は、web資料Ⅱ‐4‐⑨「雇用保険料率」参照）。

（ｂ）国庫負担

　雇用保険の要保障事由（保険事故）である失業は、政府の経済政策、雇用政策と無縁ではなく、政府もその責任の一端を担うことから、失業等給付及び育児休業給付に要する費用の一部を国が負担している（雇保附則13～15条）。現在の国庫負担は、後述する図表８に記載のとおりである。

（ⅴ）要保障事由（保険事故）

　求職者給付及び就職促進給付の要保障事由（保険事故）は、「失業」である。失業は、労働者にとって賃金を失うことであり、ひいては生活の基盤を失うことである。ところで、失業は、他の社会保険の要保障事由（保険事故）とは異なり、労働の意思と能力という主観的要件が含まれている。特に、「労働の意思」は外からは客観的に判断することが難しく、離職そのものを自ら創り出すことができる。そのため、要保障事由（保険事故）としての「失業」は、単なる離職ではなく、「離職し、労働の意思と能力を有するにもかかわらず、職業に就くことができない状態にあること」とされる（雇保3条3項）。

　1994年の法改正により創設された雇用継続給付は、「雇用の継続が困難となる事由が生じた場合」を失業に準じた職業生活上の事故と捉え、要保障事由（保険事故）としている。当初は、高年齢雇用継続給付及び育児休業給付が含まれていたが、2020年4月1日より、育児休業給付は失業等給付から独立した給付と位置づけられたので、現在は、高年齢雇用継続給付及び介護休業給付が該当する。高年齢雇用継続給付は、高齢期における労働能力の低下や通常勤務の困難化等に伴う賃金収入の低下により、介護休業給付は、介護休業の取得に伴う賃金収入の全部または一部の喪失により、雇用の継続が困難となる状態が生ずることを要保障事由（保険事故）と捉えている。

　1998年の法改正により創設された教育訓練給付は、労働者が主体的に職業能力開発に取り組むことが重要となる中で、その際の費用負担が広く労働者の負担となっていることを要保障事由（保険事故）としている。

　雇用保険の要保障事由（保険事故）は、当初の「失業のリスク」から「退職のリスク」に、そして「労働生活のリスク」に拡大している。さらに、現在の育児休業給付は、少子化対策として男性の育児休業取得促進によって出産奨励を図る「少子化のリスク」も要保障事由（保険事故）としている。育児休業給付は、雇用保険の要保障事由（保険事故）では説明できない給付となっており、そのあり方の根本的な検討が必要である。

（ⅵ）給　　付

雇用保険制度の給付等の概要は、図表8のとおりである。

（a）失業等給付

求職者給付、就職促進給付、教育訓練給付、雇用継続給付の4種類の給付がある。

（ア）求職者給付

労働者が失業した場合に、その者の生活の安定を図り、失業者の求職活動を容易にすることを目的とする。被保険者の種類によって、求職者給付の内容は異なる。ここでは、一般被保険者に対する求職者給付について、「雇用保険に関する業務取扱要領」（以下「要領」という）に基づいて説明する（それ以外の被保険者の求職者給付は、web資料Ⅱ-4-⑩「高年齢被保険者・短期雇用特別被保険者・日雇労働被保険者に対する求職者給付」参照）。

図表8　雇用保険制度の給付等の概要

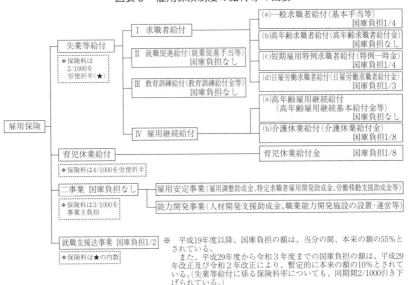

出典：厚生労働省

　求職者給付には、基本手当、技能習得手当、寄宿手当、傷病手当がある。ここでは、基本手当について説明する（その他の手当は、web資料Ⅱ–4–⑪「技能手当、寄宿手当、傷病手当」参照）。

　１）基本手当の受給要件

　基本手当は、通称「失業手当」ともいわれ、雇用保険の中心的な給付である。基本手当を受給するためには、一般被保険者でなければならない。その上で、次の２つの受給要件を満たさなければならない（雇保13条）。

　第１に、被保険者が失業していること。

　失業とは、前述したように雇用保険法４条３項に定義があり、「被保険者が離職し、労働の意思及び能力を有するにもかかわらず、職業に就くことができない状態にあること」をいう。

　「離職」とは、「被保険者について、事業主との雇用関係が終了すること」をいう（雇保４条２項）。理由を問わず、解雇などの非任意的な離職のみならず、契約期間の満了、任意退職等の離職も含まれる。

　「労働の意思」とは、就職しようとする積極的な意思をいう。具体的には、職業安定所に求職の申込みを行うのはもちろんのこと、受給資格者自らも積極的に求職活動を行っている場合に労働の意思ありとする（「要領51202」）。

　「労働の能力」とは、労働（雇用労働）に従事し、その対価を得て自己の生活に資しうる精神的・肉体的及び環境上の能力をいう。受給資格者の労働能力は、職業安定所において、本人の体力、知力、技能、職歴、生活環境等を総合してその有無を判断する（「要領51203」）。

　「職業に就くことができない状態」とは、職業安定所が受給資格者の求職の申込みに応じて最大の努力をしたが就職することができず、また、本人の努力によっても就職できない状態をいう（「要領51204」）。「職業に就く」の解釈が問題となった岡山職安所長事件判決（広島高岡山支判昭63・10・13労判528号25頁）は、雇用保険法４条は、職業の内容については何ら規定していないから、同条にいう「職業に就く」とは、会社等の役員に就任した場合や自営業を始めた場合も含まれると解すべきであり、雇用保険法の趣旨を総合すると、報酬等の経済的利益の取得を法的に期待しうる継続的な地位にある場合には、雇用保険法上職

業に就いたものとして失業給付を受け得ないと解するのが相当であるとした。

　第 2 に、離職日以前 2 年間に、被保険者期間が通算して12か月以上あること。ただし、特定受給資格者または特定理由離職者については、離職日以前 1 年間に、被保険者期間が通算 6 か月以上ある場合でもよい（web資料Ⅱ - 4 - ⑫「受給要件としての被保険者期間」）。

　被保険者期間とは、雇用保険の被保険者であった期間のうち、離職日から 1 か月ごとに区切っていた期間に賃金の支払いの基礎となった日数が11日以上または賃金の支払いの基礎となった時間数が80時間以上ある月を 1 か月として計算する（雇保14条）。

　特定受給資格者とは、倒産・解雇等の理由により再就職の準備をする時間的余裕がなく離職を余儀なくされた者であり、特定理由離職者とは、特定受給資格者以外の者であって期間の定めのある労働契約が更新されなかったことその他やむを得ない理由により離職した者である（web資料Ⅱ - 4 - ⑬「特定受給資格者及び特定理由離職者の範囲と判断基準」）。

　2 ）基本手当の受給手続の流れ

　受給手続の流れは、図表 9 のとおりである。

　基本手当を受給するためには、少なくとも 7 日の失業日数（傷病のために職業に就くことができない日を含む）が必要であり、労働者は、失業の期間が 7 日経過するまで「待期」しなければならない（雇保21条）。待期期間が設けられたのは、労働者の生活の安定を図る等のために基本手当によって所得を保障する必要がある失業状態にあるかどうかを確認すること、および基本手当の濫用を防ぐためである。

　待期期間を満了しても、給付制限がある。給付制限は、離職理由が、①自己の責に帰すべき重大な理由による解雇、または②正当な理由のない自己都合退職の場合に行われる（雇保33条）。基本手当の支給には、当該失業を保護する必要性が社会的に求められるので、例えば刑法に違反したことによって解雇された失業状態は当該失業を保護する必要は社会的に認められないし、また、正当な理由のない自発的な失業状態はその契機が労働の意思がないかまたは薄弱と考えられる。しかし、その後の事情が「失業」の要件を満たせば保護する必要

があることから、両者を調整するものとして給付制限が置かれている。①および②に該当しない離職の場合には、待期期間満了後、失業の認定を受けて、基本手当を受給できる。

　「正当な理由がなく自己都合によって退職した場合」に当たるとして職業安

図表9　基本手当の受給手続の流れ

離職	
求職申込と受給資格の決定	受給手続をする本人が、離職票等を住所地管轄公共職業安定所(ハローワーク)に持参する。公共職業安定所が、受給資格の確認・決定をする（雇保則17条・19条）。
雇用保険説明会	受給資格者証等が渡される。雇用保険の受給手続の進め方や就職活動についての説明がある。
待期期間満了	受給資格の決定を受けた日から、失業の状態が通算して7日間経過するまでを「待期期間」といい、この期間は雇用保険の支給対象とならない（雇保21条）。
給付制限	自己都合で離職した場合は待機期間満了の翌日からさらに原則2か月間（過去5年間に2回以上自己都合で離職している場合3か月間）、懲戒解雇で退職した場合は待機満了の翌日からさらに3か月間、基本手当は支給されない。これを「給付制限」という（雇保33条）。
失業の認定	認定日ごと（原則4週間に1回）に受給資格証と失業認定申告書を提出する。就労の有無、求職活動の実績等を確認して、失業の認定が行われる（雇保15条）。
基本手当の支払い	失業の認定を受けた日数分の基本手当が普通預金口座に振り込まれる。
原則として4週間ごとに認定日が指定される	
就職	就職後の給付金として、再就職手当・就業促進定着手当・就業手当・常用就職支度手当・高年齢再就職給付金等が申請できる場合がある。
支給終了	基本手当の支給終了後も、公共職業安定所の職業相談を利用できる。

出典：厚生労働省「Q&A～労働者の皆様へ（基本手当、再就職手当）～」のQ6掲載の図を筆者が加工

定所長によって給付制限処分を受けたタクシー乗務員が当該給付制限処分の取消しを求めた新宿職安所長（京王交通）事件判決（東京地判平 4 ・11・20労判620号50頁）は、退職願の「一身上の都合」の記載は本人によるものであることや解雇をしたことを認めるに足りる証拠もないことなどから、正当な理由のある自己都合退職には該当しないとした。

　このほかに、給付制限として、受給資格者（訓練延長給付、個別延長給付、広域延長給付または全国延長給付を受けている者を除く）が、公共職業安定所長の紹介する職業に就くことまたは公共職業安定所長の指示した公共職業訓練等を受けることを拒んだときは、その拒んだ日から起算して 1 か月間は、基本手当を支給しない（雇保32条）。

　3 ）基本手当の受給期間

　雇用保険は、短期的な失業の保護を目的としているので、基本手当を受給できる期間（受給期間）は、原則として、受給資格を取得した後における最初の離職の日の翌日から 1 年間（所定給付日数が330日である者については 1 年に30日を加えた期間、360日である者については 1 年に60日を加えた期間）に限られている。当該期間に妊娠、出産、育児その他厚生労働省令で定める理由によって引き続き30日以上職業に就けない期間がある場合は、受給期間を延長することができる（最長 4 年間延長）（雇保20条）。

　4 ）基本手当の給付額と所定給付日数

　雇用保険で受給できる 1 日当たりの金額を、基本手当日額という。基本手当日額は、離職者の賃金日額（被保険者期間として計算された最後の 6 か月間に支払われた賃金総額を180で除して得た額）に応じて、最高80％から最低50％までの範囲で定められる（雇保16～17条）。賃金日額及び基本手当日額には、上限額と下限額が設定されている（web 資料Ⅱ - 4 - ⑭「賃金日額・基本手当日額の上限額・下限額」）。基本手当の所定給付日数は、図表10のとおりである。

図表10　基本手当の所定給付日数

①特定受給資格者及び一部の特定理由離職者（※補足1）（③の就職困難者を除く）

区分＼被保険者であった期間	1年未満	1年以上5年未満	5年以上10年未満	10年以上20年未満	20年以上
30歳未満	90日	90日	120日	180日	―
30歳以上35歳未満	90日	120日（90日（※補足2））	180日	210日	240日
35歳以上45歳未満	90日	150日（90日（※補足2））	180日	240日	270日
45歳以上60歳未満	90日	180日	240日	270日	330日
60歳以上65歳未満	90日	150日	180日	210日	240日

※補足1：特定理由離職者のうち「特定理由離職者の範囲」（web資料Ⅱ-4-⑦参照）のⅠに該当する者については、受給資格にかかる離職の日が2009年3月31日から2022年3月31日までの間にある者に限り、所定給付日数が特定受給資格者と同様となる。
　補足2：受給資格にかかる離職日が2017年3月31日以前の場合の日数である。

②①及び③以外の離職者

区分＼被保険者であった期間	1年未満	1年以上5年未満	5年以上10年未満	10年以上20年未満	20年以上
全年齢	―	90日	90日	120日	150日

③就職困難者

区分＼被保険者であった期間	1年未満	1年以上5年未満	5年以上10年未満	10年以上20年未満	20年以上
45歳未満	150日	300日	300日	300日	300日
45歳以上65歳未満	150日	360日	360日	360日	360日

出典：ハローワークインターネットサービス

（イ）就職促進給付

　就職促進給付は、早期に再就職した者に対して給付を行うことにより、再就職意欲を喚起し、受給者の再就職を奨励するものである（雇保56条の3～60条）。就業促進手当（①再就職手当、②就業促進定着手当、③就業手当、④常用就職支度手当）、移転費、求職活動支援費（①広域求職活動費、②短期訓練受講費、③求職活動

関係役務利用費）がある。

（ウ）教育訓練給付

　教育訓練給付は、雇用保険の被保険者である者または被保険者でなくなってから 1 年以内である者が、厚生労働大臣の指定する教育訓練を受ける場合に訓練費用の一定割合を給付する。なお、妊娠、出産、育児等により教育訓練を開始できない者については、最大20年に至るまで、当該理由により当該教育訓練を開始できない日数を加算することができる（雇保60条の 2 ）。ここでの被保険者は、一般被保険者及び高年齢被保険者をいう。

　教育訓練給付には、教育訓練給付金（①一般教育訓練にかかる教育訓練給付金、②特定一般教育訓練にかかる教育訓練給付金、③専門実践教育訓練にかかる教育訓練給付金）と教育訓練支度給付金（2022年 3 月31日までの時限措置）がある（web 資料Ⅱ - 4 - ⑮「教育訓練給付の概要」）。

（エ）雇用継続給付

　雇用継続給付は、職業生活の円滑な継続を援助、促進することを目的とし、高年齢雇用継続給付及び介護休業給付が支給される。

　 1 ）高年齢雇用継続給付

　高年齢雇用継続給付には、高年齢雇用継続基本給付金（雇保61条）と高年齢再就職給付金（同61条の 2 ）がある（web 資料Ⅱ - 4 - ⑯「高年齢雇用継続給付の概要」）。

　 2 ）介護休業給付

　介護休業給付として、介護休業給付金が支給される（雇保61条の 4 ）。介護休業給付は、育児・介護休業法の介護休業と一体的に運用され、育児・介護休業法に定める介護休業に該当しない介護休業は、介護休業給付の対象ではない（web 資料Ⅱ - 4 - ⑰「介護休業給付の概要」）。

（b）育児休業給付

（ア）雇用保険における位置づけ

　育児休業給付は、当初は雇用継続給付に位置づけられていたが、2020年 4 月 1 日以降、他の失業等給付とは異なる体系、すなわち「子を養育するために休業した労働者の雇用と生活の安定を図る給付」として位置づけられた。育児休業給付に充てる独自の保険料率と資金が設定された。その背景について、厚生

労働省は、①育児休業給付の給付総額の一貫した増加により、基本手当の給付総額に匹敵する見込みであることから雇用保険制度の安定的な運営を図るため、給付と負担の関係を明確化して均衡の取れた財政運営とする必要があった、②その他の給付について景気の動向により的確に対応できるような財政運営とする必要があったとしている（web 資料Ⅱ‐4‐⑱「育児休業給付の制度の変遷」）。

（イ）育児休業給付金

育児休業給付として、育児休業給付金が支給される（雇保61条の 6 ～ 7 ）。育児休業給付は、育児・介護休業法の育児休業と一体的に運用されているので、育児・介護休業法に定める育児休業に該当しない育児休業は、育児休業給付の対象ではない（web 資料Ⅱ‐4‐⑲「育児休業給付の概要」）。

（ⅶ）雇用保険二事業

雇用保険二事業には、雇用安定事業と能力開発事業の 2 つの事業がある。雇用保険は、失業等の要保障事由に対する給付のみならず、憲法27条 1 項の労働権の実現のためにあらかじめ完全雇用を目標とした失業の予防や労働者の職業能力の開発に対する援助等を行っている。これらの事業は、事業主の保険料のみで賄われる。

（a）雇用安定事業

雇用安定事業は、被保険者等（被保険者、被保険者であった者及び被保険者になろうとする者）に関し失業の予防を図り、雇用状態の是正、雇用機会の増大その他雇用の安定を図るために、次のような事業主等に対する助成等を行う（雇保62条）。①雇用調整助成金（雇保則102条の 2 ～102条の 3 ）、②労働移動支援助成金（雇保則102条の 4 ～102条の 5 ）、③65歳超雇用推進助成金（雇保則103～104条）、④特定求職者雇用開発助成金（雇保則109～110条）、⑤トライアル雇用助成金（雇保則109条・110条の 3 ）、⑥中途採用等支援助成金（雇保則109条・110条の 4 ）、⑦地域雇用開発助成金（雇保則111～112条）、⑧通年雇用助成金（雇保則111条・113条）、⑨両立支援等助成金（雇保則115～116条）、⑩人材確保等支援助成金（雇保則115条・118条）、⑪キャリアアップ助成金（雇保則115条・118条の 2 ）。

　雇用調整助成金は、景気の変動、産業構造の変化その他の経済的理由により、事業所において急激に事業活動の縮小を余儀なくされた場合等に、休業、教育訓練、出向によって、労働者の雇用の維持を図る事業主に対して助成する。

（ｂ）能力開発事業

　能力開発事業は、職業生活の全期間を通じて、被保険者等の能力を開発し、及び向上させるために、次のような事業を行う（雇保63条）。①事業主等の行う職業訓練を振興するための助成及び援助として、広域団体認定訓練助成金（雇保122条）及び認定訓練助成事業費補助金（雇保123条）、②人材開発助成金（雇保125条）、③公共職業能力開発施設の充実（雇保63条１項２号）、④職業講習及び職場適応訓練（雇保63条１項３号）等。

5　求職者支援制度

（ｉ）はじめに

　雇用保険の基本手当を受給しながら一生懸命求職活動をしたが、受給期間中に結局仕事を見つけられなかった場合、または雇用保険の適用のない自営業を廃業し求職活動をしたものの仕事が見つからない場合、どうすればよいのだろうか。あとは、生活保護しかないのだろうか。

（ii）位置づけと目的

　求職者支援制度は、最後のセーフティネットである生活保護の前に置かれた第２のセーフティネットであり（第Ⅱ部第１章「図表２　重層的なセーフティネット」参照）、まさに上記のような雇用保険を受給できない求職者のための制度である。

　求職者支援制度は、「特定求職者」に、①職業訓練を実施し、②一定の場合には職業訓練期間に給付金を支給し、③その他の就職に関する支援措置を講ずることにより、特定求職者の就職を促進し、もって特定求職者の職業及び生活の安定に資することを目的とする（求職者支援１条、web 資料Ⅱ－4－⑳「求職者

支援制度の概要」)。求職者支援制度は、職業訓練と金銭給付を同時に行う制度である。

（ⅲ）財　　源

　求職者支援制度は、雇用保険制度の附帯事業である「就職支援法事業」に位置づけられている（雇保64条、本章図表8参照）。財源は、国が2分の1、雇用保険被保険者である労働者と当該労働者を雇用する事業主が4分の1ずつ負担する（雇保66条1項5号・68条2項）。

（ⅳ）対 象 者

　求職者支援制度の対象は、「特定求職者」である。「特定求職者」とは、①公共職業安定所に求職の申込みをしている者のうち、②労働の意思及び能力を有しているものであって、③職業訓練その他の支援措置を行う必要があるものと公共職業安定所長が認めたものをいう（求職者支援2条）。例えば、雇用保険の受給修了者、基本手当の受給要件を満たさなかった者、雇用保険の適用がなかった者である。

　職業訓練受講給付金の対象者となるためには、後述するような要件がある。

（ⅴ）求職者支援訓練

　厚生労働大臣は、特定求職者に対する職業訓練の実施に関し重要な事項を定めた職業訓練実施計画を策定し、当該職業訓練実施計画に照らして適切であること等の要件を満たした民間訓練機関の行う職業訓練を認定する（求職者支援4条）。そして、国は、認定職業訓練を行う民間訓練機関に対して、予算の範囲内において、必要な助成及び援助を行うことができる（求職者支援5条）。

　求職者支援訓練には、基礎コース（社会人としての基礎的能力及び短時間で習得できる技能等を習得する訓練）と実践コース（就職希望職種における職務遂行のための実践的な技能等を習得する訓練）がある。訓練期間は1コース2か月から6か月で、原則として受講料は無料である。

（ⅵ）職業訓練受講給付金

　公共職業安定所の支援指示を受けて求職者支援訓練または公共職業訓練を受講する特定求職者は、次のような一定の要件を満たす場合に、職業訓練受講給付金を受給できる（求職者支援7条）。①本人の収入が月8万円以下、②世帯全体の収入が月25万円以下、③世帯全体の金銭資産が300万円以下、④現在住んでいるところ以外に土地・建物を所有していない、⑤すべての訓練実施日に出席している（やむを得ない理由がある場合でも、支給単位期間ごとに8割以上出席）、⑥同世帯の中に同時にこの給付金を受給して訓練を受けている人がいない、⑦過去3年以内に、偽りその他不正の行為により、特定の給付金の支給を受けたことがない（求職者支援則11条1項）。

　職業訓練受講給付金には、職業訓練受講手当（月額10万円）、通所手当（訓練実施施設までの通所経路に応じた所定の額。上限あり）、寄宿手当（訓練を受けるため同居の配偶者等と別居して寄宿する場合で、その必要性を公共職業安定所が認めた場合に支給。月額10,700円）があり、セットで支給される（求職者支援則11条2項～12条の2）。

6　労働保険の不服申立制度

（ⅰ）はじめに

　先日、仕事をしていてけがをしてしまい、労災保険の請求をしたところ、労働基準監督署長名で不支給処分の通知が来た。納得できない場合は、裁判を起こさなければならないのだろうか。

（ⅱ）労働保険審査制度

　労災保険及び雇用保険の保険給付に関する不服申立制度として、労働保険審査制度があり、不服申立前置主義（審査請求前置主義）をとっている（労災40条、雇保71条。web資料Ⅱ-4-㉑「労働保険審査制度の仕組み」参照）。したがって、労災保険及び雇用保険の保険給付に不服の場合は、まずは不服申立てを行う必要がある。不服申立ては、原処分庁が行った行政処分が適切か否かどうかを行政

自らが判断し、費用はかからず迅速に解決することができる（ただし、現実には
時間がかかる場合もある）。

（ⅲ）労災保険給付に対する不服申立て

　労災保険給付に関する決定に不服のある者は、労働者災害補償保険審査官
（厚生労働大臣が厚生労働省職員の中から任命し、各都道府県労働局に置かれる）に対
して審査請求し、その決定に不服のある者は、労働保険審査会（委員は、厚生
労働大臣が学識経験者等の中から任命し、国会の同意が必要。委員は独立してその職権
を行う）に対して再審査請求することができる。審査請求をした日から３か月
を経過しても審査請求についての決定がないときは、労働者災害補償保険審査
官が審査請求を棄却したものとみなすことができ、労働保険審査会への再審査
請求の手続を経ずに、裁判を起こすことができる（労災38条）。

（ⅳ）雇用保険給付に対する不服申立て

　雇用保険の被保険者資格に関する確認、失業等給付に関する処分、返還命令
等の処分に不服の者は、雇用保険審査官（厚生労働大臣が厚生労働省職員の中から
任命し、各都道府県労働局に置かれる）に対して審査請求をし、その決定に不服の
ある者は、労働保険審査会に対して再審査請求をすることができる。審査請求
をした日から３か月を経過しても審査請求についての決定がないときは、雇用
保険審査官が審査請求を棄却したものとみなすことができ、労働保険審査会へ
の再審査請求の手続を経ずに、裁判を起こすことができる（雇保69条）。

7　労災保険法及び雇用保険法の適用に関する課題

　労災保険と雇用保険は、給付の対象者が労働者であるという点で、他の社会
保険とは異なっている。それは、労災保険と雇用保険が労働者に固有の要保障
事由（保険事故）に対する社会保険であるからである。したがって、労災保険
と雇用保険は、労働者は包摂するが、労働者以外の者は排除する。

　労災保険は、特別加入制度を設けて、その業務の実情、災害の発生状況など

から見て、労働者に準じて保護することが適当であると認められる一定の者には、労災保険を適用している。

　特別加入制度をどう見るのかについて、2つの見解がある。

　ひとつの見解は、特別加入制度は、労災保険制度の本質を変更するものではないとする。立法者の意思から、特別加入制度はサービスとしての任意加入の契約保険であるとする見解（小西啓文「第1章　労災特別加入制度の立法論的課題」青野覚『労災保険法上の特別加入制度に関する諸問題の検討』社会保険労務士総合研究機構、2011年、10頁）や労災保険はもともと「労働者を使用する事業」に適用されるものであるから、特別加入制度は特殊な制度であるとする見解（山口浩一郎『労災補償の諸問題〔増補版〕』信山社、2008年、49頁）などがある。

　もうひとつの見解は、特別加入制度は、労災保険法自体の変質をもたらしたとする。独立自営業者等の被った災害を「労働過程における災害一般」と捉え、そこでの被災関係の生活危険からの保護を目的とするのが特別加入制度であるとする見解がある（青野覚「第2章　特別加入制度における業務上外認定」青野覚『労災保険法上の特別加入制度に関する諸問題の検討』社会保険労務士総合研究機構、2011年、30頁）。さらには、特別加入制度を、伝統的な労と使という関係を超えて、中小企業の経営者やいわゆる「一人親方」といった、その生活基盤の脆弱性ゆえに、労働にかかわって発生した災害に基づく生活障害に対する救済を不可欠とする者たちへの国家的保障の拡大であると捉え、通勤災害制度が法定され、労働福祉事業が発足したことから、今や、労働過程上の災害にかかわる生活障害全般につき配慮する「総合保険」としての労災保険を確立させたとする。そして、「雇用関係」とはいえない形態であっても、個人としての労働力の提供（労務の提供）とみなしうる場合は、「労働者」による労務の提供と判断されるべきであるとする見解がある（近藤昭雄「労災保険の社会保障化と適用関係——「労働者」概念論議に即して」山田省三・石井保雄編『労働者人格権の研究　下』信山社、2011年、406-411頁）。

　特別加入制度は範囲を拡大しており、そのことが労災保険の本質を問うことになるかもしれないが、現時点では、労災保険は、歴史的に使用者の災害補償責任に基づくものである原則を維持しており、特別加入制度はあくまでもその

原則に対する特例であることから、後者の見解をとることは難しいと考える。

　他方、雇用保険には、労災保険のような特別加入制度はなく、労働者でなければ適用されない。そして、労働者であっても、「自らの労働により賃金を得て生計を立てていない者」を排除している。このように雇用保険から排除された労働者やもともと適用されない自営業者等に対して、雇用保険法とは別個の立法である求職者支援法が用意されてはいる。しかし、雇用保険法が「自らの労働により賃金を得て生計を立てていない者」として排除する要件が、主に週の所定労働時間数であることには疑問がある。生計から判断するのであれば、労働時間数ではなく、賃金額が妥当である。

　現在問題となっていることは、フリーランスのように、人的従属性はないが注文主と経済的従属性のある自営的な就労者を社会保障法上どう位置づけるのかという問題である。現在の労働法は、労働者とそうでない者を二分している（大内伸哉「新しいルール、企業誘導型で」日経新聞朝刊2021年5月12日付）。労災保険法も雇用保険法も、そのような労働法の二分法に基づいて立法されており、このまま二分法に基づくのかが社会保障法に問われている。

第 **5** 章

介護の保障

この章で学ぶこと

　この章では介護の保障について確認する。第1・2節では、介護保険をはじめとした高齢者福祉における介護保障を、第3・4節では、障害のある人の介護を中心とした介護保障を確認する。日本の社会保障制度における両者の保障は、前者が介護保険法という社会保険制度で行われるのに対し、後者は障害者総合支援法という公費負担による福祉サービス給付で行われる点が根本的に異なる。さらに対象者ないしは受給権者、給付内容についても、前者と後者で様々な相違点がある。

　これら介護の保障について法的理解を進めるためには、両者の相違を横断的に理解する必要がある。この章ではこれらの内容を述べた上、第5節で介護の保障をめぐる法に関する課題を提起する。

1　高齢者の介護保障の原理と法体系

（ⅰ）はじめに

　介護保険法施行後20年目の2020年、20年を総括する特集記事が新聞各紙で組まれていた。筆者の眼に入った記事の見出しには「（介護とわたしたち）保険制度20年：上「介護の社会化」実現できたか」（朝日新聞朝刊2020年3月1日付第5面）とあった。では「介護の社会化」とはいかなる概念で、日本の介護保険は、果たしてそれを実現できたのだろうか。

（ⅱ）原理と法体系

（a）原　理

　高齢者の介護の保障には、介護保険法に規定された内容と、老人福祉法に規定された内容がある。各法が有する原理は、以下のとおりである。

（ア）介護保険法の原理

　介護保険法は1条で「この法律は……［要介護者等］について、これらの者が尊厳を保持し、その有する能力に応じ自立した日常生活を営むことができるよう、必要な保健医療サービスおよび福祉サービスにかかる給付を行うため、国民の共同連帯の理念に基づき介護保険制度を設け……」と規定する。この意味、介護保険法はその原理に、国民の共同連帯を基礎に、その目的として高齢者の自立支援とそのための保健・医療・福祉サービスの給付を置いている。

　まず「国民の共同連帯」が、社会保険方式による介護保険制度創設を支える理念として規定される。「連帯」または「社会連帯」は社会保障を支える理念として位置づけられるが、法令用語として「共同連帯」の文言を使う法律は、実は少ない。この介護保険法の他、国民年金法、高齢者の医療の確保に関する法律などで「共同連帯」の文言が使用される。

　次に、高齢者の「自立支援」が挙げられる。ここでいう「自立」とは、介護が必要な状態になっても、介護サービスを利用しながら自分の持てる力（残存能力）を活用して自分の意思で主体的に生活をすることができることをいう（増田雅暢『逐条解説介護保険法〔2016改訂版〕』法研、2016年、66頁）。

　最後に、「必要な保健医療サービス及び福祉サービスに係る給付」が挙げられる。後述のとおり介護保険制度導入の背景には、利用手続や費用が異なっていた介護に関する保健医療サービスと福祉サービスを総合的・一体的に提供することがあった。従来、医療保険制度や老人保健制度（当時）の費用で行われてきた保健医療サービスや、老人福祉制度で行われていた福祉サービスを、介護保険法で一体的に給付する点が強調される（増田前掲 2016, 64-65頁）。

　なおこの目的を達するため、介護保険法2条では、要介護状態になっても可能な限り居宅において自立した生活を営むことができるよう配慮すべきものとされ、介護保険ではあくまで居宅での生活が優先される規定を置く。

（イ）老人福祉法の原理

　老人福祉法1条には「老人の福祉に関する原理を明らかにするとともに、老人に対し、その心身の健康の保持及び生活の安定のために必要な措置を講じ、もつて老人の福祉を図る」とある。ただこの1条では老人の福祉に関する原理

への言及はなく、むしろ「必要な措置」を明らかにする内容となっている（長沼建一郎「Ⅹ-2　高齢者福祉の巻」久塚純一・山田省三編『社会保障法解体新書〔第4版〕』法律文化社、2015年、183-184頁）。1条を受けての必要な措置として、老人福祉法では10条の4にホームヘルプや施設入所の措置内容が規定される。

（ウ）介護保険法導入の背景

　介護保険法導入の背景には、㋐高齢化の進行に伴う要介護高齢者の増大、㋑家族による介護機能の弱体化と介護負担の増大、㋒従来の高齢者福祉制度と高齢者医療制度の調整、の3つがある（一般財団法人厚生労働統計協会『国民の福祉と介護の動向　2021/2022』2021年、151-152頁）。ここでは㋑と㋒を説明する。

　㋑として、かつて在宅介護は家族により担われてきた。しかしながら、核家族化の進行による家族規模の縮小、高齢者とその子どもとの同居率の低下、高齢者夫婦のみ世帯や高齢者1人暮らし世帯の増加、女性の就労の増大などから、老親等の介護を家族が行うことは困難な状態である。また家族のみでの介護による、食事や排せつ等の介護の身体的負担やストレス等の精神的負担は、特に家庭内のケア役割を実質的に担う女性においていまだ大きい。このような家族にかかる過重な負担を軽減するための仕組みが必要とされてきた。

　㋒として介護保険法施行以前は、介護サービスは老人福祉法に基づき、市町村がサービス利用の可否やサービスの種類・内容・提供機関等を決定する「措置」制度により実施されてきた。そのため利用者にとっては、サービス内容や提供機関の選択ができない、手続きに時間がかかる、所得制限があるため利用に心理的抵抗感が伴う、利用負担が応能負担（所得に応じた負担）のため中高所得層にとっては重い負担となる等の問題があった。

　他方、高齢者医療分野では、1980年代頃から患者の多くが高齢者である老人病院と呼ばれる医療施設が増加してきた。福祉サービスの基盤整備が遅れてきた半面、医療機関の病床数が多いことや医療機関の方が利用者負担が少ないこと、福祉施設より医療機関に入院したほうが世間体がよいこと、このことが医療の必要性がなくなっても長期入院を続ける「社会的入院」の問題につながった。また医療施設は要介護高齢者の長期療養の場としては、居室面積が狭い、食堂・入浴施設がない、介護職員が少ない等、生活環境の面でも問題があった。

このように高齢者福祉と高齢者医療の2つの制度間で連携が図られていないことが課題となり、介護をめぐり両制度の再編が必要となった。

これらを踏まえ、介護保険制度は、㋐介護に対する社会的支援、㋑利用者本位とサービスの総合化、の2点を重視し制度設計された。㋐は、高齢期における不安要因のひとつである介護問題について社会全体で支えるという仕組みを構築するという点であり、家族等の介護者の負担軽減を図ることが意識された。これを「介護の社会化」という。

㋑は高齢者福祉と高齢者医療に分かれていた従来の制度を再編成し、要介護状態になっても利用者の選択に基づき、利用者の希望を尊重して、多様な事業主体から必要な介護サービスを総合的・一体的に受けられる制度が意識された。このような点を意識しつつ、「社会保険」方式の導入により、介護サービスを総合的・一体的に受けられる制度を目指したのが、介護保険法である。

（エ）介護保険法と老人福祉法の役割分担

前述のとおり2000年の介護保険法施行前は、介護サービスは老人福祉法に基づく「措置」により提供されていた。介護保険法施行後は、介護サービスの大半は、社会保険方式による制度に移行し、サービスを受ける際には、利用者と事業者・施設との間でサービス利用契約を結ぶことになる（これを「措置から契約へ」と呼ぶ）。なお老人福祉法は1963年に成立した法律であるが、この法律は廃止されたわけではなく、現在も例外的に措置は適用される。すなわち、「利用者側のやむをえない理由により介護保険制度の利用が著しく困難であると認めるとき」には介護保険とは別に措置で対応され（老福10条の4など）、養護老人ホーム（老福11条）など一定のサービスについては、そもそも措置で対応され介護保険には移行しない。

（b）法体系

あらためて整理すると高齢者の介護保障に関する法には、以下の2法律がある（図表1）。ここでは前者の介護保険法の概要を確認していく。

図表 1　高齢者の介護保障の法体系

	介護保険法	老人福祉法
①目的	国民の共同連帯、自立支援、必要な保健医療サービス及び福祉サービスにかかる給付、在宅優先	老人の福祉のための必要な措置
②対象者	第 1 号被保険者 第 2 号被保険者	高齢者（法律上の定義はないが、65歳以上の者を想定）
③財源	保険料／公費	公費

出典：筆者作成

2　介護保険法における介護の保障

　前述のとおり介護保険は、高齢者福祉と高齢者医療の 2 つの制度間連携のため作られた社会保険制度である。そのため、保険者、被保険者、保険事故等の、社会保険のキー概念を押さえる必要がある。

（ⅰ）保 険 者

　介護保険法 3 条は、「市町村及び特別区は、この法律の定めるところにより、介護保険を行う……」と規定する。介護保険の保険者は、市町村及び特別区である（以下、特別区を含め「市町村」という）。特別区とは東京23区のことであり、政令指定都市の行政区は該当しない。なお広域連合や一部事務組合等の地方自治法に基づく特別地方公共団体を、保険者とすることもできる。

　介護保険制度の創設の際、保険者を国・都道府県・市町村のどの行政単位に設定するかについては議論があった。保険におけるリスク分散の必要性から見ると、市町村ではその人口規模が十分でないことは明らかである。だが住民に最も身近な行政単位である市町村が、保健福祉を一元的かつ総合的に推進する観点を重視し、保険者が市町村に設定された（経緯については、増田雅暢『介護保険見直しの争点』法律文化社、2003年、95-96頁）。

　保険者である市町村は、被保険者の資格管理、保険料の設定と徴収、要介護

認定、保険給付、財政運営等に関する業務を担う。市町村の負担を考慮し、介護保険制度の運営に当たる市町村保険者の事務負担を軽減し重層的に支える仕組みが介護保険法では規定される（国及び地方公共団体の責務（介保5条）、医療保険者の協力（同6条））。

（ⅱ）被保険者・受給権者

（a）被保険者

介護保険法9条は、第1号被保険者と第2号被保険者の、年齢により異なる2つの被保険者を規定する（図表2参照）。なお医療保険と違い、被扶養者の扱いはない（→第Ⅱ部第3章6（ⅰ）（c）（ア））。すなわち、個人単位の保険適用であることに注意が必要である。

図表2　介護保険の被保険者

	第1号被保険者	第2号被保険者
定義	市町村の区域内に住所を有する65歳以上の者（介保9条1号）	市町村の区域内に住所を有する40歳以上65歳未満の医療保険加入者（介保9条2号）

出典：筆者作成

（ア）「住所を有する」と住所地特例

介護保険は、国民健康保険と同様、市町村が保険者である地域保険の形態をとるため、被保険者はその市町村の区域内に住所を有するということが要件である。そのため「住所を有する」とは、その市町村の住民基本台帳に記載されていることをいい、1年以上にわたり福祉施設に入所すると予想される場合、その者の住所は施設等の所在地となる。病院等に入院する者の住所は、医師の診断により1年以上の長期継続的な入院治療を要すると認められる場合を除き、家族の住所地となる（増田前掲2016, 104頁）。

ただし上記の考え方をとった場合、介護保険施設が多く存在する市町村では、施設入所の第1号被保険者が多くなり、介護保険給付額も大きくなる。すると、その市町村の介護保険料水準は高くなり、保険財政における市町村負担が重くなると予想される。このため介護保険法13条では、「住所地特例」として、他市町村からの施設入所者については、住民基本台帳上の取扱いとは異なり、元の市町村（施設入所前の市町村）の被保険者のままとする扱いをとる。

（イ）医療保険加入者

第 2 号被保険者は、市町村の住民のうち40歳以上65歳未満の医療保険加入者
である。ここでいう医療保険加入者とは、医療保険の被保険者とその被扶養者
をいう。この年齢層のすべての住民でなく、医療保険加入者に対象を限定して
いるのは、保険料の賦課・徴収を医療保険者が行うことにしていることによる
（介保150条）。したがって医療保険の非加入者（生活保護利用者等）は、被保険者
の対象とならない。これに対し、第 1 号被保険者には医療保険加入者という要
件はない。そのため生活保護の医療扶助利用者も、介護保険の第 1 号被保険者
になれる。その場合、介護保険料は生活保護の生活扶助から、介護保険を利用
した場合の一部自己負担は、介護扶助から支出される（→第Ⅱ部第 7 章 2 (xi)）。

（b）受給権者／保険事故

実際に介護保険の保険給付を受給できる資格を有する受給権者については、
第 1 号被保険者と第 2 号被保険者ではその要件が異なる（図表 3）。

図表 3　介護保険の受給権者

	第 1 号被保険者	第 2 号被保険者
受給権者	・要介護者（介保 7 条 3 項 1 号） ・要支援者（同 7 条 4 項 1 号）	老化に起因する特定疾病による要介護・要支援（同 7 条 3 項 2 号・ 7 条 4 項 2 号）

出典：筆者作成

（ア）要介護／要支援の概念

介護保険法における保険事故である「要介護状態」「要支援状態」は図表 4
のとおりである。第 1 号被保険者は、介護保険法 7 条の「要介護状態」または
「要支援状態」であることが介護保険の保険給付を受ける要件となり、その原
因は問わない。

図表4　介護保険の要介護・要支援状態

要介護状態 （介保7条1項）	身体上または精神上の障害のため、入浴・排泄・食事等の日常生活における基本動作の全部または一部につき、継続的に常時介護を要すると見込まれる状態
要支援状態 （同7条2項）	継続的に常時介護を要する状態の軽減もしくは悪化の防止に特に資する支援を要すると見込まれ、あるいは継続的に日常生活を営むのに支障があると見込まれる状態

出典：筆者作成

（イ）特定疾病による要介護・要支援

　第2号被保険者が介護保険における保険給付を受ける場合、老化に起因する特定疾病による要介護・要支援でなければならない（介保7条3項2号・7条4項2号）。介護保険法施行令2条では、次の16の疾病が規定される（図表5参照）。

図表5　介護保険法施行令2条における特定疾病の種類

①がん（医師が一般に認められている医学的知見に基づき回復の見込みがないと判断したものに限る。）、②関節リウマチ、③筋萎縮性側索硬化症、④後縦靭帯骨化症、⑤骨折を伴う骨粗鬆症、⑥初老期における認知症、⑦進行性核上性麻痺、大脳皮質基底核変性症およびパーキンソン病、⑧脊髄小脳変性症、⑨脊柱管狭窄症、⑩早老症、⑪多系統萎縮症、⑫糖尿病性神経障害、糖尿病性腎症および糖尿病性網膜症、⑬脳血管疾患、⑭閉塞性動脈硬化症、⑮慢性閉塞性肺疾患、⑯両側の膝関節または股関節に著しい変形を伴う変形性関節症

出典：筆者作成

　特定疾病に該当しなければ、介護保険による保険給付を受けることができないため、例えば交通事故により要介護状態になった場合、65歳以上の者であれば介護保険の給付を受けることができるが、40歳以上65歳未満の者は介護保険の給付を受けることはできない。

（ⅲ）要介護認定とケアプラン
（a）要介護認定・要支援認定
（ア）医療保険との違い

　前述のとおり介護保険を受けようとする者は、第1号被保険者は要介護・要

支援状態、第2号被保険者は老化に起因する特定疾病による要介護・要支援状態でなければならない（保険事故）。その場合、被保険者は保険給付を受けるにあたり、要介護・要支援状態に該当するかにつき、保険者による認定（要介護認定または要支援認定）を受ける。要介護または要支援の認定後、原則、介護支援専門員（ケアマネジャー）に介護サービス計画（ケアプラン）を作成してもらい、この計画に基づきサービスを利用する。

　サービス利用の前に「保険事故」に該当するかを「要介護認定」により判定するシステムは、医療保険と異なり介護保険特有のシステムである。また介護保険には、判定された要介護度に応じ保険給付限度額が設定される。

　当たり前だが、医療保険には受診の前に保険事故の状態を確認する「要医療認定」は存在しない。仮に治療の前に病気の重さを判定する手続があり、利用可能な予算枠が示され、ようやく治療計画が立てられる悠長なプロセスを経るならば、最悪、その患者が死に至る場合もあるからである（長沼建一郎『社会保険の基礎』弘文堂、2015年、81頁）。そのため医療保険制度においては、なにより保険事故に対する治療の緊急性が優先する。

　しかし介護という状態は、医療ほど心身の状態が短時間で急激に変化する訳ではないし、緊急性も医療と比較すれば低い。その意味で、介護が必要な度合いがまず測られ、その度合と保険でどのくらい介護サービスが利用できるかの予算枠が、直接結びつくシステムとなっている。

（イ）要介護・要支援認定のプロセス

　要介護・要支援認定のプロセスには、㋐申請、㋑訪問調査と一次判定、㋒介護認定審査会による二次判定、㋓認定結果の通知、がある（図表6）。

1）申請

　介護保険法27条1項及び32条1項は、被保険者から市町村への申請について定めている。申請は、申請書に被保険者証を添付して市町村に対し行う。

　申請は、被保険者本人に加え、家族・親族等、民生委員や成年後見人、地域包括支援センターが申請代行できる。なお、指定居宅介護支援事業者、介護保険施設は省令で定めるものに限り代行できる。

図表6　要介護認定のプロセスと保険給付

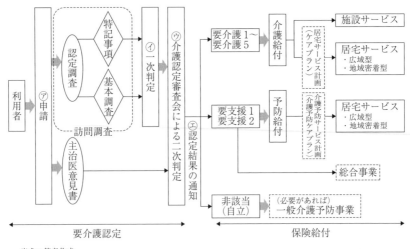

出典：筆者作成

2）訪問調査と一次判定

　申請を受けた市町村は、市町村職員を被保険者に面接させ、心身の状況や置かれている環境等の事項について調査する（介保27条2項・32条2項）。住所地特例等により遠隔地に住む被保険者については、他の市町村の職員に嘱託することができる。

　訪問調査では、全国共通の調査票に基づき調査を行い、その結果をコンピュータ処理することにより「一次判定」を行う。また市町村は、被保険者が認定申請書に記入した主治医に対し、主治医意見書の記載を求める（介保27条3項・32条2項）。

3）介護認定審査会による二次判定

　市町村は、一次判定の結果と特記事項（訪問調査の際に調査項目に関連し書き取った事項）、そして主治医の意見書を介護認定審査会に通知し、判定を求める（介保27条4項・32条3項）。

　介護認定審査会は、市町村が要介護認定に関する審査及び判定業務を公正かつ客観的に行うため設けられる専門的な第三者機関である（介保14条）。医療保

険では、保険給付である医療サービスの必要性判断は医師が行うが、介護保険では、保険給付の介護サービスの必要性判断を、医師のみならず、保健師、看護師、社会福祉士、介護福祉士等、保健・医療・福祉分野の専門家が合議体で関与する点が特徴的である（増田前掲 2016, 116頁）。

　介護認定審査会では、一次判定の結果に基づき認定調査の特記事項や主治医意見書の内容を踏まえ審査・判定を行う。その結果を市町村に通知する（介保27条5〜6項・32条4〜5項）。この介護認定審査会の判定を「二次判定」といい、これが最終的な判定結果となる。

　4）認定結果の通知

　判定結果の通知を受けた市町村は、その結果を被保険者に通知し（介保27条7項・9項、32条6項・8項）、その通知により当該認定は申請のあった日にさかのぼって効力を生じるものとされる（同27条8項・32条7項）。要介護・要支援区分は要支援1から要介護5までの7段階に分類されており（図表7。認定されなかった場合は「自立（非該当）」）、心身の状態像ではなく介護にどれだけ時間がかかるかというケアの必要量により決定される。さらに認定された介護度により居宅サービスの区分支給限度額（月額）が設定される。なお認定結果の通知は、原則として申請を受けてから30日以内に行わなければならない（同27条11項・32条9項）。認定には有効期間が定められているが、それ以降も要介護・要支援状態が継続する場合には、認定の更新を請求できる。

　（b）ケアプラン

　要支援・要介護認定の通知を受けた利用者は、①要支援者の場合は、地域包括支援センターに介護予防サービス計画の作成、②在宅の要介護者の場合は、指定居宅介護支援事業者に居宅サービス計画の作成、を依頼する。施設入所の場合は、③入所施設において施設サービス計画が作成される。これらのサービス計画のことを「ケアプラン」と呼んでいる。「ケアプラン」は、介護サービスの計画的な利用のために必要であり、介護保険制度では、後述の保険給付の現物給付要件のために、ケアプランを作成した上でサービス利用せねばならない。

図表7　要介護認定区分の状態像

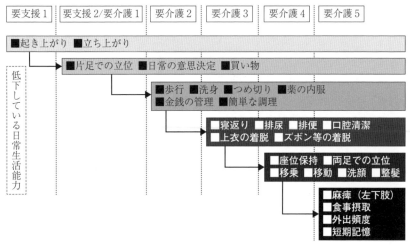

出典：厚生労働省老人保健課「要介護認定の仕組みと手順」

（ⅳ）保険給付

（a）保険給付の種類

　介護保険における保険給付には、大きく分けて「介護給付」「予防給付」「市町村特別給付」の３種類がある（介保18条、図表８）。「介護給付」と「予防給付」の具体的な給付内容は図表９のとおりであり、要支援者は、要介護者と比較して、施設サービスは利用できず介護予防サービスと介護予防地域密着型サービスも一部のみしか利用できない。

　また「市町村特別給付」として、市町村は、要介護者及び要支援者に対し、介護保険法で定められた介護給付・予防給付以外に、条例により独自の市町村特別給付を実施することができる（介保62条）。その財源は、第１号被保険者の保険料を用いる。市町村特別給付の例として、（紙）おむつの支給、移送サービス、寝具乾燥サービス、配食サービス、訪問理美容サービス等がある。

（b）保険給付の支給方式

　さきほどの「訪問介護」や「通所介護」等のサービスメニューは、法の支給方式に明記されているわけではない。介護保険法の保険給付の支給方式をみる

図表 8　介護保険の保険給付

介護給付	要介護者に対する保険給付（居宅サービス、居宅介護支援、地域密着型サービス、施設サービス、住宅改修）
予防給付	要支援者に対する保険給付（介護予防サービス、介護予防支援、地域密着型介護予防サービス、住宅改修）
市町村特別給付	市町村が独自で条例で定める保険給付

出典：筆者作成

図表 9　介護保険の給付内容

	介護給付	予防給付
都道府県知事・政令市・中核市が指定・監督を行うサービス	**居宅サービス** ①訪問介護 ②訪問入浴介護 ③訪問看護 ④訪問リハビリテーション ⑤居宅療養管理指導 ⑥通所介護 ⑦通所リハビリテーション ⑧短期入所生活介護 ⑨短期入所療養介護 ⑩特定施設特定施設入所者生活介護 ⑪福祉用具貸与 ⑫福祉用具販売 **居宅介護支援** **施設サービス** ①介護老人福祉施設（注1） ②介護老人保健施設 ③介護医療院 ④（介護療養型医療施設：注2）	**介護予防サービス** ①介護予防訪問入浴介護 ②介護予防訪問看護 ③介護予防訪問リハビリテーション ④介護予防居宅療養管理指導 ⑤介護予防通所リハビリテーション ⑥介護予防短期入所生活介護 ⑦介護予防短期入所療養介護 ⑧介護予防特定施設特定施設入所者生活介護 ⑨介護予防福祉用具貸与 ⑩特定介護予防福祉用具販売
市町村が指定・監督を行うサービス	**地域密着型サービス** ①定期巡回・随時対応型訪問介護看護 ②夜間対応型訪問看護 ③地域密着型通所介護 ④認知症対応型通所介護 ⑤小規模多機能型居宅介護 ⑥認知症対応型共同生活介護（グループホーム） ⑦地域密着型特定施設入居者生活介護 ⑧地域密着型介護老人福祉施設入所者生活介護（注1） ⑨看護小規模多機能型居宅介護	**介護予防支援** **地域密着型介護予防サービス** ①介護予防認知症対応型通所介護 ②介護予防小規模多機能型居宅介護 ③介護予防認知症対応型共同生活介護（グループホーム）
その他	**住宅改修**	**住宅改修**

注1）2015年度以降の新規入所者は、原則として要介護3以上の者。
注2）2024年3月までの移行期間の後、廃止予定。

出典：厚生労働省編『令和3年度版厚生労働白書』資料編233頁より筆者作成

と、すべて「〜費の支給」の文言で説明される。例えば介護保険法41条は「居宅介護サービス費の支給」である。この41条１項は、「市町村は、……要介護認定を受けた被保険者が居宅介護サービスを受けたとき……、居宅介護サービス費を支給する」と規定する。そして４項では「その額は90/100」とある。つまり法41条１項・４項は、保険給付の償還払い方式（要介護者等がサービス利用をしたときには、事業者や施設に対していったん費用を全額支払い、その後、保険者である市町村から費用の償還を受ける方式）を採用する（→第Ⅱ部第２章１（iv））。

　だが同条６項・７項では、国が定める職員配置や施設整備等の一定基準を満たすとして都道府県の指定を受けた事業者からサービスを受ける場合、現物給付方式（サービス利用時に、利用者は一定の利用者負担を支払うだけでサービスを利用できる仕組み）を利用できる旨が定められる。すなわち介護保険では民法上の代理受領方式（事業者・施設が利用者に代わり市町村から支払いを受ける方式）の考えが適用されており、法律上は償還払い方式をとるにもかかわらず、実際には現物給付方式でサービス提供される。

　この支給形式を、医療保険の「療養の給付」と比較してみるならば、医療保険の療養の給付が、法律上の原則において現物給付方式をとるのと対照的である。この点につき医療保険と異なり介護保険では、保険給付の範囲以上のサービスを利用したとしても、保険給付部分と合わせ利用できることを前提としているため、償還払い方式が採用されるという説明がある（増田前掲 2016, 156頁）。だが介護保険法の下では、市町村は保険給付として、○○サービス費といった形式で金銭給付を行う義務を負うが、被保険者に対し介護サービス提供義務そのものを負っているわけでないからこのような法形式を採用するとみる見解もある（久塚純一「介護保険をめぐる基本課題」日本社会保障法学会編『新・講座社会保障法第２巻　地域生活を支える社会福祉』法律文化社、2012年、第13章参照）。

　なお図表９の給付内容と「〜費の支給」の対応関係だが、介護給付の居宅サービスにある①訪問介護〜⑪福祉用具貸与を利用した場合、居宅介護サービス費の支給（介保41条）が適用される。また施設サービスを利用した場合、施設介護サービス費の支給（同48条）が適用される。ちなみにこれらサービスを利用した場合、例外的に「特例〜費」とされることもあるが、例えば緊急その他や

むを得ない理由で、要介護認定前に指定事業者や施設からサービスを受けた場合がこれに値する。

　なお先ほど述べた代理受領方式を用いるためには、当該事業者・施設が指定を受ける必要がある。そして事業者・施設の指定は、当該地域の介護サービス供給量及び質に直結するため、都道府県または市町村は、介護保険事業計画の達成に支障を生ずるおそれのある場合、指定拒否ができる（介保78条の2。このためその可否をめぐる裁判例に、夜間対応型訪問介護業者の指定拒否につき東京高判平24・11・22判自375号58頁、小規模多機能型居宅介護事業者の指定拒否につき名古屋高金沢支判平21・7・15裁判所ウェブサイト）。さらに介護保険はそのサービスにつき算定基準を用いて事業者に介護報酬を支払うが、その介護報酬における減額査定を争った事案も見られる（高松高判平16・6・24判タ1222号300頁）。

（ⅴ）財　　源

（a）費用負担の全体構成

　介護保険の給付費総額のうち、50％が公費（税金）、50％は保険料により賄われる。公費（税金）のうち、給付費総額の25％が国負担、12.5％が都道府県負担、同じく12.5％が市町村負担となる（介保121条・123条）。なお、施設等給付の場合には、20％が国負担、17.5％が都道府県負担、12.5％が市町村負担となる。保険料のうち、給付費総額の23％が第1号被保険者全体の保険料で、27％が第2号被保険者全体の保険料で賄われる（割合は2021〜2023年度。割合は各々の被保険者の構成割合で変化し、3年ごとに見直される）。

（b）第1号被保険者の保険料

（ア）保険料決定方法

　第1号被保険者の保険料は、所得段階別の定額である。市町村ごとに定める保険料率により算定される（介保129条2項）。保険料率は、市町村介護保険事業計画の3年間を単位とした計画期間ごとに、介護保険事業計画に定めるサービス費用見込み額等に基づき設定される（同129条3項）。

　所得段階は、介護保険法施行令38条により9段階に分かれる。また施行令39条により市町村は特別な場合には、各段階の細分化や、高所得者層を多段階化

することも可能である。

（イ）保険料徴収方法

第1号被保険者の保険料の徴収方法には、㋐特別徴収と㋑普通徴収がある。

㋐の特別徴収は、年額18万円以上の老齢（退職）・障害・遺族年金を受給していれば、当該年金から天引きにより徴収される方法である（介保131条）。これは、市町村保険者の保険料徴収義務の負担軽減と保険料徴収の確保を図るために導入された（増田前掲 2016，505頁）。

㋑の普通徴収は、老齢（退職）・障害・遺族年金が年額18万円未満の場合、市町村が保険料を被保険者から直接的に個別徴収する方法である（介保132条）。この場合、納付義務は第1号被保険者本人だが、第1号被保険者が属する世帯の世帯主及び配偶者が連帯納付義務を負う（同条2～3項）。

（ｃ）第2号被保険者の保険料

（ア）保険料決定方法

第2号被保険者の保険料は、国民健康保険や健康保険など、各医療保険者に割り当てられた介護給付費納付金の総額と第2号被保険者の見込数に基づいて算出される（介保151条）。具体的な保険料の算出方法は図表10のとおりである。

（イ）保険料徴収方法

第2号被保険者の保険料は、医療保険者が医療保険料とともに徴収し、社会保険診療報酬支払基金に納付金として納付する（介保150条）。その後、支払基金が各市町村保険者に対し交付する介護給付費交付金の財源となり、各市町村保険者の保険財政の安定のために活用される（同160条）。

図表10　第2号被保険者の保険料

・健康保険（注）：標準報酬×介護保険料率（協会健保の場合は1.64％：令和4年度）、労使折半。
・国民健康保険：所得割・均等割に按分、国庫負担あり。

（注）　第2号被保険者の40-64歳の被扶養者からは保険料は徴収されない。

　　出典：筆者作成

（d）保険料の滞納

（ア）第 1 号被保険者の保険料滞納

前述の保険料徴収方法では、第 1 号被保険者の普通徴収者に滞納の可能性がある。第 1 号被保険者が、特別な事情がないにもかかわらず保険料を滞納している場合（1 年間、介保則99条）、被保険者証に「支払方法変更の記載」がされる（介保66条 1 項）。これにより通常の保険給付規定の適用が排除され、要介護被保険者は介護サービスの利用料を事業者に全額支払った後、領収書を添付し市町村に償還請求する方法（償還払い方式）をとる。

また市町村は保険料を滞納している要介護者に対する保険給付の全部または一部の支払いを差し止めることもできる（1 年 6 か月滞納の場合、介保67条 1 ～ 2 項）。さらに市町村は、支払方法変更の記載を受け、かつ保険給付の一時差止めを受けている要介護被保険者がなお保険料の滞納を続ける場合、当該差止めにかかわる保険給付の額から当該滞納額を控除できる（同67条 3 項）。

また市町村は、要介護認定や更新認定をしたとき、要介護被保険者の保険料徴収権が時効により消滅している期間があった場合には、被保険者証に「給付額減額等の記載」を行う（介保69条 1 項）。この記載を受けた要介護被保険者の保険給付は、保険料徴収権の消滅した期間に応じ、その給付割合が 9 割から 7 割に引き下げられる（同69条 3 項）。

（イ）第 2 号被保険者の保険料滞納

第 2 号被保険者についても、要介護被保険者が特別な事情がないにもかかわらず保険料を滞納しており、所定の期間が経過するまでの間に当該保険料を納付しない場合には、被保険者証に「支払い方法の変更」及び「保険給付差止の記載」をすることができる（介保68条 1 項）。この「保険給付差止の記載」を受けた要介護被保険者については、保険給付の全部または一部の支払いが、市町村によって差し止められる（同68条 4 項）。

（e）利用者負担

利用者負担としては、各サービスに設定された介護報酬に基づき、その費用の 1 割を自己負担する。ただし2014年改正（2015年 8 月施行）では、合計所得金額160万円以上の者については、自己負担は 2 割となった（ただし合計所得金額

が160万円以上であっても、年金収入とその他の合計所得の金額が、単身で280万円未満、2人以上世帯で346万円未満の場合は、利用者負担は1割となる）。さらに2017（平成29）年改正（施行は2018（平成30）年4月）では合計所得金額220万円以上の者について、自己負担が3割になった。なお、介護サービス計画（ケアプラン）作成にあたっては、利用者負担は今のところ不要である。

　原則、定率1割の利用者負担が著しく高額の負担とならないように、月額の負担上限額を定めた高額介護（介護予防）サービス費の規定がある（介保51条）。高額介護サービス費における1か月の利用者負担上限額は、所得区分に応じて、世帯単位または個人単位で設定されている。

　介護保険でなぜ利用者負担が必要なのかだが、そもそも介護保険は要介護度による予算枠があるため、利用者負担を設けなくても使いすぎる危険性はそれほど大きくない。だが介護は医療と異なり、必要性という観点からは「多ければ多いほどよい」という性格が強いため、利用限度の範囲内とはいえ歯止めをかけておく必要性として設けられているとの説がある（長沼前掲 2015, 89頁）。

（ⅵ）不服申立て

　被保険者は、保険者が行った行政処分に不服がある場合には、都道府県の介護保険審査会に審査請求することができる（介保183条）。審査請求の対象となる処分は①保険給付に関する処分（要介護・要支援認定に関する処分、被保険者証の交付の請求に関する処分、給付制限に関する処分など）、②保険料その他徴収金に関する処分（保険料の賦課徴収に関する処分、不正利得に関する徴収金の賦課徴収、保険料等の徴収金にかかる滞納処分等）である。なお、介護サービス計画（ケアプラン）にかかる不服は、この計画が基本的に当事者の同意に基づいて決定されるものであることから、この手続によることはできない（菊池馨実『社会保障法〔第2版〕』有斐閣、2018年、492頁）。

　介護保険審査会委員は、被保険者代表（3名）、市町村代表（3名）、公益代表（3名以上）からなる。処分取消しの訴えは、その処分についての審査請求を経た上でなければ提起することができない（審査請求前置主義、介保196条）。

　なお、介護サービス内容や事業者・施設等に対する被保険者の苦情解決は、

介護報酬の審査支払いに当たる国民健康保険団体連合会が行う。連合会は、サービスに関する苦情対応を含め事業者に対する必要な指導と助言を行うこととなっている（介保176条1項）。

（ⅶ）地域支援事業と地域包括ケアシステム

　地域支援事業は、被保険者が要介護や要支援状態になることを予防するとともに、要介護状態になった場合でも、できる限り地域において自立した日常生活を営むことができるよう支援する事業であり、市町村が実施する（介保115条の45）。地域支援事業には、①介護予防・日常生活支援総合事業（以下「総合事業」という）、②包括的支援事業、③任意事業の3つがある。ここでは特に①と②について説明する。

　①の総合事業は、要支援者と虚弱高齢者に対して、介護予防・生活支援サービス事業（訪問型サービス、通所型サービス、配食等の生活サービス）を総合的に提供できる事業である。市町村の主体性を重視し、ボランティアや地域団体等の多様な社会資源を活用しつつ行うこととされる。例えば、要支援者向けのホームヘルプサービスに対して、従来までのホームヘルパーによる訪問介護の他、住民主体の支援によるホームヘルプサービスも想定されている。介護の専門家でない者のサービス提供が予定されており、これを「共助」の拡大として積極的に捉える意見と、消極的に捉える意見の双方がある。

　②の包括的支援事業は、介護予防ケアマネジメント業務（要支援者に対する予防給付が効果的になされるよう適切なケアマネジメント業務を行う）、総合相談支援業務（住民からの総合相談）、権利擁護業務（成年後見制度の活用促進、高齢者虐待への対応、消費者被害防止）、包括的・継続的ケアマネジメント支援業務（支援困難事例に対応する地域のケアマネジャーへの助言、地域のケアマネジャーのネットワークづくり）を行う。これらを主に行うのは、地域包括支援センターである。地域包括支援センターには、原則として保健師、社会福祉士、主任ケアマネジャーの3職種が配置される。

　なお政策的には2025年（団塊の世代が後期高齢者に到達する年）を目途に、高齢者が可能な限り住み慣れた地域で、自分らしい暮らしを人生の最期まで続ける

ことができるよう、地域の包括的な支援・サービスを総合的に提供する体制（地域包括ケアシステム）の構築を推進している。

3　障害者の介護保障の原理と法体系

（ⅰ）はじめに

「障害者給付打ち切り「違法」高裁支部　岡山市の控訴棄却」（朝日新聞朝刊2018年12月14日付岡山県版第27面）の新聞報道があった。65歳を境に障害者自立支援法（現・障害者総合支援法）に基づく訪問介護サービスを打ち切られ、介護保険に移行して自己負担が発生するのは不当だとして原告が訴えた裁判だ。この判決からもわかるとおり、介護保険と障害福祉における介護保障の役割分担には難しい課題があり、特に障害者が高齢になった場合、65歳以降の制度への移行をめぐりこのように裁判で争う事例も出ている。では障害者への介護はいかなる形でなされてきたのであろうか。学修していこう。

（ⅱ）原理と法体系

（a）原　理

障害者施策の基本的理念や施策の基本となる事項を定める法律として、障害者基本法がある。そして障害者の介護保障として、当該サービス給付を定めた法律である障害者の日常生活及び社会生活を総合的に支援するための法律（以下、「障害者総合支援法」という）がある。これら2つの法の原理について述べていく。

（ア）障害者基本法の原理

障害者基本法は1条で個人の尊厳の理念にのっとり共生社会を実現するため、障害者の自立及び社会参加支援等のための施策を総合的かつ計画的に推進することを目的とする。また2条1項では、障害者の定義を「身体障害、知的障害、精神障害（発達障害を含む。）その他の心身の機能の障害（以下「障害」と総称する。）がある者であって、障害及び社会的障壁により継続的に日常生活又は社会生活に相当な制限を受ける状態にあるもの」とし、いわゆる社会モデル

に基づく障害者の定義を採用する。

　社会モデルとは、障害を基本的に社会によって作られた問題とみなし、主として社会環境の改革や改善により問題解決を図ろうとする考え方である。2001年の世界保健機関（WHO）の国際生活機能分類（ICF）がこの考え方をとり、この考え方は2006年に採択された国連の障害者権利条約や、障害者基本法そして障害者総合支援法における障害者の定義にも大きな影響を与えている。

　（イ）障害者総合支援法の原理

　障害者総合支援法は、1条で障害者基本法の基本的な理念にのっとり、身体障害者福祉法などの既存の障害福祉関係各法とあいまって、障害者・児（以下「障害者等」という）が基本的人権を享有する個人としての尊厳にふさわしい日常生活または社会生活を営むことができるよう、必要な障害福祉サービスにかかる給付、地域生活支援事業その他の支援を総合的に行い、もって障害者等の福祉の増進を図るとともに、障害の有無にかかわらず国民が相互に人格と個性を尊重し安心して暮らすことのできる地域社会の実現に寄与することを目的とする。これは、この法律に基づく支援を総合的に行うことにより、障害の有無にかかわらず、誰もが安心して暮らせる社会の実現を目指すという方向性を規定したものである（障害者福祉研究会『逐条解説障害者総合支援法〔第2版〕』中央法規、2019年、25頁）。

　障害者総合支援法の内容は、①福祉だけでなく医療等も対象とした自立支援給付の実施、②地方公共団体による地域生活支援事業の実施、③国・都道府県・市町村による障害福祉計画の策定等を柱とする。

　（ウ）障害者総合支援法までの変遷

　もともと障害者等への福祉サービスは、戦後制定された児童福祉法及び身体障害者福祉法等により措置で行われてきた。だがいわゆる社会福祉基礎構造改革により、2003年に支援費制度が導入され、障害者に対する福祉サービスの提供方法は措置から契約へと大きく転換した。そして支援費制度時代には、サービスの急激な増加と財政上の問題、サービスの地域格差、就労支援の進んでいない現状等の数々の問題が指摘されたのである（障害者福祉研究会前掲 2019，4頁）。

　これを受け、2005年には障害者自立支援法が制定された。この法律によりこれまで身体障害者福祉法等の障害福祉各法から個別提供されていた障害福祉サービスが、自立支援給付として一元化された。だが利用者負担が応能負担から応益負担へ変更されたことにより、低所得者や重度障害者にとって、支援費制度と比べサービス利用時の費用負担が増加するという問題が発生し、2008年には障害者自立支援法の違憲を争う訴訟が全国で提起された。

　これらの訴訟は、2010年1月、民主党政権（当時）と原告団の間で障害者自立支援法の廃止を前提としての和解が成立し終結した。そして和解の基本合意文書では、遅くとも2013年8月までに障害者自立支援法を廃止し、新たな総合的な福祉法制を実施することが約束された。

　これを踏まえ制定されたのが障害者総合支援法である。障害者総合支援法では基本理念の規定の追加や障害者の範囲の拡大等がなされたものの、その内容は障害者自立支援法の一部改正でしかないとの批判もあり、多くの課題が残されたままであると指摘される。

（b）法体系

　障害者施策に関する法には、先程の2法律の他、数多くの法律がある（図表11）。ここでは②の障害者総合支援法について詳しく見ていく。

図表11　障害者政策に関する法の法体系

制度の分類	主な法律名
①障害者施策の基本事項を定めたもの	障害者基本法
②障害者のサービス給付形式を定めたもの	障害者総合支援法
③障害の類型及び年齢に応じた個別の施策を定めたもの	身体障害者福祉法、知的障害者福祉法、精神保健及び精神障害者福祉に関する法律（精神保健福祉法）、児童福祉法、発達障害者支援法
④障害者の虐待対応を定めたもの	障害者虐待の防止、障害者の養護者に対する支援等に関する法律（障害者虐待防止法）
⑤障害者の差別の禁止を定めたもの	障害を理由とする差別の解消の推進に関する法律（障害者差別解消法）
⑥障害者の雇用について定めたもの	障害者雇用促進法

出典：筆者作成

4　障害者総合支援法におけるサービスの保障

（ⅰ）対 象 者

　障害者総合支援法の対象となる「障害者」は、身体障害者福祉法が規定する身体障害者、知的障害者福祉法にいう知的障害者のうち18歳以上の者、精神保健福祉法が規定する精神障害者（発達障害者を含み、知的障害者を除く）のうち18歳以上の者及び一定の障害を有する難病患者等のうちの18歳以上の者である（障害総合支援 4 条 1 項）。また同法の対象となる「障害児」とは、児童福祉法に規定する障害児をいう（同 4 条 2 項）。

（ⅱ）市町村等の責務

　障害者総合支援法 2 条では、これらの障害者等に対するサービス提供等は、原則として市町村（特別区を含む）が一元的に実施し、都道府県がそれをサポートする。

（ⅲ）サービス体系

（ａ）概　要

　障害者総合支援法によるサービス体系は、大きく「自立支援給付」「地域生活支援事業」に分かれる。具体的内容は、図表12のとおりである。

（ｂ）自立支援給付

（ア）概要

　自立支援給付は、障害の種別や在宅・施設の区別にとらわれずに、障害者等に共通するサービスをその機能に着目して再編し、それに対応する給付を行うことにより、障害者等が自立した日常生活または社会生活を送ることを支援しようとするものである。生活面だけなく就労面の支援も含む広範な福祉関係の給付に加え、相談支援や医療、補装具までも給付の対象としている点が特徴的である（本沢巳代子・新田秀樹編著『トピック社会保障法〔第15版〕』信山社、2021年、194頁）。具体的な給付の種類と内容は図表13のとおりである。

図表12　障害者総合支援法におけるサービス体系

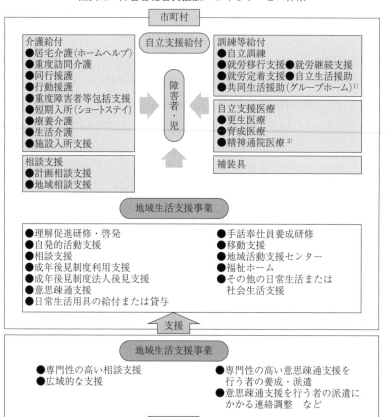

注：1）従来のケアホームはグループホームに一元化。
　　2）実施主体は都道府県など。
（全国社会福祉協議会：障害者福祉サービスの利用について　2018年4月版。p.3.2018
　よる。一部改変）

　出典：福田素生他『社会保障・社会福祉』医学書院、2022年、180頁

図表13　自立支援給付の概要

	サービス	内容
介護給付	①居宅介護（ホームヘルプ）	自宅で、入浴、排せつ、食事の介護等を行う。
	②重度訪問介護	重度の障害のため常に介護を必要とする人に、自宅や病院などで、入浴、排せつ、食事の介護、外出時における移動支援などを総合的に行う。
	③同行援護	重度視覚障害者の外出時に同行し、移動を支援する。
	④行動援護	自己判断能力が制限されている人が行動するときに、危険を回避するために必要な支援や外出支援を行う。
	⑤重度障害者等包括支援	介護の必要性が非常に高い人に、居宅介護等複数のサービスを包括的に行う。
	⑥短期入所（ショートステイ）	自宅で介護する人が病気の場合などに、短時間、夜間も含め施設で、入浴、排せつ、食事の介護等を行うもの。
	⑦療養介護	医療と常時介護を必要とする人に、医療機関で機能訓練、療養上の管理、看護、介護および日常生活の世話を行うもの。
	⑧生活介護	常に介護を必要とする人に、昼間、入浴、排せつ、食事の介護等を行うとともに、創作的活動または生活活動の機会を提供する。
	⑨施設入所支援	施設に入所する人に、夜間や休日、入浴、排せつ、食事の介助等を行う。
訓練等給付	⑩自立訓練	自立した日常生活または社会生活ができるよう、一定期間、身体機能または生活能力の向上のために必要な訓練を行う。
	⑪就労移行支援	一般企業等への就労を希望する人に、一定期間、就労に必要な知識及び能力の向上のために必要な訓練を行う。
	⑫就労継続支援（A型＝雇用型、B型＝非雇用型）	一般企業等での就労が困難な人に、働く場を提供するとともに、知識及び能力の向上のために必要な支援を行う。
	⑬就労定着支援	一般企業等に就労した障害者に、一定期間、企業や関係機関等との連絡調整その他の、生活課題を解決して就労継続を図るために必要な支援を行う。
	⑭自立生活援助	施設やグループホームから地域へのひとり暮らしに移行した障害者に、一定期間、定期的な巡回訪問や随時の対応により、必要な情報提供や助言などの、地域生活を支援するための援助を行う。
	⑮共同生活援助（グループホーム）	夜間や休日、共同生活を行う住居で、相談や入浴・排せつ・食事の介護等を行う。
相談支援	⑯計画相談支援	サービス利用支援（障害福祉サービス等を申請する障害者等のサービス等利用計画案を作成し、支給決定後、サービス事業者等との関係者との連絡調整を行うとともに、サービス等利用計画を作成する）、または継続サービス利用支援（支給決定後の定期的なサービス等利用計画の見直し〔モニタリング〕）を行う。
	⑰地域相談支援	地域移行支援（施設入所障害者等に対し地域生活に移行するための活動に関する相談等を行う）または地域定着支援（一定の在宅障害者との連宅体制を確保して緊急事態における相談等を行う）を行う。
⑱自立支援医療		身体障害者福祉法の更生医療、児童福祉法の育成医療、精神保健福祉法の精神通院医療を再編統合したもの。
⑲補装具		障害者等の身体機能を補完・代替し、かつ長期間継続使用されるものをいう。

出典：厚生労働省編『令和3年度版厚生労働白書』資料編221頁を修正追加

（イ）給付の支給方式

　介護保険法の保険給付と同じく、障害者総合支援法の給付もすべて「～費の支給」の文言で説明される。例えば障害者総合支援法29条は「介護給付費又は訓練等給付費」とあり、1項では「市町村は、支給決定障害者等が指定障害福祉サービスを受けたとき、介護給付費又は訓練等給付費を支給する。」とある。また3項では「その額はサービスの利用に要した費用から原則応能負担（ただし1割負担の方が負担額が少なくなる場合は1割負担）を引いた額」とされている（2010年法改正以降）。

　この意味、障害者総合支援法も法律上の原則は給付の償還払い方式をとるが、同条4項・5項では、国が定める職員配置や施設設備等の一定基準を満たすとして都道府県の指定を受けた事業所や施設からサービスを受ける場合、介護保険と同じく、実際には現物給付方式でサービス提供される（→第Ⅱ部第2章1（ⅳ））。

　自立支援給付の「～費の支給」の種類には、㋐介護給付費（図表13の介護給付の①－⑨に対応、障害総合支援28条1項）、㋑訓練等給付費（図表13の訓練等給付の⑩－⑮に対応、同28条2項）、㋒特定障害者特別給付費（低所得の障害者が施設入所支援や共同生活援助等の施設・住居系サービスを利用した場合の食費や居住費・滞在費等の負担軽減を図るための給付、同34条）、㋓計画相談支援給付費（図表13の相談支援の⑯に対応、同51条の17）、㋔地域相談支援給付費（図表13の相談支援の⑰に対応、同51条の14）、㋕自立支援医療費（図表13の⑱に対応、同52条）、㋖療養介護医療費（同70条）、㋗基準該当療養介護医療費（同71条）、㋘補装具（図表13の⑲に対応、同76条）がある。

　なお㋐と㋑等はそれぞれ「特例～費」とされることもあるが、緊急その他やむを得ない理由により、支給決定前に指定事業者・施設からのサービスを受けた場合「特例～費」の規定が適用される。

（Ｃ）自立支援給付の支給決定プロセス

（ア）給付手続

　自立支援給付のうちの中心的な給付である介護給付費や訓練等給付費の支給を受けるためには、まず市町村による介護給付費等の支給決定を受けなければ

図表14　障害支援区分の認定手続き

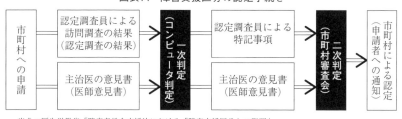

出典：厚生労働省「障害者総合支援法における「障害支援区分」の概要」

ならない（障害総合支援19条 1 項）。支給決定までの具体的プロセスとして、1 ）
申請、2 ）調査と一次判定、3 ）市町村審査会による二次判定と障害支援区分
の認定、4 ）勘案事項調査と支給決定、に分け説明していく（図表14）。

　1 ）申請

　障害者総合支援法20条 1 項では、サービスの利用にあたり、介護給付費等の
支給を希望する障害者または障害者の保護者は、市町村に対し支給申請を行
う。

　2 ）調査と一次判定

　申請を受けた市町村は、市町村職員を障害者等または障害児の保護者に面接
させ、心身の状況や置かれている環境等の事項について調査する（障害総合支
援20条 2 項）。障害者が介護給付費または共同生活援助にかかる訓練等給付費の
受給を申請した場合、市町村は、障害支援区分の認定手続を行わなければなら
ない。なお調査では、全国共通の調査票に基づき調査を行い、その結果をコン
ピュータ処理することにより「一次判定」を行う。

　3 ）市町村審査会による二次判定と障害支援区分の認定

　一次判定の結果及び主治医の意見を踏まえ、有識者からなる「介護給付費等
の支給に関する審査会」（以下、「市町村審査会」とする）が二次判定を行う（障害
総合支援施行令10条）。

　市町村は判定の結果に基づいて、当該申請にかかる障害者の障害支援区分の
認定を行う（障害総合支援21条）。障害支援区分は、障害者の障害の多様な特性
その他の心身の状態に応じて必要とされる標準的な支援の度合いを総合的に示

すものである。その判定の基準は厚生労働省令が定めており、区分1から区分6の6段階に分類される。

　4）勘案事項調査と支給決定

　その上で市町村は、障害支援区分、介護者の状況、サービスの利用に関する申請者の意向、その他厚生労働省令で定める事項を勘案し、また必要があれば市町村審査会の意見を聴いた上で、介護給付費等の要否を決定する（障害総合支援22条1〜2項）。

　支給決定を行った市町村は、利用者ごとに、障害福祉サービスの種類ごとに厚生労働省令で定める支給期間（1か月間）において介護給付費等の支給対象となる障害福祉サービスの量（サービス支給量）も定める。

　この点につき介護サービスの支給量（時間数）決定により介護サービス利用時間が不当に減らされたかどうかが争われ、決定が一部取り消された裁判例がある（和歌山石田訴訟：和歌山地判平22・12・17賃社1537号20頁、大阪高判平23・12・14賃社1559号21頁）。この裁判例では和歌山地裁では一定幅の介護サービス支給量を、大阪高裁では一定量以上の介護サービス支給量を行政庁に義務付けた点が特徴である。

（イ）サービス等利用計画

　介護保険法で必須となっているケアマネジメントは、障害者自立支援法制定当初、長期入院・入所などにより自らサービスのマネジメントを行うことが困難な重度障害者等に限定され、計画の作成も市町村の支給決定後とされていた。だが2012年改正から、市町村が介護給付費の支給要否決定を行うにあたって必要と認められる場合には、申請にかかる障害者等または障害児の保護者に対し、指定特定相談事業所が作成するサービス等利用計画案の提出を求め、その提出があった場合には、当該計画案を勘案して支給要否決定を行うこととした（障害総合支援22条4〜6項。希望する場合には自ら計画書案を作成することもできる［セルフプラン］。障害総合支援施行規則12条の4）。介護保険と異なり事前に計画書案の提出を求められる点が特徴である。

（d）支給方式と支給プロセス──介護保険との違い

　障害者総合支援法による支給方式は、原則償還払いだが代理受領により現物

給付化されているという点を見れば、介護保険と極めて類似する。だが支給プロセスにおいて、介護保険の場合、要介護度に応じて一律にサービス利用上限が定められるのに対し、障害者総合支援法の場合、支給の要否決定にあたり障害支援区分だけでなく介護者の状況や利用者の意向等も考慮され、サービス支給量も個別に決定される点で違いがある（本沢・新田前掲 2021，198頁）。さらに介護保険では、サービスが仮に不足していても介護保険給付の受給権だけは確保されるのに対し、障害者総合支援法では一定の行政裁量が認められる（笠木栄里他『社会保障法』有斐閣、2018年、323頁）。また介護保険の場合、受給資格を得るためには要介護認定のみで足りるのに対し、自立支援給付においては障害支援区分に加え支給決定という 2 段階の認定判断（行政処分）を経なければならない点が異なる（菊池前掲 2018，509頁）。

（e）地域生活支援事業

　前述した自立支援給付が、障害者個人へのサービスであるのに対し、地域生活支援事業は市町村が整備しておき、必要に応じ障害者本人・家族・集団に対して提供される。地域生活支援事業は、個人が単独で利用することもあれば、グループでの外出、講演会の手話通訳など集団での利用もある。具体的な内容は、図表12及び13を参照頂きたい。

　なお自立支援給付と地域生活支援事業において相談支援が位置づけられているが、このような相談支援の事業化は、介護保険法における居宅介護支援（介保 8 条24項）、生活困窮者自立支援法による相談支援事業（生活困窮支援 4 条）と並び、これまで法律の枠組みで必ずしも明確に位置づけを与えられてこなかったソーシャルワークの法定化という点で重要な意義を有する（菊池前掲 2018，514頁）。ただ相談支援事業の実施においては、実施市町村により実施の程度の差があることが多く、障害者個人へのサービス（個別給付）と比較して権利性が確立されているのかというと疑問が残る。

（iv）財　　源

（a）費用負担の全体構成

　障害者総合支援法の給付費は、利用者負担を除き公費（税金）により賄われ、

市町村・都道府県・国が法の規定に基づいて分担する。

（b）費用の負担割合

　自立支援給付にかかる負担割合であるが、都道府県が支給する自立支援給付費（具体的には精神通院医療）は、国1／2・都道府県1／2の割合で、それ以外の自立支援給付については国1／2・都道府県1／4・市町村1／4の割合で負担する（障害総合支援92～95条）。

　他方、地域生活支援事業及び審査判定に必要な事務費用は、国及び都道府県の補助規定となる。具体的には市町村が行う地域生活支援事業は、市町村が支弁した費用について、国1／2以内と都道府県1／4以内の補助がある（障害総合支援94条2項・95条2項2号）。そして都道府県が行う地域生活支援事業は、都道府県が支弁した費用について、国1／2以内で補助がある。審査判定業務は、事務処理費用について国1／2以内でそれぞれ補助する（同95条2項1号）。なお補助がなされるかどうかは任意で、かつ法定の割合が上限となる。この意味で事業水準の確保には、実施主体である地方公共団体の積極的な取組みが必要である。

（c）利用者負担

　障害者総合支援法に基づくサービスを利用すると、利用したサービスに要する費用の一部を利用者が負担する。その際、「家計の負担能力その他の事情を斟酌して政令で定める額」が負担上限月額として決められており、利用者が利用したサービスの総額が負担上限月額を上回っても、その負担は負担上限月額にとどまる。なお、負担上限月額よりもサービスに要する費用の1割相当額の方が低い場合は、サービスに要する費用の1割の額を負担する。

（ⅴ）不服申立て

　障害者総合支援法97条は、介護給付費等にかかる処分に不服がある場合、障害者または障害児の保護者は、都道府県知事に対して審査請求をすることができると定める。審査請求の対象となる処分は、①障害認定区分に関する処分、②支給決定にかかる処分、③利用者負担にかかる処分、④地域相談支援給付決定にかかる処分である。なお都道府県知事は、介護給付費等または地域相談支

援給付費等にかかる処分に関する審査請求の審理を公正かつ適正に行うため、障害者等の保健または福祉に関する学識経験を有する者で構成する不服審査会を置くことができる（同98条）。介護保険法では介護保険審査会が審査を行うが、障害者総合支援法では地方分権の趣旨を踏まえ、どのような体制で不服申立ての審査を行うかについては最終的に都道府県の判断とし、不服審査会の設置については法律上任意である（障害者福祉研究会前掲 2019，282頁）。

　なお処分取消しの訴えは、その処分についての審査請求を経た上でなければ提起することができない（審査請求前置主義、障害総合支援105条）。

5　介護の保障に関する法の課題

　介護の保障に関する法の課題として、高齢福祉（介護保険）と障害福祉（障害者総合支援法）の関係について課題を確認しておく。

　この間、医療や介護の枠を超えた「地域共生社会」に向けた取組みの一環として、高齢者や障害者等がともに利用できる「共生型サービス」を創設するとの観点から、2017年改正により、共生型居宅サービス事業者等にかかる特例が設けられた。これにより介護保険または障害福祉のいずれかの指定を受けている事業所が、他方の制度における指定を受けやすくなることが期待される（介保72条の2、児福21条の5の17、障害総合支援41条の2）。

　確かに共生型サービスにより、高齢・障害を通じたロングターム・ケアに対応しやすくなった側面はあるかもしれない。だがサービスの総合化により利用者（特に障害分野）で長年培われてきたエンパワメントの後退や、縦割りの福祉サービスが本来重視してきたはずの福祉サービス利用者の特性の否定にすらつながる点も危惧される（岩田正美『社会福祉のトポス』有斐閣、2016年、61-62頁）。

　高齢福祉と障害福祉の調整という点を考える際の非常に難しい問題を象徴的に表した出来事が、本章3の冒頭で述べた浅田訴訟と呼ばれる裁判例である。この裁判では、65歳を境に障害者自立支援法に基づく訪問介護サービスから介護保険への移行を拒否した障害者に対し、市側が当該障害福祉サービスを不支給処分とした。そして当該サービスを打ち切られ、やむを得ず介護保険に移行

したがサービス利用に伴う自己負担が生じたのは不当であるとして提訴された
のである。

　ここで問題になるのは、障害者総合支援法7条における他の法令による給付
等との調整規定であり、「自立支援給付は、当該障害の状態につき、介護保険
法……の規定による介護給付、……のうち自立支援給付に相当するものを受
け、又は利用することができるときは……国又は地方公共団体の負担において
自立支援給付に相当するものが行われたときはその限度において、行わない。」
と規定されているため、これが介護保険優先原則と解されるのかどうかが焦点
となった。

　控訴審である広島高岡山支判平30・12・13賃社1726号8頁は、法7条は「自
立支援給付と介護保険給付等の二重給付を回避するための規定であって」と述
べ、介護保険への申請を強要するという意味での優先原則でない点が明確にさ
れた。その上で「介護保険給付を利用可能な障害者が、その申請をしない場合
に、自立支援法7条に基づき、自立支援給付の不支給決定をすることは、羈束
処分とはいえず、裁量処分と解するのが相当である」として、社会観念審査を
用いて裁量権の逸脱・濫用の判断を行い、当該不支給処分を違法とした。

　浅田訴訟に見られる障害福祉サービスの安易な打ち切りは、障害者の生命の
維持に直結する。加えて本章でも確認したとおり、介護保険と障害福祉は、そ
の目的、制度概念の構成がかなり異なる部分もある。この点を慎重に判断しな
がら、介護保険と障害福祉の関係についてさらに議論が深められるべきであ
る。

第 **6** 章

子育ての保障

この章で学ぶこと

　本章では、子育て支援の法制度として、保育制度を中心とする子ども・子育て支援新制度、同制度で「教育・保育給付」に組み合わせる「現金給付」として位置づけられる児童手当、そのほか、児童手当以外の児童に関する各種手当について取り上げる。

　「子育ち」という視点だと、社会的養育も含めて論じることになるが、ここでは、子育ちの原点となる家庭で保護者が行う「子育て」の支援に焦点を絞る。

　少子化なのに待機児童問題は解決しない、また、モノが溢れる時代なのに子どもの貧困率は低下しない。そのような現状において、子育て支援はどのように機能しているのだろうか。

1　子育て保障の原理と法体系

（i）原　　理

（a）子育て保障の枠組み

　共働き世帯は年々増加し、いまや、いわゆる専業主婦世帯の約2倍に上る。保育のニーズは年々高まり、都市部を中心に待機児童が発生しており、保育所の利用定員を増やしてもなかなか解消されない。他方で、保育所の維持が難しいほど子どもが減っている地方もある。また、保育は必要だけど幼児教育も気になる。それら様々な課題やニーズに応えようとしたのが、2015（平成27）年4月にスタートした「子ども・子育て支援新制度」である。幼児教育も含め、保育制度をはじめとした従前からあった子育て支援制度をひとつの大きな枠組みに再編成した。

　市町村には、保育所における保育実施義務やその他の保育サービスの整備義

務が課され、その枠組みの中で保育サービスが提供される。また、保育制度だけでなく、幼児教育のニーズに対応する認定こども園、また学校教育制度である幼稚園を、子ども・子育て支援新制度として、共通の給付の仕組みの中に包含している。

さらに同じ財政基盤には、「子どものための現金給付」として、社会手当である児童手当が組み込まれている。ただ、児童手当だけでは、子育てのコストをカバーできるほどの金額ではない。

そこで、社会手当の領域で、さらなる保障が必要な類型ごとに、ひとり親には児童扶養手当、障害を有する児童を養育する親には特別児童扶養手当といったように、保障が組み合わされていく。

（b）児童福祉の理念・責任主体

児童福祉分野の基盤となる児童福祉法の第1条と第2条に「児童福祉の原理」が定められている。同法は、1947（昭和22）年、戦災孤児・浮浪児の保護や栄養不良児の保健衛生対策として制定されたが、それらの児童にとどまらず、積極的にすべての児童の健全育成を企図する法制度として発展してきた。

同法1条では、児童福祉の理念として、児童が適切な養育を受け、健やかな成長・発達や自立等を保障される「権利」を有することを定めている。第2条では、その理念を受けて、「〔児童〕の意見が尊重され、その最善の利益が優先して考慮され」て心身ともに健やかに育成されるようにする国民の努力義務（児福2条1項）ならびに、児童の健全育成について保護者が「第一義的責任を負う」こと（同条2項）、国及び地方公共団体は、「児童の保護者とともに」その責任を負うとして、保護者のサポートあるいは代替的役割を果たす旨（同条3項）が定められている。

第1条における児童の権利主体性、児童の意見の尊重、児童の最善の利益の優先は、「児童の権利に関する条約」（1994年4月批准）の趣旨を反映したもので（同3条1項・6条・12条参照）、児童福祉法には2016（平成28）年改正で明記された。また、第2条は、従前は国や地方公共団体の責務が第二義的である旨の規定しかなく、間接的に保護者の第一義的責任の解釈を導いていたが、同じく2016（平成28）年改正で、保護者の責任を明確にした。

　第3条は、以上の児童の福祉を保障するための原理について、「すべて児童に関する法令の施行にあたつて、常に尊重されなければならない」として、同法に限らず、児童に関するすべての法令の指導原理である重要な地位を有することを示している。

（c）児童、保護者の定義

　児童福祉法は、個別の法律で児童の定義がない場合に一般法として適用されることになる。児童福祉法では、「児童」を満18歳未満と定義し、さらに、「乳児」（満1歳未満）、幼児（満1歳から小学校就学の始期に達するまで）、「少年」（小学校就学の始期から満18歳未満）に分類している（児福4条1項1～3号）。

　「保護者」については、「親権を行う者、未成年後見人その他の者で、児童を現に監護する者」と定義し（児福6条）、親権者や未成年後見人でなくても、児童を現実に「監督、保護」している者に児童の健全育成の責任を負わせている。児童相談所長（児童の一時保護中）、児童福祉施設の長、里親なども「保護者」に該当する（児福33条の2第2項・47条3項）。

（ii）法　体　系

　子育て支援に関する法体系としては、①子育て支援の共通基盤を提供する制度（子ども・子育て支援新制度）、②保育サービスを提供する制度（保育所や認定こども園）、③子育て家庭への経済的支援を行う制度（児童手当などの社会手当）に分類される。

図表1　子育て支援の法体系

制度の分類	法律名
①子育て支援の共通基盤を提供する制度	子ども・子育て支援法
②保育を提供する制度（保育所、地域型保育）	児童福祉法（24条・34条の15・35条）、就学前の子どもに関する教育、保育等の総合的な提供の推進に関する法律
③児童を養育する家庭に対する経済的支援を行う制度	児童手当法、児童扶養手当法、特別児童扶養手当等の支給に関する法律

出典：筆者作成

2　保　　育

（ⅰ）はじめに

　「幼稚園に通っていた人！」と尋ねたら、何割の学生が手を挙げるだろう。幼稚園だったか保育所だったか、よく覚えていない人もいるかもしれない。幼稚園と保育所は、就学前の子どもが過ごす場としては共通するが、前者は学校教育、後者は児童福祉の制度である。

　文部科学省「学校基本調査報告書」によると、幼稚園就園率（小学校・義務教育学校第1学年児童数に対する幼稚園修了者）は、1979〜1981年度に64.4％とピークになり、しばらくは横ばいだったが、1993年以降は減少を続け、2020年は40.5％まで減った。では、いまや6割の児童が「保育所」出身なのかというと、厳密にはそうではない。幼稚園就園率が下がった分だけ、「幼保連携型認定こども園」の就園率の数字が伸びている。確かにいえるのは、保育「も」受けられる施設に通う子どもが増えたということだ。

　以下、未就学児を対象とする保育支援について解説する。

図表2　幼稚園と保育所の違い

	幼稚園	保育所
根拠法令	学校教育法	児童福祉法
所管	文部科学省	厚生労働省
施設の種類	学校	児童福祉施設
設置主体	国、地方公共団体、学校法人	制限なし
認可主体	都道府県知事	都道府県知事、指定都市市長、中核市市長
対象児童	満3歳から小学校就学の始期に達するまでの幼児	0歳〜小学校就学前の保育を必要とする乳児・幼児
利用時間	教育標準時間　4時間／日	保育標準時間　最長11時間／日 保育短時間　　最長8時間／日
給食	任意	義務

　出典：筆者作成

（ⅱ）保育制度

（a）沿　革

（ア）制度の成り立ち

戦前から、保育所の前身となる公営の託児施設は存在していたが、1947（昭和22）年の児童福祉法制定時に、「保育に欠ける」乳児・幼児に対して市町村長が保育所への入所措置を行う旨が定められ、保育制度がスタートした（児福旧24条）。高度経済成長期に入った昭和30年代には、夫婦共稼ぎや出稼ぎなど家庭生活の変化による保育需要の増大・多様化に伴って保育の量的拡大が図られ、また現在に至る制度の形が整えられた。

その後、1997（平成9）年の児童福祉法改正において、「児童の権利に関する条約」の批准等を背景として、「児童の最善の利益の確保」の観点から、保育所入所の方式が、措置から保護者の希望する保育所を選択する仕組みに改革された。

保育所方式ともいわれたその方式は、厚生労働省の公式見解では、保護者と市町村が契約を締結するものと説明された（「行政との契約方式」。当該公式見解は現行の新制度においても一貫している）。しかし、保護者が保育所を選択して申し込むことができるようになったほかは、従前の措置方式と大きく変わらなかったことから、保育所利用の法的性質について、公立保育所の民営化に関する訴訟において、公法上の契約に基づくものか行政処分によるものか裁判所の見解が分かれた（前者として、大阪高判平18・1・20判自283号35頁、大阪高判平18・4・27判例集未登載など、後者として、大阪高判平18・4・20判自282号55頁）。もっとも、後者の見解に拠っても、保護者の保育所選択が尊重され、その権利ないし法的利益が肯定される点で、解釈において当事者の権利義務関係に大きな差異が生じるものではなかった。

（イ）待機児童・地域格差と保育制度改革

2008（平成20）年3月から、「新たな保育の仕組み」として保育制度改革の検討が開始された。その中では、保育の対象を「保育に欠ける」より広い「保育の必要性」のある児童とすること、また、保育所入所を介護保険と同じように保護者と保育所の直接契約方式とすることや、保育所の認可に自治体の裁量性

があることがマイナスに働かないよう、認可制をやめて、介護保険と同じように指定制とすることなどが提案された。

その背景には、都市部を中心とした待機児童増加、地方を中心とした児童の減少という、それぞれが抱える問題があった。

(ウ)「子ども・子育て支援新制度」

議論を経て、2012（平成24）年8月、子ども・子育て関連3法（子ども・子育て支援法、認定こども園法改正法、関係法律整備法）が成立し、2015（平成27）年4月から、「子ども・子育て支援新制度」がスタートした。新制度では、市町村が「子ども・子育て支援給付」と「地域子ども・子育て支援事業」の実施主体として設計され、前者は「施設型給付費」（保育所、認定こども園、幼稚園）、「地域型保育給付費」（小規模保育事業、家庭的保育事業、居宅訪問型保育事業、事業所内保育事業）、そして「子どものための現金給付」（児童手当）に整理された。

市町村の保育実施義務は、「保育に欠ける」という要件に代えて、親が求職活動中の場合なども含む「保育を必要とする」児童に対象を拡げた。上記の指定制案は見送られ、代わりに、従来の認可制を改革し、認可基準に適合していれば、欠格事由に該当する場合や需給調整が必要な場合を除き必ず認可されることとなった。さらに、待機児童が集中する3歳未満児を対象に、従前から実施されていた小規模保育や保育ママ等の事業を「地域型保育事業」として市町村の認可事業に位置づけ、公的保育に追加した。

認可保育所と保護者の間における直接契約制の案は、保育の公的責任を後退させないために、当分の間、見送られることとなった。

なお、幼保一体化は見送られたが、幼稚園と保育所の一元化を更に進めるために、認定こども園制度のうち幼保連携型について、単一の施設として認可できるよう制度が改善され、また、幼稚園の利用も同じ給付制度を通すなどの改善が図られた。

新制度は市町村が実施主体となるが、保育所の認可や認定こども園の認定・認可ができるのは中核市までであり、全市町村に認可権限があるのは地域型保育事業に限られる。そこで、市町村には、施設・事業者が「子ども・子育て支援給付」の対象になるかどうかの確認権限と、国の基準を踏まえた条例制定が

図表 3　子ども・子育て支援新制度の概要

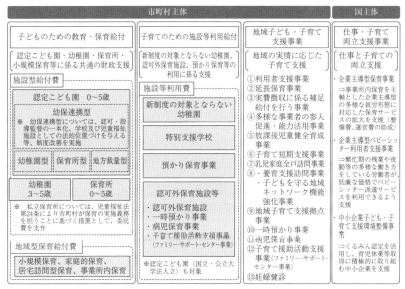

出典：内閣府資料

委ねられている（子育て支援27条１項・29条１項・31条・43条・34条２項・46条２項）。

　新制度の下で保育の供給が拡大したいまでも、ニーズの顕在化による保育需要の高まりから、待機児童の問題は解消していない。

（ｂ）保育所、地域型保育事業

（ア）児童福祉施設と保育所

　保育所は、児童福祉法が定める「児童福祉施設」のひとつである。同法で、「保育を必要とする乳児・幼児を日々保護者の下から通わせて保育を行うことを目的とする施設」と定義され、かつ、利用定員が20人以上であるものに限られている（児福39条）。

　定員が19人以下の施設の場合は、地域型保育事業のひとつである小規模保育事業等の対象となる。

（イ）保育所の認可

　保育所の設置主体が市町村（公立保育所）ではないとき、都道府県知事（大都

図表4　児童福祉施設（児福36条〜44条の２）

助産施設	経済的理由により、入院助産を受けることができない妊産婦を入所させて、助産を受けさせる
乳児院	乳児を入院させて養育し、退院した者にも相談その他の援助を行う
母子生活支援施設	ひとり親（・準ずる）母とその監護すべき児童を入所させて保護するとともに、自立促進のため生活を支援し、退所した者にも相談その他の援助を行う
保育所	日々、保護者の委託を受けて、保育を必要とする乳児・幼児を保育する
幼保連携型認定こども園	認定子ども園法に基づき、幼児教育と保育を一体的に提供して、子どもの心身の発達を助長するとともに、保護者に対して子育て支援を行う
児童厚生施設	児童館、児童遊園。健全な遊びを与え、健康増進し、または情操をゆたかにする
児童養護施設	保護者のない児童、虐待されている児童、その他養護を要する児童を入所させて養護し、退所した者にも相談その他自立のための援助を行う
障害児入所施設	福祉型／医療型。障害児を入所させ、保護、日常生活指導等の支援を行う
児童発達支援センター	福祉型／医療型。障害児を通所させ、保護、日常生活指導、治療等の支援を行う
児童心理治療施設	軽度の情緒障害を有する児童を、短期間入所、または通所で治療し、退所した者にも相談その他の援助を行う（旧・情緒障害児短期治療施設）
児童自立支援施設	不良行為をし、またはするおそれのある児童等を入所、または通所させて、必要な指導を行い、その自立を支援する
児童家庭支援センター	地域の児童の福祉に関する各般の問題につき、児童、母子相談に応じ、必要な助言、指導を行い、あわせて児童相談所、児童福祉施設等との連絡調整その他厚生労働省令の定める援助を総合的に行う

出典：筆者作成

市特例によって、指定都市と中核市については、それぞれの長）の認可を受けて設置することができる（認可保育所）（児福35条４項・59条の４第１項）。公立保育所（公設民営を含む）については、都道府県知事（同様の大都市特例あり）への事前の届出で足りる（児福35条３項）。

　保育所は第二種社会福祉事業であり、法律上は設置主体に制限がない。過去には通知（昭38・3・19児発271号）によって設置主体が制限されていた。2000（平成12）年通知（平12・3・30児発295号）により、かかる通知が廃止され、多様な

主体に保育所の設置が解禁されたが、現在も社会福祉法人が多くを占める。

　保育施設のうち設置基準に適合しないなどの理由で認可を受けないもの（認可外保育施設）は、事業の設置や廃止などについて、各事由が生じた日から1か月以内の都道府県知事等への届出が義務づけられており（児福59条の2第1～2項）、指導・監督の対象となることで安全と質がコントロールされる。

　（ウ）地域型保育事業の認可

　地域型保育事業には、小規模保育事業、家庭的保育事業、居宅訪問型保育事業、事業所内保育事業の4種類がある。新制度の前から市町村で個別に実施されていた事業（当時は認可外）であり、新制度の設計に際して、市町村の認可事業として公的保育に加わった。

　地域型保育事業の狙いは、都市部については、保育の拠点を増やすことによって待機児童の解消を図ること、逆に、子どもが減少している地域においては、利用児童数の点で保育所の設立が難しい、あるいは近くに保育所がないような場合でも、地域の子育て支援機能を維持・確保することにある。

　なお、上記のうち事業所内保育事業では、公的保育であることから利用対象児童を従業員の子に限定できない。そこで、2016（平成28）年度から、認可外の制度として、企業が設置しその従業員の子を優先して利用させることができる「企業主導型保育事業」が実施されている。待機児童解消を期待して、設置促進のために認可施設並みの運営費・整備費の補助が行われている。

図表5　地域型保育事業（0～2歳対象）の類型

	小規模保育事業	家庭的保育事業	居宅訪問型保育事業	事業所内保育事業
事業主体	市町村、民間事業者等	市町村、民間事業者等	市町村、民間事業者等	事業主等
保育場所	保育者の居宅・その他、施設	保育者の居宅・その他、施設	子どもの居宅	事業所
その他	認可定員 6～19人	認可定員 1～5人	――――	従業員の子＋地域枠

出典：内閣府資料をもとに筆者作成

（エ）地域子ども・子育て支援事業

　保育を利用する児童の家庭だけでなく、子育てをするすべての家庭を対象として、新制度の実施主体である市町村が地域のニーズに応じた総合的支援を実施するために、13種類の「地域子ども・子育て支援事業」が法定されている（子育て支援59条1〜13号）。

　①利用者支援事業、②延長保育事業、③実費徴収にかかる補足給付を行う事業、④多様な事業者の参入促進・能力活用事業、⑤放課後児童健全育成事業、⑥子育て短期支援事業、⑦乳児家庭全戸訪問事業、⑧養育支援訪問事業、要保護児童等支援に資する事業、⑨地域子育て支援拠点事業、⑩一時預かり事業、⑪病児保育事業、⑫子育て援助活動支援事業、⑬妊婦健診事業があり、市町村ごとの地域の実情に応じたサービスが行われている。

（ⅲ）認定こども園

（ａ）沿　革

　幼児教育と保育の両方のニーズに柔軟に対応するため、既存の幼稚園・保育所という枠組みを超えた新たなサービス提供の枠組みとして導入されたのが「認定こども園」である。認定こども園の創設は2003（平成15）年の規制改革会議で提案され、その翌年からの具体的な検討を経て、2006（平成18）年6月に認定こども園法（「就学前の子どもに関する教育、保育等の総合的な提供の推進に関する法律」）が成立した（同年10月施行）。

（ｂ）制度概要

　認定こども園は、保育だけでなく教育のニーズも同時に満たせるところ、また、保護者の就労状況が変わっても継続して同じ園を利用できる可能性があるところに利点がある。

　認定こども園には、①幼保連携型（幼稚園と保育所の両方の機能を持つ）、②幼稚園型（幼稚園が保育も行う）、③保育所型（保育所が幼児教育も行う）、④地方裁量型（自治体が定める基準を満たす施設が幼児教育と保育の両方を行う）の4つの類型がある。

　②③④は、各類型の認定こども園の要件に適合することを都道府県知事（ま

たは大都市特例により、指定都市・中核市の長）が「認定」することで認定こども
園となる（認定こども園 3 条 1 項)。

（c）新制度による改革

　認定こども園の類型のうち、①の幼保連携型は、かつては幼稚園と保育所の
各認可を前提に、それに加えて、認定こども園の「認定」を得るという手続だっ
たが、その煩雑さを解消して幼保一元化を進めるために、新制度を機に大きく
改革された。

　改革後の新しい幼保連携型認定こども園は、学校（認定こども園 2 条 8 項参照）
としての教育と児童福祉施設（児福 7 条 1 項・39 条の 2 参照）としての保育を行
う単一施設として位置づけられるようになった（認定こども園 9 条)。「認定」で
はなく、保育所と同様に、単一の認可手続（公立の場合は届出のみ）で、幼保連
携型認定こども園としての設置が可能となり、指導監督も一本化された。認可
権限は保育所と同様に、都道府県知事のほか指定都市・中核市の長にある（認
定こども園 17 条 1 項)。

（iv）利用手続

（a）市町村の「保育の実施義務」

　児童福祉法 24 条 1 項に、「保護者の労働又は疾病その他の事由により、その
監護すべき乳児、幼児その他の児童について保育を必要とする場合において、

図表 6　認定こども園の種類と概要

	幼保連携型	幼稚園型	保育所型	地方裁量型
法的性格	単一施設（学校かつ児童福祉施設）	幼稚園+保育所機能	保育所+幼稚園機能	幼稚園機能+保育所機能
設置主体	国、地方公共団体、学校法人、社会福祉法人	国、地方公共団体、学校法人	（制限なし）	
認定／認可	認可 都道府県知事 指定都市市長 中核市市長	認定 都道府県知事 指定都市市長（2018.4〜） 中核市市長（2019.4〜）		

出典：筆者作成

……当該児童を保育所（筆者注：保育所型認定こども園を除く）において保育しなければならない」として、市町村の（保育所における）保育の実施義務が定められている。

保育を必要とする事由として、①就労、②妊娠・出産、③保護者の疾病・障害、④同居・長期入院の親族の介護・看護、⑤災害復旧、⑥求職活動、⑦就学、⑧虐待・DV のおそれ、⑨育児休業取得中の継続利用、その他が定められている。①～⑤は従前から「保育に欠ける」事由として定められていたものであり、⑥～⑨は、「保育を必要とする」事由として拡大されたものである。

保育所以外（認定こども園、地域型保育事業）における保育については、その「確保措置」義務が同条2項で定められている。

加えて同条には、通常の手続では保育利用が実現しがたいケースを想定して、2種類の入所委託措置が定められている。ひとつは、虐待や障害などから優先的に保育が必要な児童について、市町村が保護者に対して保育利用の申込みの勧奨や支援（児福24条4項）を行っても保育利用が進まないような場合の保育所・幼保連携型認定こども園への入所委託措置（同条5項）、もうひとつは、市町村が保育施設・事業者に対して子ども・子育て支援法に基づくあっせん・要請等の支援（後述参照）を行っても保育利用の実現に至らないなど、やむを得ない事由がある場合の保育所・幼保連携型認定こども園・地域型保育事業への入所委託措置（6項。ただし、同項は「措置を採ることができる」）である。

（b）新制度における利用手続

新制度を利用するには、保護者は、まずは市町村に対して支給認定の申請をする必要がある。その申請に対して、市町村は支給認定（保育を必要とする事由・認定区分・保育必要量）を行い、保護者に通知する際に「支給認定証」を交付する（子育て支援20条1項・3～4項）。認定区分は、保育利用については、2号認定（3歳以上で保育所・認定こども園の対象）と3号認定（3歳未満で保育所・認定こども園・地域型保育事業の対象）である（なお、1号認定は3歳以上の教育標準時間の認定であり、幼稚園・認定こども園の対象となる）（子育て支援19条1項）。

認定請求と並行して、保育利用を希望する保護者は、市町村に希望する保育施設等を選択して申し込む。保育利用に関しては、待機児童の有無にかかわら

ず、「当分の間」は全市町村が利用調整を行うこととされており（児福24条 3 項・73条 1 項）、市町村が利用のあっせん・要請を行う（子育て支援42条・54条）。

それらの手続を経て、下記のとおり認可保育所を除き、保護者と保育施設・事業者が契約に至る。従前は保育サービスそのものが給付と位置づけられていたが、新制度では、保護者と保育提供施設・事業者との直接契約に基づく保育提供について市町村が保護者に必要な費用を給付することが基本形とされた。もっとも、給付費は介護保険等と同様に代理受領方式をとるため（現物給付化）、市町村から施設・事業者に支払われ、保護者は利用者負担を当該施設・事業者に支払うのみとなる（応能負担。ただし2019年10月から 3 歳未満児の住民税課税世帯を除き無償化）。

子ども・子育て支援法の本則では、認可保育所も含めて施設・事業者との直接契約による保育利用が定められているが（子育て支援33条・45条）、新制度の下でも引き続き市町村の保育実施義務（児福24条）が維持されたことから、認可保育所の利用のみ直接契約制から除外され、現在も保育サービスの現物給付

図表 7　新制度における保育を必要とする場合の利用手順（イメージ）

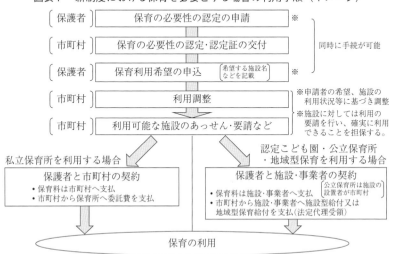

出典：内閣府資料

図表 8　新制度における行政が関与した利用手続

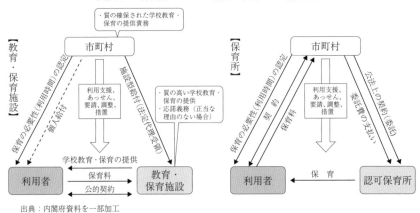

出典：内閣府資料を一部加工

　の仕組みが維持されている。すなわち、「当分の間」施設型給付を適用せず、利用調整の後に保護者が市町村に申し込み、従前の制度と同様に、保護者が市町村に支払う保育料（上記と同様の応能負担・無償化）とあわせて、市町村から認可保育所に委託費が支払われる形がとられている（子育て支援附則 6 条）。

3　社会手当（児童手当、児童扶養手当、特別児童扶養手当）

（ⅰ）はじめに

　スマートフォンの普及率、フードロスの問題など、総じてみればモノも食も豊かな社会なのだろう。しかし、厚生労働省「国民生活基礎調査」によると、2018年時点において、子どもの約 7 人に 1 人が「相対的貧困」の状態にあるとされた。ひとり親世帯に着目すると相対的貧困率は約 5 割に上った。相対的貧困率とは、等価可処分所得（世帯の可処分所得を世帯人員の平方根で割って調整した所得）の中央値の一定割合（50％が一般的）、すなわち「貧困線」を下回る所得しか得ていない者の割合をいう。同調査によると、2018年の貧困線は127万円だった。

　先進国においては、貧困を捉える指標として、「絶対的貧困」（最低限度の生

活を送ることができない貧しい状態）ではなく、「相対的貧困」（当該社会における大多数と比べて貧しい状態）が用いられる。もちろん、「相対的」貧困だから、社会全体が豊かになれば貧困線も上昇していく。問題となるのは、子どもが育つ環境にもたらされる格差や機会の喪失だ。それを社会保障がどう防御し、あるいはカバーするかということが重要な視点となる。その役割を果たす制度のひとつが社会手当である。

（ⅱ）社会手当の特徴
（a）社会手当の性格

　社会手当は、一定の要保障性のカテゴリーに当てはまる者への無拠出の金銭給付であり、児童手当、児童扶養手当、特別児童扶養手当などがその典型である。公的扶助は経済的困窮を事由とし、厳しい資力調査を伴うものであり、また、社会保険は一般化したリスクを前提とし、事前の拠出を要する。社会手当はそのどちらにも該当しないため、制度体系として別の柱を形成している。

　社会手当の財源は基本的には税であるが、児童手当の一部にはその沿革的背景から企業に費用負担が求められている。また、限られた財源を効果的に配分するため、緩やかな所得制限が設けられている。社会手当はいずれも、受給資格者の経済的負担の軽減として機能するものの、生活保護や年金ほどの高度な所得保障のニーズを前提とするものではないこと、社会保険のような事前の拠出に対応する給付設計と比べると裁量性が大きいことなどから、所得制限をかけて給付対象者を絞ることが許容される。

（b）社会手当と申請主義

　社会保障の給付は原則として申請主義をとるが、とりわけ社会手当についてはその傾向が強く出る。生活保護であれば申請主義を原則としながらも急迫時の職権保護が法定され、社会福祉サービスも措置に基づく制度適用があり、社会保険はもとより強制加入である。それらに対して社会手当には、認定請求に代替しうる職権による支給はなく、また、手当の遡及支給もない。

　そこで、受給資格者が手当の請求について自己の意思で適切な判断をなしうるよう、制度の存在や内容について「知る」ことが重要となる。国の一般的な

「広報、周知徹底の責務」は一応肯定されているが、法的強制の伴わないものと解釈されている（大阪高判平5・10・5訟月40巻8号1927頁（児童扶養手当の例））。他方で、認定事務を担う行政職員の説明については、相談者の相談内容を受けて、支給の可能性がある給付の種類と受給要件の概括的内容を教示する職務上の義務が肯定されており、不正確な回答は受給権侵害になりうると解されている（大阪高判平17・6・30判自278号57頁（児童扶養手当の例））。

（ⅲ）児童手当

（a）意義・目的

児童手当は、児童を養育する家庭一般を広く対象とする。ただし、所得制限のない普遍主義的な性格を持つ欧州型のものに対し、児童の養育者に対する経済的支援と位置づけられ、ゆえに必要性に応じた所得制限を許容する選別的な性格のものとなっている。

児童手当法1条に、養育者に手当を支給することによって「家庭等における生活の安定に寄与する」（所得保障施策）とともに、「次代の社会を担う児童の健やかな成長に資する」（児童福祉施策）という2つの目的が掲げられている。この目的規定に、2012（平成24）年改正で「父母その他の保護者が子育てについての第一義的責任を有するという基本的認識の下に」という文言も加えられたことで、所得制限の法的根拠を明確にした。

（b）沿　革

（ア）制度の創設と発展

児童手当法の制定は1971（昭和46）年であり、高度経済成長期に拡充されてきた社会保障の制度体系の完成を企図して制度が創設された。当時は第2次ベビーブームのさなかであり、現在のような少子化対策という目的は無かった。そのため、第3子以降、義務教育修了前までの児童を対象とし、1人当たり月額5000円という小さな制度で始まった。その後のオイルショックと財政再建の中、1982（昭和57）年に所得制限が強化され、代わりに所得捕捉率が高い被用者に緩和した所得制限基準を設けて被用者の特例給付を導入した。そのときに財源として求められた事業主負担が、現在まで至る事業主の拠出金のルーツで

ある。

　その後、1985（昭和60）年改正で支給対象が第2子以降になったが、年齢は義務教育就学前に下げられた。1991（平成3）年改正でようやく第1子からとなり、手当額は第1子・第2子が月額5000円、第3子以降は1万円となったが、支給対象は3歳未満に抑えられた。その後は少子化対策として支給対象年齢が引き上げられていき、2000（平成12）年改正で義務教育就学前、2004（平成16）年改正で小学3年修了前、2006（平成18）年改正で小学6年修了前までになった。2007（平成19）年改正では、3歳未満の手当額が第何子かに関係なく一律1万円とされた。

（イ）子ども手当と新児童手当

　その後、当時の民主党に政権が交代した2010（平成22）年度と2011（平成23）年度の2年間、「子ども手当」が実施された。2011（平成23）年9月までの1年6か月間は、支給対象年齢を義務教育修了前までに引き上げて、一律1万3000円を支給し、同年10月からの6か月間は、中学生は一律1万円、3歳未満は一律1万5000円、3歳から小学生までの児童は第1子・第2子が1万円、第3子以降が1万5000円と、旧児童手当よりも手当額を上げつつ児童の年齢等により格差をつける形に戻った。

　「子ども手当」として給付が行われていた間も、児童手当法は存続し、子ども手当に児童手当を内包して従前の財源を維持しつつ、新たに必要となった財源は公費負担のみでカバーされた。

　子ども手当の最大の特徴は、①「社会全体で子育てを応援」という考え方に基づき、所得制限が廃止されたことであった。ほかに、②上記のとおり、支給対象年齢の引上げや手当額の増額、③子どもの国内居住要件（例外として国外留学中の子）、④施設入所の子どもへの支給（受給は施設設置者）、⑤保育所保育料の未払い対策として手当からの保育料徴収などが挙げられる。

　2012（平成24）年4月からは、②〜⑤を引き継ぎ、子ども手当を恒久化する形で児童手当に戻った（新児童手当）。新児童手当では所得制限が復活し、その際、「当分の間」として、所得制限額以上の世帯にも児童1人当たり一律月額5000円の特例給付が支給されることになった（ただし、2022（令和4）年10月支

給分からは、所定の上限額以上の高所得世帯については廃止）。

（ｃ）児童手当の額と計算方法

（ア）「児童」の定義と支給対象

　児童手当法における「児童」は、「18歳に達する日以後の最初の３月31日までの間にある者」で、日本国内に住所を有するまたは留学中の者と定義されている（児手３条１項）。児童福祉法と異なり、年度末を区切りとして定義される点に特徴がある。

　定義される児童のうち、手当の支給対象児童となるのは、中学校修了前までの児童である（児手４条）。具体的な手当額（いずれも月額１人当たり）は、上記のとおり、①３歳未満が一律１万5000円、②３歳以上小学校修了前（「12歳に達する日以後の最初の３月31日まで」）の第１子・第２子が１万円、第３子以降が１万5000万円、③小学校修了後中学校修了前（「15歳に達する日以後の最初の３月31日まで」）が一律１万円である。

　また、上記のとおり、一部の高所得世帯を除き、子ども手当の名残で、所得制限にかかる世帯にも、一律5000円の特例給付が支給される。

（イ）支給額の計算方法

　支給額（月額）の計算は次の①〜③を足したものとなる。

　①３歳未満は各１万5000円、②中学生は各１万円、③児童（18歳に達する日以後の最初の３月31日までの間にある者）の年長者から第１子、第２子と順にカウントして、第１子・第２子は１万円、第３子からは１万5000万円を当てはめた上で、そのうち３歳以上小学校修了前に対する手当額のみを合算した額。

　児童手当額の計算に際しては、③に掲げるように、中学校修了前の支給対象児童がいる世帯に中学校修了後の児童がいれば、その児童も含めて「支給要件児童」（児手４条１項１号）と呼ぶ。

（ｄ）受給資格者

（ア）受給資格者・所得制限

　支給要件児童を監護し、かつ、生計同一の父母等で、日本国内に住所を有する者が受給資格者となる。具体的には、父母、未成年後見人、父母指定者（父母が国外にいるとき）、児童福祉施設長、里親などである（児手４条１項１〜４号）。

　父、母、未成年後見人、父母指定者については、複数が該当するときは同居者が優先され、それでもさらに複数該当する場合には、生計維持の程度の高い者が優先される（児手4条2～4項）。

　（イ）所得制限

　児童福祉施設長、里親を除いた受給資格者については、その所得が所定額未満であることが求められる（児手5条1項）。この所得制限額は、扶養親族等の数に応じて設定されている。

　子ども手当から新児童手当に戻ったときに所得制限額が引き上げられ、現在、9割以上の世帯が所得制限内に収まっている。

　なお、所得制限の適用にあたっては、受給資格者の所得のみが算定の対象となる。例えば、夫婦であれば、所得が高い方を所得制限の判断基準とし、その者が受給資格者となる。共働き世帯の増加を踏まえて、夫婦の所得を合算する案も提示されていて、導入は見送られているものの、引き続き検討課題とされている。

　（e）その他（支払時期、費用負担、他の給付等との関係）

　児童手当の認定・支給は市町村が行う。支給は認定請求日が属する月の翌月から開始され、年3回（2月・6月・10月）、前月までの分が支払われ、支給事由の消滅日が属する月で終わる（児手8条2項・4項）。

　児童手当の費用は、基本的には、国：都道府県：市町村＝4：1：1の割合で負担するが、被用者の3歳未満児の給付分についてのみ事業主負担が入っている。事業主負担は、厚生年金保険料に上乗せして事業主から徴収される「子ども・子育て拠出金」（2022年度は一律3.6/1000）が充てられる。この拠出金は、子ども・子育て支援法に基づくものであり、児童手当のほかに、地域子ども・子育て支援事業の一部（①利用者支援事業、⑤放課後児童健全育成事業、⑪病児保育事業）や企業主導型保育事業などにも充当されている（子育て支援69条1～2項）。

　なお、公務員の児童手当の認定・支給事務は所属庁の長が行う。それに伴い、財源も各所属庁で負担している。児童手当創設当時、民間と公務員で各種社会保険が別建てであることにあわせることが実務上便宜的であるとの判断の下に区別され、現在まで至る。

図表9　児童手当の費用負担

	非被用者	被用者			公務員
3歳未満	国　　　　4／6 都道府県　1／6 市町村　　1／6	事業主21/45			所属庁 10/10
		国16/45　都道府県4/45　市町村4/45			
3歳以上中学校修了前 児童（児手18条2項）		国4／6　都道府県1／6　市町村1／6			
特例給付（児手附則2 条）	国4／6　都道府県1／6　市町村1／6				

出典：筆者作成

　児童手当と、児童扶養手当、特別児童扶養手当等をはじめとする社会保障給付とは、給付の目的が異なるため併給調整されない。生活保護を受ける世帯にも児童手当は支給されるが、収入認定の対象となる（児童手当とは別に「児童養育加算」[18歳に達する日以後の最初の3月31日まで]が生活扶助において行われる）。

（ⅳ）児童扶養手当

（a）ひとり親家庭の支援施策

（ア）ひとり親家庭等支援施策の展開

　昭和20年代の母子家庭施策は、主に戦争未亡人の所得保障として展開した。1952（昭和27）年には、「全国母子世帯調査」（現在の「全国ひとり親世帯等調査」）が行われ、「母子福祉資金の貸付等に関する法律」（後に「母子福祉法」に承継）が成立した。

　昭和30年代に入ると、子の成長とともに戦争未亡人の母子世帯は減少し、離婚による母子世帯の割合が増えていった。そのような中、母子（福祉）年金や児童扶養手当が導入され（後述参照）、また1964（昭和39）年には、「母子福祉法」（現在の「母子及び父子並びに寡婦福祉法」）が、母子家庭の福祉の原理を示す法として制定された。昭和40年代に入ると生別世帯がさらに増えた。

　母子福祉法は1981（昭和56）年改正で「母子及び寡婦福祉法」へと改称され、母子家庭の母として児童を扶養していた寡婦も対象に加えられた。

　父子家庭への施策が同法に加わったのは2002（平成14）年改正であり、さら

に、2014（平成26）年改正では、「父子家庭に対する福祉の措置」の章を創設し、現在の法律名となった。

　なお、全国調査に父子世帯が加わったのは1983（昭和58）年調査から（そのとき「全国母子世帯等調査」に名称変更）であり、2016（平成28）年調査から現在の名称に変更された。

（イ）ひとり親家庭等支援施策の４本柱

　ひとり親家庭等支援施策として、「子育てと生活支援策」「就業支援策」「養育費の確保策」「経済的支援策」の４本柱が、ひとり親の自立・就業に主眼を置きつつ総合的に展開されている。

　４本柱のうち、「就業支援策」は、ひとり親自身が寡婦（夫）となった後の生計維持の観点から、特に重要なものと位置づけられ、そこで、「子育てと生活支援策」も、ひとり親家庭の子育てと就業・訓練との両立を支援することに重点が置かれている。

　ひとり親家庭の経済基盤にかかわってくる「養育費の確保策」では、児童を監護しない親からの扶養義務の履行を確保する努力義務がひとり親に課されており（母子父子寡婦５条２項）、養育費確保にかかる裁判費用の貸付も福祉資金から行われている。ほかにも、養育費確保のための将来分の債権の差押えや間接強制を可能とする民事執行法改正などが行われてきた。

　「経済的支援策」には、福祉資金の貸付け（母子父子寡婦13条・31条の６）と児童扶養手当が含まれる。この柱に死別家庭を対象とする遺族（基礎）年金は含まれていないが、遺族年金も児童扶養手当とともにひとり親家庭の重要な経済的支援である。

（ｂ）児童扶養手当の意義・目的

　民法の2011（平成23）年改正で、協議離婚で定めるべき「子の監護について必要な事項」の具体例として、「子の監護に要する費用の分担」を条文上に明示した（民766条１項）。それを受けて、養育費の取決めや受給状況に、やや前進傾向が見られるものの、児童扶養手当が実質的に私的扶養責任の肩代わりをしている構図は変わっていない。したがって、ひとり親家庭の経済基盤を直接支援する「経済的支援策」の重要性は依然として高い。

　児童扶養手当法は、「父又は母と生計を同じくしていない児童が育成される家庭の生活の安定と自立の促進に寄与する」ことを目的としており（児扶手1条）、児童手当と同様に、家庭に対する経済的負担の軽減という視点に立つ。

　また、公的年金と同じく、「稼得能力の低下」に対する所得保障という性格を有し、「事故が二以上重なつたからといつて稼得能力の喪失又は低下の程度が必ずしも事故の数に比例して増加するといえない」（堀木訴訟：最大判昭57・7・7民集36巻7号1235頁）とする解釈に基づき、公的年金等（公的年金及び遺族補償等）の額が児童扶養手当額を下回るときに、その差額について児童扶養手当が支給される。

　かつては受給資格者や児童が公的年金等を受給できる場合には、それらが低額であっても児童扶養手当を不支給とする併給調整が行われていたが、2014（平成26）年改正により、児童扶養手当の水準を保障するべく、かかる併給調整規定は廃止され、同年12月分の手当から、上記のような「支給の制限」（児扶手13条の2第1～2項）の形がとられるようになった。

（c）沿　革

　1959（昭和34）年制定の国民年金法で死別母子家庭に対して母子（福祉）年金が支給されることになったこととの均衡上、生別母子家庭に対しても同様の施策を講ずべきであるとの議論を契機として、児童扶養手当法が1961（昭和36）年に制定された。

　同法の1985（昭和60）年改正で、母子福祉年金の補完的なものから、母子家庭の生活の安定と児童の健全育成を目的とする福祉制度へと位置づけを改め、それによって、手当額とそれに伴う所得制限基準額が、受給者の必要度を考慮した2段階となった。

　さらに2002（平成14）年改正で、所得制限を超えても、超えた所得に応じて手当額を10円刻みの逓減型にすることで、就労等による収入増加が生かされるようにされ、かつ、一定の事情（就業、求職活動、障害・傷病等［児扶手令8条］）がないにもかかわらず就業意欲が見られない者については、受給開始から5年経過時の手当一部支給停止などの措置が導入された（児扶手13条の3）。後者のように母子家庭の自立支援との兼ね合いで支給が厳格化された一方、父子世帯

の父の非正規雇用者増加などの現状を背景に、母子家庭と同様の対策が必要との認識から、2010（平成22）年8月分からは、父子家庭にも支給が拡大された。

（d）対象児童と児童扶養手当の額

（ア）「児童」の定義と支給対象

児童扶養手当法における「児童」は、「18歳に達する日以後の最初の3月31日までの間にある者又は20歳未満で政令で定める程度の障害の状態にある者」（児扶手3条1項）と定義され、支給対象児童の年齢もその定義に一致する。

なお、児童についても、受給資格者（後述参照）についても、国内に住所を有さないことは不支給要件として構成されている（児扶手4条2～3項）。

支給対象となる児童の類型は、「世帯の生計維持者としての父〔または母〕による現実の扶養を期待することができないと考えられる児童」を類型化したものと解釈されており（最判平14・1・31民集56巻1号246頁、最判平14・2・22集民205号505頁）、法令では次のとおり支給対象の児童の類型が列挙されている（児扶手4条1項1号・2号、児扶手令1条の2・2条）。

①父母が婚姻を解消した児童、②父／母が死亡した児童、③父／母が政令で定める程度の障害の状態にある児童、④父／母の生死が明らかでない児童、⑤父／母が引き続き1年以上遺棄している児童、⑥父／母が配偶者暴力防止法の保護命令を受けた児童（2012（平成24）年に追加）、⑦父／母が引き続き1年以上拘禁されている児童、⑧母が婚姻によらないで懐胎した児童、⑨⑧に該当するか明らかでない児童（父母とも不明である場合など）。

上記平成14年最判は、⑧の「母が婚姻によらないで懐胎した児童」（児扶手令1条の2第4号・2条4号）にかつて付されていた「（父から認知された児童を除く。）」（同1条の2旧3号）という括弧書の違憲性ないし違法性が争われた事例である。最高裁は、「認知によって……法律上の父が存在する状態になるのであるが、……世帯の生計維持者としての父が存在する状態になるわけでもない。また、父から認知されれば、通常、父による現実の扶養を期待することができるともいえない」と述べて、括弧書を「法の委任の範囲を逸脱した違法な規定」と判断した（最高裁判決が出る前の1998年の施行令改正で、当該括弧書は削除）。

（イ）児童扶養手当の額

　児童扶養手当は、第一段階目の所得制限未満であれば全部支給、それ以上になると、一部支給として所得に応じて10円刻みで減額される傾斜的な給付となり、第二段階目の所得制限に達すると不支給となる。手当額には物価スライドが導入されており、2022（令和4）年度（月額）は、児童が1人の場合に全部支給4万3070円（一部支給4万3060〜1万160円）、2人の場合は全部支給1万170円（一部支給1万160〜5090円）がそれに加算され、3人目からは全部支給各6100円（一部支給各6090〜3050円）がさらに加算されていく。

（e）受給資格者

（ア）受給資格者・所得制限

　児童を監護し、かつ、生計同一の母または父（児扶手4条1項1号本文・2号本文）、それらに代わる養育者が受給資格者となる。養育者の場合は、児童と同居して監護し、かつ、生計維持していることが求められる（同条1項3号）。

　それらの者が支給要件を同時に満たすときは、母が最優先となり、次に養育者、その次に父となる（児扶手4条の2第1〜2項）。上述の父親への適用拡大に

図表10　児童扶養手当（子3人の場合のイメージ図）

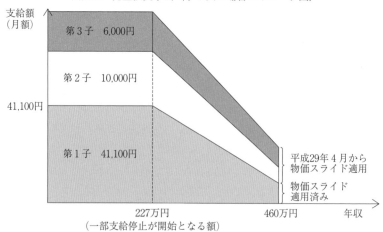

注）図中の手当額は法定の額
　出典：厚生労働省資料を一部加工

際して、既に受給していた養育者に影響が生じないよう、養育者の受給資格を
父親より優先する定めとなった。

　（イ）所得制限

　上記のとおり、全部支給と一部支給の 2 段階の所得制限額が扶養親族等の数
に応じて定められている。ただし、受給資格者が孤児等の養育者である場合に
は、それより緩やかな所得制限（全部支給のみ）が設けられている。また、受
給資格者の所得が基準内であっても、受給資格者と生計同一の扶養義務者等に
対して、緩やかな所得制限が重ねて適用される（児扶手 9〜11 条）。

　なお、所得の算定に際し、母または父が受給資格者である場合には、養育費
の 8 割相当が、当該受給資格者の所得に算入される（児扶手 9 条 2 項、児扶手令
2 条の 4 第 6 項）。

　（ f ）その他（支払時期、費用負担）

　児童扶養手当の支給は、認定請求日の属する月の翌月分から開始される。奇
数月に、前月までの 2 か月分が支払われ、手当の支給事由が消滅した日の属す
る月で終わる（児扶手 7 条 1 項・ 3 項）。もとは 4 月・ 8 月・12 月の年 3 回の支
給だったが、利便性の向上と家計の安定を図る観点から、2018（平成30）年改
正で2019（令和元）年11月支払分から年 6 回となった。

　児童扶養手当の費用は、国：支給主体となる自治体（都道府県、市または福祉
事務所設置町村）＝ 1 ： 2 の割合で負担している（児扶手21条・12条 2 項本文）。

　（ v ）特別児童扶養手当等

　（ a ）意義・目的

　特別児童扶養手当法（「特別児童扶養手当等の支給に関する法律」）では、特別児
童扶養手当制度をメインとしながら、そのほかにもいくつかの手当制度を定め
ている。

　20歳未満の重度・中度の障害児に対しては「特別児童扶養手当」、その上乗
せとして、重度障害児を対象とし、施設入所と比較して在宅で暮らす場合に生
じる特別の費用をカバーする趣旨の「障害児福祉手当」、また、20歳以上の著
しく重度の障害者が、施設入所と比較して在宅で暮らす場合に生じる特別の費

図表11　各手当の位置付け（イメージ図）

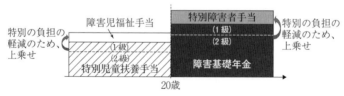

出典：筆者作成

用をカバーする趣旨のもので、障害基礎年金の上乗せとしての位置づけを持つ「特別障害者手当」などが設けられている。

　同法の目的規定は、各手当の支給により「これらの者の福祉の増進を図ること」とシンプルな定めであるが（特児扶手１条）、上記のとおり、特別児童扶養手当は、障害児の養育にかかる経済的負担の軽減、障害児福祉手当と特別障害者手当は障害が重度であることによって増す負担をカバーすることが目的である。

　（b）沿　革

　国民年金法の制定により20歳以上の障害者に保障の途が開かれた中、20歳未満の障害児に対しては、1964（昭和39）年に、「重度精神薄弱児扶養手当法」（現在の特別児童扶養手当法）が制定され、重度の知的障害児を養育する家庭を対象とした手当制度としてスタートした。1966（昭和41）年に、重度の身体障害児に支給を拡大し、「特別児童扶養手当法」に改題した。その後、1974（昭和49）年の改正で、「特別障害者」（当時は、重度の身体障害と重度の知的障害が重複する者・児童を定義）を追加し、「特別福祉手当」を対象に加えたことで、現在の法律名となった。

　1975（昭和50）年の改正では、特別児童扶養手当に２級を設けて、中度の障害児に支給を拡大した。同時に、上記の特別福祉手当に代えて「福祉手当」を創設し、対象を「重度障害者」に拡げた。さらに、1986（昭和61）年の改正でこの福祉手当が再編され、①「障害児福祉手当」（20歳未満の重度障害児につき従前の福祉手当を名称変更して存続させたもの）、②「特別障害者手当」（障害基礎年金創設にあわせて、成人の福祉手当制度として金額を引き上げて創設したもの）、③「経

過的福祉手当」（従前の福祉手当受給者のうち、特別障害者手当の支給要件に該当せず、かつ、障害基礎年金等を支給されない者の経過措置。新規認定は行われていない）の３つの手当が定められ、現在まで至る。

（ｃ）対象児童と特別児童扶養手当等の額

（ア）「障害児」の定義と支給対象

特別児童扶養手当の支給対象となる「障害児」は、「20歳未満であつて、第５項に規定する障害等級に該当する程度の障害の状態にある者」（特児扶手２条１項）と定義される。20歳未満とすることで、児童が20歳になって自身の権利として障害基礎年金を受給するまでの保障の連続性が図られている。障害等級としては、上記のとおり、１級（重度）と２級（中度）が定められ、各級の障害の状態は同法施行令の別表３に列挙されている。

障害児福祉手当の対象となる「重度障害児」は、上記の「障害児」のうち、「重度の障害の状態にあるため、日常生活において常時の介護を必要とする者」（特児扶手２条２項）、特別障害者手当の対象となる「特別障害者」は、「20歳以上であつて……著しく重度の障害の状態にあるため、日常生活において常時特別の介護を必要とする者」（同条３項）と定義されている。

いずれの手当も、障害児・重度障害児・特別障害者が施設入所をする場合は（特別障害者については、３か月超の医療機関入院の場合も）、不支給となる（特児扶手３条１項・17条２号・26条の２第１〜３号）。

また、障害児・重度障害児・特別障害者が国内に住所を有さないことは、不支給要件として構成されている（特児扶手３条３項１号・17条本文・26条の２本文）。

（イ）特別児童扶養手当等の額

いずれの手当も物価スライド制をとり、2022（令和４）年度（月額）は、特別児童扶養手当の１級が５万2400円、２級が３万4900円、障害児福祉手当が１万4850円、特別障害者手当が２万7300円である（経過的福祉手当は障害児福祉手当と同額）。

（ｄ）受給資格者・所得制限

（ア）受給資格者

特別児童扶養手当の受給資格者は、障害児を監護する父または母、それらに

代わる養育者である。養育者の場合は、障害児と同居して監護し、かつ、生計維持していることが要件となる（特児扶手3条1項）。それに対し、障害児福祉手当は、障害のため必要となる特別の負担の軽減という趣旨から、重度障害児本人が受給資格者となる（特児扶手17条本文）。また、同様の趣旨を持ち、かつ、20歳以上を対象とする特別障害者手当は、当然に、特別障害者本人が受給資格者となる（特児扶手26条の2本文）。

（イ）所得制限

ほかの社会手当と同様に、いずれの手当にも扶養親族等の数に応じた所得制限が設けられている。各手当について、受給資格者本人の所得制限額と、受給資格者の配偶者・扶養義務者に対するそれより緩やかな所得制限の2種類が定められている。

（e）その他（支払時期、費用負担）

いずれの手当も、認定請求日の属する月の翌月分から支給が開始し、支給事由が消滅した日の属する月で終わる。特別児童扶養手当は、4月・8月・12月の年3回、各前月分までが支払われ（ただし、12月期は11月に同月分までを支給することが認められている）（特児扶手5条の2第1～4項）、障害児福祉手当と特別障害者手当は、2月・5月・8月・11月の年4回、各前月分までが支払われる（特児扶手19条の2・26条の5）。

費用は、特別児童扶養手当は支給主体となる国の全額負担であるが（認定は都道府県知事・指定都市の長（特児扶手5条1項））、障害児福祉手当と特別障害者手当は、国：支給主体（都道府県、市または福祉事務所設置町村）＝3：1の割合で負担する。

4　「幼児教育・保育の無償化」と望ましい子育て保障のあり方

待機児童問題の解消の決め手のひとつとなる保育人材確保に見通しが立たない中、子ども・子育て支援法の2019（令和元）年5月の改正により、同年10月から、3歳以上の幼児教育・保育、3歳未満の住民税非課税世帯の保育の無償化がスタートした。なお、無償化される公的保育とのバランスをとるため、認

可外の保育施設等についても「子育てのための施設等利用給付」（子育て支援30条の2以下）を設けて、補助を行うようになった。

　保育制度の利用者負担は、もともと応能負担であるため、保育の無償化は高所得層ほど恩恵が大きいことが指摘される。もし、保護者が子育てについて「第一義的責任」を有する考え方を一貫させるのであれば、保護者の扶養能力に応じた自己負担を求めることが自然である。無償化の提案は、新制度の施行前から議論されていた。実のところ、理論的に導き出されたものというよりは、教育の無償化に端を発した政策的なものである。

　保育はそれを必要とする世帯のみを対象とする制度であり、それに対して、児童手当は子育て家庭一般を広く対象とする。その意味で、児童手当が持つ意義は大きい。ただ、児童手当は、現在かなり緩やかな所得制限を見直して、高所得世帯の手当を縮小・廃止する方向へ向かっている。それによって捻出された財源は、待機児童対策に充てると説明されている。

　保育サービスのような子どもに確実に届くサービス給付を優先的に充実させることにも一定の合理性があるが、他方で、使い途を受給者自身で決定できる児童手当のような金銭給付は、自律的な給付として意義がある。限られた財源の中どこに重点化するかといった議論になりがちだが、子育て支援を本気で進めるのならば、サービス給付か金銭給付か「どちらか」ではなく、「どちらも」充実させることが望ましいあり方ではないだろうか。

第 7 章

最低生活の保障

この章で学ぶこと

　低所得者に対する社会的支援は、憲法25条の規定する「健康で文化的な最低限度の生活」線の上と下との2つの層に分かれる。

　「健康で文化的な最低限度の生活」線より下位の生活を余儀なくされる者があれば、国の責任で当該国民を「健康で文化的な最低限度の生活」線上まで引き上げるのが生活保護法である。

　これに対して「健康で文化的な最低限度の生活」線の上位で生活しながら、困窮に追い込まれている国民に対する自立支援のための現物給付（サービス給付）の支援を規定するのが生活困窮者自立支援法である。

　生活困窮者自立支援法と生活保護法は、貧困に対する全般的な生活支援の法であるが、生活を追い詰めるような具体的・個別的な家計負担などへの対応として貸付制度や就学援助制度などの関連制度がある。これらは生活全般の支援ではなく、個別的・局所的な困難への対応であり、支援対象は明確であり、当事者の自主性がより尊重されている。

　本章では貧困に陥る過程での生活支援の法と、貧困に陥った状態での生活保障の法と論理、そして関連法制を学ぶ。

1　生活困窮者自立支援法の原理と法体系

（i）はじめに

　生活困窮者自立支援法の「就労準備支援事業」は、直ちに働くことが困難な人を対象にし、福祉事務所を置く都道府県や市町村に実施の努力義務があるが、九州では7県のうち宮崎が未実施、市町村でも熊本を除く6県の計55市町村が、「予算不足」などの財源や事業委託先がない、あるいは不足しているなどを理由に未実施で、長期離職者や引きこもりの人たちの自立に向けたサポー

トに地域格差が生まれているとの新聞報道がなされている（西日本新聞2020年2月3日　大坪拓也）。全国知事会は2019年8月、「都道府県全域に事業を広める必要がある」として、国に対し都道府県や市町村への事業補助率を現行の3分の2から全額補助に引き上げるよう要望した。

　「第2のセーフティーネット」なのに地域差がなぜ生じてしまうのだろうか。その仕組みを見てみよう。

（ⅱ）生活困窮者自立支援法の理念と原理

　「生活困窮者自立支援法」は経済的に困窮している者を対象とするが、一般的な生活支援の法ではない。現在、生活に困窮していて、そのままでは最低限度の生活を維持できなくなる可能性がある者を支援する制度である。このような状況は、収入のない状態（多くの場合は、就労していない）が継続しているか、支出が収入を大幅に上回る状態が恒常的である場合に生じる。

　就労していない者に対しての支援は、労働市場への再入の可能であることが前提となっている。したがって本法は、第一義的には、中長期的に見て就労の可能性あるいは潜在的可能性がある者への、労働市場への参入、再参入の促進支援が中心となる。本法の目的は本人の自立であるので、就労の可能性あるいは潜在的可能性とは、直ちに就労に結びつく必要はなく、その点では職業訓練とは異なり、むしろ社会関係の再構築などの調整の側面がある。

　本法が想定する第2の支援は、支出が収入を大幅に上回る状態が恒常的である場合に対応するもので、家計における支出のコントロールである。

　第3に、貧困の次世代伝播を止めるための支援である。

　これらの支援は、本人自身の自立への行動の支援であるので、自己決定の尊重などの社会福祉サービス給付と同様の要請が課される。

（ⅲ）生活困窮者自立支援法の目的

　生活困窮者自立支援法は、生活困窮者への自立相談支援事業の実施や住居確保給付金の支給など生活困窮者に対する自立の支援に関する措置を講ずることにより、生活困窮者の自立の促進を図ることを目的とする（生活困窮支援1条）。

　「生活困窮者」とは、「就労の状況、心身の状況、地域社会との関係性その他の事情により、現に経済的に困窮し、最低限度の生活を維持することができなくなるおそれのある者」（生活困窮支援3条）をいう。

　生活困窮者に対する自立の支援は、生活困窮者の尊厳の保持を図りつつ、生活困窮者の就労の状況、心身の状況、地域社会からの孤立の状況その他の状況に応じて、包括的かつ早期に行われなければならない（生活困窮支援2条1項）。またそれは「地域における福祉、就労、教育、住宅その他の生活困窮者に対する支援に関する業務を行う関係機関及び民間団体との緊密な連携その他必要な支援体制の整備に配慮して行われなければならないことを（同援2条2項）「基本理念」としている。

　国と地方自治体はそれぞれ生活困窮者の自立支援事業に実施の責務を負っている（生活困窮支援4条以下）。市（特別区を含む）、福祉事務所を設置する町村は、生活困窮者自立相談支援事業、生活困窮者住居確保給付金の支給を行う責務がある。都道府県は、生活困窮者自立相談支援事業及び生活困窮者住居確保給付金の支給を行うことの他、市等が行う生活困窮者自立支援に関する事業が適正かつ円滑に行われるよう、市等に対する必要な助言、情報の提供その他の援助を行う責務を負う。

　国は、都道府県、市等が行う生活困窮者の自立支援の事業などに関して、必要な助言、情報の提供その他の援助を行わなければならない。

図表1　生活困窮者自立支援法の支援

名　称	内　容	実　施
生活困窮者自立相談支援事業	①就労の支援などの自立に関する問題について、生活困窮者、家族その他の関係者からの相談に応じ、必要な情報提供、助言、関係機関との連絡調整を行う事業。 ②生活困窮者に対し、認定生活困窮者就労訓練事業の利用についてのあっせんを行う事業。 ③生活困窮者に対し、支援の種類、内容などの事項を記載した計画の作成、訪問による本人の状況の把握、支援者との連絡調整など生活困窮者の自立の促進を図るための支援が包括的かつ計画的に行われるための援助を行う事業。 ＊期間の定めなし	必須事業

生活困窮者住居確保給付金	離職などにより経済的に困窮し、居住する住宅の所有権、賃貸権などを失い、あるいは賃借住宅の家賃の支払いが困難となった者で、就職を容易にするため住居を確保する必要があると認められる者に家賃相当額を支給する給付金。 ※資産収入等に関する要件を満たしていること	必須事業
生活困窮者就労準備支援事業	雇用による就業が著しく困難で、直ちに就労ができない生活困窮者に対し、一年を超えない一定期間、一般就労に向けた基礎能力を養いながら就労に向けた支援や就労機会の提供を行う。 ※資産収入等に関する要件を満たしていること	努力義務
生活困窮者家計改善支援事業	生活困窮者に対し、収入、支出その他家計の状況の適切な把握や家計の改善の意欲を高めることを支援する。また生活に必要な資金の貸付けのあっせんを行う事業。 ＊期間の定めなし	努力義務
生活困窮者就労訓練事業	一般就労が直ちには困難な者のために、作業機会を提供しながら、個別の就労支援プログラムに基づき、一般就労に向けた支援を中・長期的に実施する就労のための訓練事業（「中間的就労」）。	努力義務
子どもの学習・生活支援事業	①生活困窮者である子どもに対し、学習の援助を行う事業。 ②生活困窮者である子どもやその保護者に対し、子どもの生活習慣、育成環境の改善に関する助言を行う事業。 ③子どもの進路選択その他の教育、就労に関する問題について、当該子どもやその保護者からの相談に応じ、必要な情報の提供、助言、関係機関との連絡調整を行う事業。 ＊期間の定めなし ※資産収入等に関する要件を満たしていること	
生活困窮者一時生活支援事業	①一定の住居をもたない生活困窮者に対し、宿泊場所の供与、食事の提供など日常生活を営むのに必要な便宜を当該宿泊場所において一定期間、供与する事業。 ②以下の生活困窮者に対し、一定期間、訪問による必要な情報の提供、助言など、現在の住居において日常生活を営むのに必要な便宜を供与する事業。 イ　①に掲げる事業を利用していた生活困窮者で、現在一定の住居を有する者。 ロ　現在の住居を失うおそれのある生活困窮者であって、地域社会から孤立している者。 ＊原則３か月を超えない。必要な場合は６か月を超えない範囲	

出典：筆者作成

（a）支援会議

生活困窮者に対する自立の支援を図るために必要な情報の交換を行い、生活

困窮者が地域において日常生活、社会生活を営むのに必要な支援体制に関する検討を行うために、都道府県等は、関係機関、都道府県から生活困窮者自立相談支援事業の委託を受けた者、生活困窮者に対する支援に関係する団体、当該支援に関係する職務に従事する者その他の関係者により構成される会議（「支援会議」）を組織することができる（生活困窮支援9条1項）。

（b）財　源

　生活困窮者自立支援制度にかかる費用は、実施自治体がまずこれを支弁し、のちに国が一部または全部を負担する。残りは自治体の負担となる。

図表2　費用の負担

実施事業	国の負担
市等が行う生活困窮者自立相談支援事業の実施に伴う費用	3／4
「市・生活困窮者住居確保給付金の支給」に要する費用	3／4
都道府県・生活困窮者住居確保給付金の支給に要する費用	3／4
道府県・就労準備支援事業 生活困窮者一時生活支援事業の実施	2／3以内で補助できる
家計改善支援事業 子どもの学習・生活支援事業	1／2以内で補助できる
福祉事務所未設置の町村の事業	3／4以内で補助できる

　出典：筆者作成

2　生活保護の原理と法体系

（ⅰ）はじめに

　生活保護法は社会保障諸法の中でも憲法25条に制度が立脚していることを明示している。憲法25条によれば「健康で文化的な最低限度の生活を営む」ことは国民の「権利」である。にもかかわらずその「権利」行使に有形・無形の阻害要因が存在している。例えば以下の記事にあるような生活保護を申請する際の「親族への扶養照会」である。

　日雇い労働者の街として知られる大阪市西成区の「あいりん地区」に流れ着いた東海地方出身の40代の男性は、生活保護の申請に訪れた福祉事務所の窓口で職員から「家族がいるのなら扶養照会をさせてもらう」と言われ、迷ったという。男性の母は亡くなり、年老いた父は実家で細々と年金生活を送る。弟は結婚して家庭を持つ。東京で働いていたはずの自分は大阪に流れ着き困窮している。男性は「お金の面で家族に迷惑をかけたくないし、結びつきの薄い家族に自分の困窮ぶりを知られるのもつらい。扶養照会はしてほしくなかった」その心情を吐露している（「生活保護　申請に壁——親族に支援の可否照会する制度」朝日新聞2021年3月30日）。

　新型コロナの蔓延で私たちの暮らしは、予想外の危機にさらされている。昨日までの安定した生活が、明日も続くとは限らない。わが国の憲法25条はすべての国民が「健康で文化的な最低生活」を営む権利、すなわち生存権を規定し、それを保障しているはずなのに、その権利を行使するのに、なぜ「壁」が存在するのだろうか。それともこの「壁」は生活保護制度が理論的にも当然存在すべきものなのだろうか。また生存の危機に直面するような場面に遭遇しない限りは、生活に対する支援は何もないのだろうか。

（ii）生活保護法の目的と原理

　就労による収入で自立生活ができなくなった場合に、最後のセーフティネットとして機能するのが、生活保護制度である。生活保護は、本人の収入、財産、資産、能力などすべてを活用してもなお必要な最低生活を維持できない場合に、無拠出で国家により公費でその最低生活を保障し、同時にその者の自立を促すものである。したがって最低生活保障のための現金給付と、自立のための生活指導が併せて行われることになる。生活保護は、「最低限度の生活保障」は現金給付で行い、「自立助長」は、現金給付に加えて非金銭的給付（現物給付）が、専門職による個別的な対人的援助という形で行われる。

　最低生活保障のための金銭給付額は、最低生活線と本人の収入、資産との差額になる。このため給付にあたっては、資力調査が行われることとなる（そのための調査権限が、実施機関に与えられている）。

図表3　最低生活と生活保護費

「健康で文化的な最低限度の生活」ライン

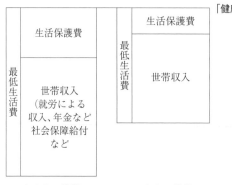

Aさんの世帯　　　Bさんの世帯

出典：筆者作成

　生活保護は、貧困世帯に主に金銭給付による支援を行うが、これは戦前の救貧政策とは異なる。生活保護による支援は、国民の「権利」であり、国家からの「恩恵」ではない。この点を明らかにするために、法は冒頭1条から4条に生活保護の原理を掲げている。「最低生活保障と自立助長の原理」、「無差別平等の原理」、「最低生活保障の原理」、「保護の補足性の原理」である。これらは生活保護法の基本原理であって、この法律の解釈及び運用は、すべてこの原理に基づいてなされなければならない（生保5条）。

（ⅲ）生活保護法の目的──最低生活保障と自立助長の原理

　生活保護制度の目的は、国民の最低限度の生活保障と、自立を助長することである（生保1条）。生活保護は、憲法25条に規定する理念に基き、国が生活に困窮するすべての国民に対し、その困窮の程度に応じ、必要な保護を行い、その最低限度の生活を保障するとともに、その自立を助長することを目的とすると規定し、これが生活保護法の性格を規定し、最も根本的で重要な原理となる（最低生活保障と自立助長の原理、生保1条）。

　生活保護は、憲法25条が規定する「健康で文化的な最低限度の生活を保障する」ものである。一方で、生活保護は「自立」を目的としており、そのために

現金給付による所得保障のみならず、「自立」のための相談・指導を規定する。生活保護法は、生活保護基準に達していない経済的状態では、自立（経済的自立）は不可能であり、それゆえ自立のための相談・指導が必要であるということを、法の仕組みとして取り入れていることになる。

　ここでいう「自立」は、経済的に他者に依存しないという意味での自立だけを意味するものではない。生活保護制度のあり方を、国民の最低生活保障を行うだけでなく、被保護世帯が安定した生活を再建し、地域社会への参加や労働市場への「再挑戦」を可能とするための「バネ」としての働きを持たせる方向での生活保護制度の再検討を行いそのための提言を行った「社会保障審議会福祉部会　生活保護制度の在り方に関する専門委員会　報告書」（平成16（2004）年12月15日）は、生活保護制度における「自立」を、就労による経済的自立のための支援（就労自立支援）のみならず、それぞれの被保護者の能力やその抱える問題等に応じ、身体や精神の健康を回復・維持し、自分で自分の健康・生活管理を行うなど日常生活において自立した生活を送るための支援（日常生活自立支援）や、社会的なつながりを回復・維持するなど社会生活における自立の支援（社会生活自立支援）をも含むものであると指摘した。

（ⅳ）最低生活保障の原理

　「法により保障される最低限度の生活は、健康で文化的な生活水準を維持することができるものでなければならない」（最低生活保障の原理、生保3条）。朝日訴訟では生活扶助基準が「健康で文化的な生活水準を維持することができるもの」であるかが争われたものである。

（ⅴ）無差別平等の原理と外国人の生活保護受給

　生活保護の最低生活保障と自立助長という目的を達成するために、「すべて国民は、この法定の要件を満たせば、生活保護を無差別平等に受けることができる」とする（無差別平等の原理、生保2条）。

　無差別平等の原理では、外国人の適用が問題となる。生活保護法の条文では「国民」と規定されているが、行政実務では永住外国人や在留資格を持つ外国

人には生活保護法を「準用」する扱いがなされている。この「準用」について
は、国は外国人に対する生活保護について一定の範囲で保護の法的義務を負う
とする裁判例があるが（福岡高判平23・11・15賃社1561号36頁）、最高裁は同事件
については否定的で外国人の生活保護適用を認めない（最判平26・7・18賃社
1622号30頁）。

（ⅵ）保護の補足性の原理

　生活保護法4条1項は「保護は、生活に困窮する者が、その利用し得る資
産、能力その他あらゆるものを、その最低限度の生活の維持のために活用する
ことを要件として行われる」と規定し、2項は民法が規定する扶養義務者の扶
養及び他の法律に定める扶助は、すべて生活保護法の保護に優先すると規定す
る。

　最低生活保障のための金銭給付額は、最低生活線と本人の収入、資産との差
額になる。このため給付にあたっては、資力調査が行われることとなる（その
ための調査権限が、実施機関に与えられている）。

　「その利用し得る資産、能力その他あらゆるものを、その最低限度の生活の
維持のために活用すること」とは、就労能力があるのであれば求職活動をし可
能であれば就労し賃金を稼得することであり、車、ゴルフの会員券など換金で
きる財産については換金し生活費とする、ということである。また民法上の扶
養義務者がいれば、まずその者からの扶養によって生計を立てることを考え、
社会保険法の給付など他法の給付や扶助があれば、それが生活保護より先に活
用されるべきであるということである。

（ⅶ）資産活用
（ａ）預貯金の保持

　資産活用等で問題となるものに被保護者の預貯金がある。自立のために貯蓄
するという行為は、将来設計へ向けての自己決定であるという点からすれば、
まさに自立の自主的な歩みである。しかしこのような行為が、しばしば資産活
用との関係で問題となる。

　生活保護費を節約して娘のために積み立てた学資保険の満期返戻金のほとんどすべてを収入と認定し、それに基づいてなされた生活保護変更（減額）処分を争った事例（いわゆる中嶋訴訟）につき、最高裁（最判平16・3・16民集58巻3号647頁）は、「生活保護法の趣旨目的にかなった目的と態様で保護金品等を原資としてされた貯蓄等は，収入認定の対象とすべき資産には当たらないというべきである」とし、「被保護世帯において，最低限度の生活を維持しつつ，子弟の高等学校修学のための費用を蓄える努力をすることは，同法の趣旨目的に反するものではない」と判示した。

　また将来の介護費用のために、生活保護受給者が、収入認定された障害年金と生活保護費で蓄えた預貯金の一部を、市が収入と認定し保護費を減額する保護変更処分をし、また、その一部についてその使途を弔慰の用途に限定する指導指示をしたことを争った事例（いわゆる加藤訴訟）で、秋田地裁（秋田地判平5・4・23判時1459号48頁）は、「生活保護費のみ、あるいは、収入認定された収入と生活保護費のみが源資となった預貯金については、預貯金の目的が、健康で文化的な最低限度の生活の保障、自立更生という生活保護費の支給の目的ないし趣旨に反するようなものでないと認められ、かつ、国民一般の感情からして保有させることに違和感を覚える程度の高額な預貯金でない限りは、これを、収入認定せず、被保護者に保有させることが相当で、このような預貯金は法四条、八条でいう活用すべき資産、金銭等には該当しないというべきである」とした。

（b）自動車の保有

　生活保護受給にあたり、自動車を保有していることが問題になる。それは自動車が一方では財産的価値を持つものであり、一方では公共交通機関が十分でない地域や、就職活動のためや、身体状況によっては不可欠な移動手段でもあるという二側面をもつからである。行政は身体障害者の自動車保有は認めているが、その他の場合は自動車保有には否定的で保護を廃止することも多いが、裁判では自動車保有を理由とする保護廃止には否定的な判決もある（枚方自動車保有訴訟判決：大阪地判平25・4・19賃社1591＝1592号64頁）。

（ⅷ）能力活用

労働能力の活用については、生活保護申請に対し、申請人が稼働能力を活用していないとの判断し、医療扶助のみを認め生活扶助及び住宅扶助を認めなかった生活保護開始決定について、これを違法として争った事例（いわゆる林訴訟）で、名古屋地裁（名古屋地判平8・10・30判時1605号34頁）は、「法四条一項に規定する「利用し得る能力を活用する」との補足性の要件は、申請者が稼働能力を有する場合であっても、その具体的な稼働能力を前提とした上、申請者にその稼働能力を活用する意思があるかどうか、申請者の具体的な生活環境の中で実際にその稼働能力を活用できる場があるかどうかにより判断すべきであり、申請者がその稼働能力を活用する意思を有しており、かつ、活用しようとしても、実際に活用できる場がなければ、「利用し得る能力を活用していない」とは言えない」と判決している。ただし控訴審（名古屋高判平9・8・8判時1653号71頁）は、稼得能力活用の機会、場所が存在したとして地裁判決を取り消した。

本件判決後、行政の運用は、①稼働能力があるか、②その稼働能力を活用する意思があるか、③稼働能力を活かす就労の機会があるか、という三要件によって、稼働能力の活用の有無を判断している（平10社会援護局通知）。①の稼働能力の有無はある程度客観的に判断でき、②の稼働能力の活用の意思も求職活動などにより客観的に判断できる。③の稼働能力を活かす就労の機会は、受給者の学歴や就労スキル、コミュニケーション能力など当人の要素に加えて、労働市場によっても左右され、容易には判断できない。にもかかわらず行政は機械的に判断する傾向にあり、しばしば訴訟になる。

裁判例では「当該生活困窮者が、その具体的な稼働能力を前提として、それを活用する意思を有しているときには、当該生活困窮者の具体的な環境の下において、その意思のみに基づいて直ちにその稼働能力を活用する就労の場を得ることができると認めることができない限り、なお当該生活困窮者はその利用し得る能力を、その最低限度の生活の維持のために活用しているものであって、稼働能力の活用要件を充足するということができると解するのが相当である」と判示している（新宿区ホームレス生活保護裁判（新宿七夕訴訟：東京地判平

23・11・8賃社1553＝1554号63頁、東京高判平24・7・18賃社1570号42頁、同旨、岸和田訴訟判決：大阪地判平25・10・31賃社1603＝1604号81頁）。

（ⅸ）民法の扶養義務

　民法は一定の親族に扶養義務を課している。配偶者（民752条）、直系血族、兄弟姉妹（同877条）、家庭裁判所の審判により課される3親等内の親族（同877条2項）である。このうち夫婦間の扶養、未成熟の子に対する親の扶養は、自己の生活と相手の生活が同じ水準となる程度の扶養でなければならないとするのが民法の通説である。

　民法の親族扶養の履行は、生活保護受給の要件ではない。つまり生活保護受給のためには親族扶養が必要なわけではなく、親族扶養があった場合には、生活保護の支給額算出に当たり、現実の親族扶養の額が差し引かれるという、保護費の算定に関して考慮される事項である。この点で冒頭の記事のような扱いは、生活保護法における「親族扶養」を偏重しているといえる。

（ｘ）保護の原則

　生活保護法にはさらに、第2章に「保護の原則」が規定されている。これらの「原則」には「例外」が想定されており、例外的事態に対しては、「原理」に沿った解釈・運用がなされることになる。

図表4　生活保護の原則

原　　則	内　　容
申請保護の原則 （生保7条）	保護は、要保護者、その扶養義務者またはその他の同居の親族の申請によって開始される。ただし、要保護者が急迫した状況にあるときは、保護の申請がなくても、必要な保護を行うことができる（職権主義）
基準及び程度の 原則（同8条）	保護は、厚生労働大臣の定める基準により測定した要保護者の必要性をもとに、その者の金銭または物品で満たすことのできない不足分を補う程度で行う。そしてその基準は、要保護者の年齢、性別、世帯構成別、所在地域別その他保護の種類に応じて必要な事情を考慮した最低限度の生活の需要を満たすに十分なものであつて、かつ、これをこえないものでなければならない

必要即応の原則 （同9条）	保護は、要保護者の年齢、性別、健康状態等その個人または世帯の実際の必要の相違を考慮して、有効かつ適切に行わねばならない
世帯単位の原則 （同10条）	保護は、世帯を単位としてその要否及び程度が定められる ＊世帯分離

出典：筆者作成

　なお世帯単位の原則で、生活保護の目的が適正に達せられないときには、世帯分離という方法がとられる。これは収入のない者を世帯から分離し、その者を保護する場合や、世帯の中で収入のある者を分離し、世帯に残る者を保護する場合に採用される。

（xi）保護の種類と範囲

　保護には、生活扶助、教育扶助、住宅扶助、医療扶助、介護扶助、出産扶助、生業扶助、葬祭扶助の8種類があり、必要に応じ、単独でまたは併給される（生保11条）。保護世帯が受ける保護費はこれらを合算したものとなる。これらの給付は原則的に現金でなされる（医療扶助、介護扶助は現物給付である）。各扶助は「困窮のため最低限度の生活を維持することのできない者」が対象となる。生業扶助は、当事者の稼働能力を引き出し、それを助長することによって、その者の自立を図ることを目的としており、「困窮のため最低限度の生活を維持することのできない者」だけでなく「そのおそれのある者」が対象となる。

　また生活扶助は、原則的に被保護者の居宅において行われる。ただし、それが不可能な場合や、在宅では保護の目的を達成できないとき、または被保護者が希望したときは、後述の救護施設、更生施設、日常生活支援住居施設、その他の適当な施設に入所して支援を受けることもできるし、私人の家庭に養護を委託して行うこともできる（生保30条）。

図表 5　扶助の種類

扶助の種類	扶助の種類
生活扶助（生保12条）	衣食その他日常生活の需要を満たすために必要なものにかかる費用 居宅において生活扶助を行う場合の保護金品は、世帯単位に計算し、世帯主またはこれに準ずる者に対して交付する
教育扶助（同13条）	教科書その他の学用品、通学用品、学校給食その他義務教育に伴って必要なものにかかる費用
住宅扶助（同14条）	居住、や補修その他住宅の維持のために必要なものかかる費用
医療扶助（同15条）	診察、薬剤、医学的処置、手術及びその他の治療ならびに施術、居宅における療養上の管理及びその療養に伴う世話その他の看護、病院または診療所への入院及びその療養に伴う世話その他の看護、移送にかかる費用 　現物給付（同34条）
介護扶助（同15条の2）	居宅介護、福祉用具、住宅改修、施設介護、介護予防、介護予防福祉用具、介護予防住宅改修、移送 　現物給付（同34条の2）
出産扶助（同16条）	分娩の介助、分娩前後の処置、脱脂綿、ガーゼその他の衛生材料にかかる費用
生業扶助（同17条）	生業に必要な資金、器具または資料、生業に必要な技能の修得、就労のために必要なものにかかる費用 ＊困窮のため最低限度の生活を維持することのできない者またはそのおそれのある者に対して、これによって、その者の収入を増加させ、またはその自立を助長することのできる見込のある場合に支給される ※高校進学が自立に効果的とみなされた場合に、教材費や授業料をカバーする「高等学校等就学費」が支給される
葬祭扶助（同18条）	遺体の運搬、火葬または埋葬、納骨その他葬祭のために必要なものにかかる費用

出典：筆者作成

　扶助基準は地域ごとに厚生労働大臣が決定する。

　生活保護には在宅ではその目的を達せられない場合に入所し保護を受ける保護施設がある。保護施設の種類は、救護施設、更生施設、医療保護施設、授産施設、宿所提供施設の5種類である（生保38条）。他に生活扶助の委託先として日常生活支援住居施設がある。日常生活支援住居施設とは、居宅で日常生活を

送ることが困難だが、救護施設などの社会福祉施設の入所対象とならない生活
保護受給者が、必要な支援を受けながら生活を送る施設であり、サービスの質
が確保された無料低額宿泊所（社福2条3項8号）が都道府県に申請・登録する
ことで事業を実施する。

　なお生活保護は居宅における支援が原則であり、施設入所が強制されるもの
ではない。ホームレス、野宿の者が生活保護を申請した場合にも、アパートな
どで支援を希望すれば、その希望が尊重される（新宿七夕訴訟：東京地判平23・
11・8賃社1553＝1554号63頁、東京高判平24・7・18賃社1570号42頁）。

図表6　生活保護の施設

施設の種類	対象要保護者	目　的
救護施設（生保38条2項）	身体上・精神上著しい障害が あるために日常生活を営むこ とが困難な要保護者	生活扶助 入所
更生施設（同38条3項）	身体上・精神上の理由により 養護及び生活指導を必要とす る要保護者	生活扶助 入所
医療保護施設（同38条4項）	医療を必要とする要保護者	医療の給付
授産施設（同38条5項）	身体上・精神上の理由または 世帯の事情により就業能力の 限られている要保護者	就労または技能の修得のため に必要な機会及び便宜を与え て、その自立を助長すること
宿所提供施設（同38条6項）	住居のない要保護者の世帯	住宅扶助

出典：筆者作成

　救護施設は、身体上または精神上著しい障害があるために日常生活を営むこ
とが困難な要保護者を入所させるが、入所者は、心身の条件に応じて、機能の
回復または減退の防止の訓練や作業に参加する機会が与えられる（「救護施設、
更生施設、授産施設及び宿所提供施設の設備及び運営に関する基準」昭41・7・1厚令
18、16条2項）。また更生施設で行われる生活指導は、入所者の勤労意欲を助長
するとともに、退所後健全な社会生活を営めるように作成された更生計画に基
づいて行われる（同20条）。更生施設は、作業指導により、退所後自立するのに

必要な程度の技能を習得させねばならない（同21条）。授産施設は、利用者に対して、作業を通じて自立に必要な指導を行わねばならないし（同27条）、作業に関して工賃が支払われる（同26条）。

（xii）自立に向けての給付

　生活保護の扶助は、基本的には最低生活保障のためのものである。生活保護法には最低生活保障とは目的が異なる、自立のための給付も存在する。これは現在の最低生活を保障するものではなく、就労や進学へ向けての支援である。

図表7　自立に向けての給付

名　称	内　容
就労自立給付金制度 （生活保護55条の4）	被保護者が、厚生労働省令で定める安定した職業に就いたことなどの事由により保護を必要としなくなったと認められた場合に、都道府県知事、市長及び福祉事務所を管理する町村長から支給される。 具体的には、最低給付額（単身世帯：2万円、複数世帯：3万円）に仮想積立期間中、就労収入の10％を積み立てたとして支給する。
進学準備給付金の支給 （同55条の5）	大学等への入学が確実と認められる被保護者に、都道府県知事、市長及び福祉事務所を管理する町村長は、進学準備給付金を支給する。 貧困の連鎖を断ち切るために進学が支援され、進学に伴う新生活の立ち上げ費用をカバーするため、自宅通学者は10万円、自宅外通学者には30万円が一時金として支給される。
被保護者就労支援事業 （同55条の7）	保護の実施機関は、就労の支援に関する問題につき、被保護者からの相談に応じ、必要な情報の提供及び助言を行う。 具体的には、福祉事務所の就労支援員等による相談、助言、個別の求人開拓や定着支援等の実施のほか、稼働能力や適性の判定、ハローワークや社会福祉法人による支援連携体制の構築などである。

出典：筆者作成

（xiii）保護機関の権限と責務

　保護の実施機関（都道府県知事、市長、福祉事務所を管理する町村長）は、生活保護の適切で実効性のある運用のため、以下のような権限が与えられている。

　ただしこれらの権限は生活保護の「適切で実効性のある運用のため」のものであり必要最小限にとどめられるべきもので、行政がこれらの行動をとった場合にも違法にはならないという程度の意味にとどめられるべきである。

図表8　保護の実施機関の権限

権　限	内　容
指導、指示（生保27条）	被保護者に対して、生活の維持、向上その他保護の目的達成に必要な指導、指示をすること
相談、助言（同27条の2）	要保護者から求めがあれば、自立助長のために、要保護者からの相談に応じ、必要な助言をすること
住居立入調査（同28条）＊	保護の決定、実施のため、要保護者の資産状況、健康状態その他の事項を調査するために、その住居に立ち入り調査すること
医療機関受診命令（同28条）＊	保護の決定、実施のため、健康状態その他の事項を調査するために、当該要保護者に対して、医療機関等の受診を命ずること
扶養義務者、同居親族などへの報告要請（同28条2項）	保護の開始、変更の申請などの添付書類の内容を調査するため、要保護者の扶養義務者、同居の親族などに対して報告を求めること
金融機関、雇主等関係者に対する報告要請（同29条）	保護の実施機関及び福祉事務所長は、要保護者、その扶養義務者の資産・収入の状況について、官公署などに調査を嘱託し、金融機関、その雇主その他の関係者に、報告を求めること
保健指導、健康保持・増進事業の実施（同55条の8）	保護の実施機関は、被要保護者の保健指導、医療受診の勧奨その他の健康の保持、増進を図るための事業を実施する

＊要保護者がこれらを拒否・忌避・妨害したり、検診命令に従わないときは、実施機関は保護の開始もしくは変更の申請を却下し、または保護の変更、停止もしくは廃止をすることができる（同28条）。

出典：筆者作成

（ⅹⅳ）生活保護の利用手続

　生活保護は申請主義をとっているので保護を希望する者みずからが申請しなければならない（申請保護の原則）。保護を必要とする本人、その扶養義務者、

その他の同居の親族の申請が必要である（生保 7 条）。ただし保護を必要とする者が急迫した状況にあるときは、保護の申請がなくても、行政は必要な保護を行うことができる（同 7 条但書）。

　申請は特段の事情がない限りは申請書の提出により、保護を必要とする者の氏名、住所または居所、保護を受けようとする理由、保護を必要とする者の資産、収入の状況、その他要保護者の保護の要否、種類、程度及び方法を決定するために必要な事項などを記載しなければならない（生保24条）。

　居住している自治体の市役所や福祉事務所で申請し、その後、自治体の担当ケースワーカーがその家庭を訪問し生活状況等を調査する。この調査に基づき、世帯の収入を算定し、保護の基準に不足する分について扶助を行う。

　行政機関は、保護の開始の申請があったときは、保護の要否、種類、程度及び方法を決定し、申請者に対して、決定の理由を記載した書面によって通知しなければならない。この通知は、申請のあった日から14日以内にしなければならないが、扶養義務者の資産及び収入の状況の調査に日時を要する場合その他特別な理由がある場合には、これを30日まで延ばすことができる。

（xv）被保護者の権利と義務
（a）被保護者の権利

　生活保護が国民の「権利」である以上、他の一般的な「権利」とかわるものではない。しかし恣意的な行政を防止するために、いくつか代表的な「権利」が規定されている。したがって被保護者の「権利」はもちろんこれらにとどまるものではない。

　被保護者は、正当な理由がなければ、既に決定された保護を、不利益に変更されることがない（不利益変更の禁止、生保56条）。

　被保護者は、保護金品及び進学準備給付金などが租税その他の公課の対象となることはない（公課禁止、生保57条）。

　また被保護者は、既に給与を受けた保護金品及び進学準備給付金またはこれらを受ける権利を差し押さえられることがない（差押禁止、生保58条）。

（b）被保護者の義務

　被保護者の義務については、法は道義的な義務から手続上の義務まで、性質
の異なる義務が混在して規定されている（下表参照）。抽象度の高い義務もあ
り、義務違反を保護処分の停廃止、変更とするには、義務の内容が明確であ
り、義務違反の程度が明瞭で重大である必要がある。

図表9　被保護者の義務

義　務	内　容
譲渡禁止（生保59条）	保護または就労自立給付金、進学準備給付金の支給を受ける権利は、他人に譲渡してはならない
生活上の義務（同60条）	能力に応じて勤労に励み、自ら、健康の保持及び増進に努め、収入、支出その他生計の状況を適切に把握するとともに支出の節約を図り、その他生活の維持及び向上に努めなければならない
届出義務（同61条）	収入、支出その他生計の状況について変動があったとき、または居住地もしくは世帯の構成に異動があったときは、すみやかに、保護の実施機関または福祉事務所長にその旨を届け出なければならない
指示等に従う一般的な義務（同62条）	保護の実施機関が、被保護者を救護施設などの施設に入所させることを決定したとき、または被保護者に対し必要な指導または指示をしたときは、被保護者はこれに従わなければならない
費用返還義務（同63条）	被保護者が、急迫の場合等において資力があるにもかかわらず、保護を受けたときは、その費用を支弁した都道府県または市町村に対して、すみやかに、その受けた保護金品に相当する金額の範囲内で保護の実施機関の定める額を返還しなければならない

出典：筆者作成

　なお「指示等に従う一般的な義務」（生保62条）に関して、義務違反があった
場合には、保護の実施機関は、保護の変更、停止または廃止をすることができ
る（同条3項）。保護の実施機関はこの場合、被保護者に対して処分の理由を示
し、弁明の機会を与えなければならない（同条4項）。

（xvi）不服申立て

　生活保護に関する行政の決定に不服のある場合には、都道府県知事に対して審査請求をすることができる（生保64条）。さらに審査請求についての都道府県知事の裁決に不服がある者は、厚生労働大臣に対して再審査請求をすることができる（同66条）。

　これらの審査請求、再審査請求に関しては、「裁決をすべき期間」が法定されており、基本的に50日以内に裁決がされなければならない（生保65条）。この期間内に裁決がなされない場合には、厚生労働大臣または都道府県知事が当該審査請求を棄却したものとみなすことができる（同条2項）。生活保護法では行政庁の決定をめぐる裁判を提訴するには、審査請求を経てからでなければならないが（同69条）、65条2条によって提訴が可能となる。

（xvii）財　　政
（a）行政の財政

　生活保護制度は無拠出の社会保障制度であるので、費用はすべて税金を原資とする公費による。生活保護にかかる費用は、国が3／4、地方自治体が1／4の割合で負担する（生保75条）。

（b）費用徴収

　生活保護法では一定の場合に、保護に要した費用を保護費を支弁した都道府県または市町村の長が、関係者から徴収することがある（費用徴収）。

図表10　費用徴収の仕組み

費用徴収の事由	徴収の対象者	徴収額
民法上の扶養義務	民法上の扶養義務者	その義務の範囲内において、その費用の全部または一部（生保77条）＊
緊急の場合等で、資力があるにもかかわらず、保護を受けた場合	資力があるにもかかわらず、保護を受けた者	保護の実施機関の定める額の全部または一部（同77条の2）

| 不正受給 | ①不実の申請その他不正な手段により保護を受けたり、他人に受けさせた者
②不正な行為によって給付費用を受けた指定医療機関、指定介護機関、指定助産機関、指定施術機関 | その費用の額の全部または一部と、その徴収する額の40％以下の金額（同78条）。 |

＊この場合に扶養義務者の負担すべき額について、保護の実施機関と扶養義務者の間に協議が調わないときや協議をすることができないときは、保護の実施機関の申立てにより家庭裁判所がその額を定める（同77条2項）。

出典：筆者作成

（c）損害賠償請求権

　都道府県または市町村は、被保護者の医療扶助または介護扶助を受けた理由が第三者の行為によって生じたときは、その支弁した保護費の限度において、被保護者が当該第三者に対して有する損害賠償の請求権を取得する（生保76条の2）。

3　低所得者支援の関連制度

（ⅰ）はじめに

　私たちの生活は順調なときもあればそうでないときもある。生活の上下動を繰り返しながらなんとか生きている。しかし順調でないことが引き金となり生活が困窮することもある。また問題は見えているのに直ちに対処できないこともある。このような事態では全面的な生活支援は必要ないが当面の対応が必要であったり、特定された問題のみの対応が必要となる。

（ⅱ）「生活福祉資金」制度

　生活保護法に規定され根拠を持つものではないが、低所得世帯の自立に関連する制度として、「生活福祉資金貸付制度」がある。これは、「低所得者、障害者または高齢者に対し、資金の貸し付けと必要な援助指導を行うことにより、その経済的自立及び生活意欲の助長促進並びに在宅福祉及び社会参加の促進を

図り、安定した生活を送れるようにすること」（平2・8・14厚生省社会398号）を目的に、市町村社会福祉協議会、民生委員を窓口にし、都道府県社会福祉協議会が貸付を行うものである。

図表11　生活福祉資金の概要

対象	目的	資金名
低所得世帯、障害者世帯、失業者世帯、低所得高齢者世帯	事業資金や技能習得資金として	更生資金（生業費、技能習得費）
	臨時的な資金として	福祉資金（福祉費、障害者等福祉用具購入費、障害者自動車購入費、中国残留邦人等国民年金等追納費）
	住宅増改築費用として	住宅資金
	高校、大学の教育費として	修学資金（修学費、就学支度費）
	通・入院、介護関連費用として	療養・介護等資金（療養費、介護等費）
	一時的な資金として	緊急小口資金
	災害時	災害援護資金
	再就職までの資金として	離職者支援資金
	所有の不動産を担保に借り入れをする（リバースモゲージ）ための資金として	長期生活支援資金

出典：筆者作成

　これらは無利子あるいは低利で貸し出される。連帯保証人を必要として、貸付利率は、年3％である（「修学資金」、「療養・介護等資金」は無利子、「長期生活支援資金」は年3％以内で別に定めた利率）。貸付の決定等は、関係行政機関職員、医師、民生委員、弁護士等により構成され、都道府県社会福祉協議会内に設置される貸付審査等運営委員会が行う。

（ⅲ）就学援助
　経済的理由によって就学が困難と認められる児童、生徒の保護者に対して市町村は「就学援助」を行わねばならない（学教25条）。保護対象は、給食費、学

用品費、通学費、修学旅行費などである。他法優先の原則から、「就学援助」を受けている場合には、教育扶助はそれと重複しない範囲に限定される。

（ⅳ）自立支援プログラム

　自立支援プログラムとは、「実施機関が管内の被保護世帯全体の状況を把握した上で、被保護者の状況や自立阻害要因について類型化を図り、それぞれの類型ごとに取り組むべき自立支援の具体的内容及び実施手順等を定め、これに基づき個々の被保護者に必要な支援を組織的に実施する」ものである（「平成17年度における自立支援プログラムに関する基本方針について」平17・3・31社援発第0331003号厚生労働省社会・援護局長通知）。「なお、全ての被保護者は、自立に向けて克服すべき何らかの課題を抱えているものと考えられ、またこうした課題も多様なものと考えられる。このため、自立支援プログラムは、就労による経済的自立（以下「就労自立」という。）のためのプログラムのみならず、身体や精神の健康を回復・維持し、自分で自分の健康・生活管理を行うなど日常生活において自立した生活を送ること（以下「日常生活自立」という。）、及び社会的なつながりを回復・維持し、地域社会の一員として充実した生活を送ること（以下「社会生活自立」という。）を目指すプログラムを幅広く用意し、被保護者の抱える多様な課題に対応できるようにする必要がある。」とも述べる。

　厚生労働省は「生活保護受給者等就労支援事業」（平成17年4月〜）の活用を推奨する。「生活保護受給者等就労支援事業」は、被保護者と児童扶養手当受給者の自立支援のため、公共職業安定所において、被保護者または児童扶養手当受給者の自立支援プログラムの一環として、福祉事務所等と連携して実施される。

　安定所の生活保護受給者等就労支援事業担当責任者、生活保護受給者等就労支援コーディネーター、福祉事務所等の就労支援コーディネーター等により構成される就労支援メニュー選定チームは、個別の面接を行う等により、適切な就労支援メニュー（①生活保護受給者等就職支援ナビゲーターによる支援［マンツーマンによる就職支援をきめ細やかに行うことにより就職可能性が高い者に対して行う］、②トライアル雇用の活用、③公共職業訓練の受講あっせん、④生業扶助もしくは自立支援教育訓練給付の活用による民間の教育訓練講座の受講、⑤一般の職業相談・紹

介の実施) を選定する。

　支援対象者の範囲は、(1)稼働能力を有する者、身体的・精神的健康状態について、就労が可能な状態にある者、(2)就労意欲がある者、(3)就職にあたって(1)及び(2)以外の阻害要因がない者、(4)事業への参加に同意している者、のすべての条件を満たし、かつ安定所との連携による事業の活用が効果的な者として選定したものとする。事業への参加に同意している者を対象とし、福祉事務所等における事業への参加の積極的な勧奨にもかかわらず事業への参加に同意しない者は対象としない。

4　低所得者支援・最低生活保障法の課題

(ⅰ) 生活困窮者支援法の課題

　生活困窮者支援法の多くは「事業」という形をとり、自治体の裁量に委ねる部分が多い。つまり自治体の力量次第ということになる。生活困窮者に対する支援のノウハウがあるか、地域にマンパワーが存在するか、多様な就労機会が存在するかなど、地域の条件によって生活困窮者の支援が決定されることになる。また「ひきこもり」やごみ屋敷などの背景には、精神疾患や知的障害など複雑な課題が背後に潜む場合も多い。

　さらに生活困窮者の直面する課題に、本当に所得の問題を捨象した形に対応することが可能なのか。社会福祉協議会の「生活福祉資金」の貸付だけで、課題の解決に時間を要するケースに対応できるのかなど、検討を要する点は多い。

(ⅱ) 生活保護法の課題

　生活保護法については、法律それ自体が持つ課題と、法律の運用、すなわち生活保護行政の課題とがある。

　生活保護法それ自体の課題として、第1には、親族扶養の原則の意味がある。同居しており、財の費消が同一であれば、その間で相互に扶助するのは理解できるが、別居し生計の同一性が希薄である場合にも、親族扶養がなぜ原則となるかは、生活保護法の目的から当然には出てこない。現代の家族の実態と

意識からも大きく隔たっている。

　第2に生活保護は、一定の要保障状態にあることが受給要件であり、受給者の年齢、属性などは関係ない。その意味では一般的なセーフティネットである。しかし自立助長の原則がすべての受給権者に適用されることについては、疑問なしとしない。高齢者の場合、労働市場への再編入は当然には想定されない年齢層が存在する。この場合の「自立助長」の意味は、若年層で労働可能なものとは同一ではない。むしろ高齢者に対して「自立助長」の原則を適用すること自体が、パターナリズムに基づく、制度の過剰な介入であるともいえる。高齢者を対象とする最低生活保障制度を、生活保護制度とは別建てにすることが検討されてよい。

　第3に、無差別平等の原則と外国人への適用の問題である。外国人の生活保護適用を認めない（最判平26・7・18賃社1622号30頁）。しかし1966年の国際人権規約・社会権規約（Ａ規約）や1965年人種差別撤廃条約など人権の国際的論調や自然法的視点を加味すれば、人間らしい品位を保つ（ディーセントな）生活をおくるのは国籍を超えた基本的人権であり、外国人を排斥するには厳格で合理的な理由が求められる。不法滞在者についても、入国は国家の完全な裁量であり、入国管理を経て一旦入国を認めた以上はその者が日本国内で生存の危機に瀕した場合の生存保障は入国を認めた国家の責任である。以上のような点を考慮すると不法滞在外国人に対する生活保護給付を否定した最高裁判決（最判平13・9・25判時1768号47頁）は社会保障法の視点からは適正なものとはいえない。なお密入国者についても人道的見地から医療扶助については適用が容認されてしかるべきであろう。

　給付については、医療に関して生活保護制度に医療扶助として、一般的医療制度と区別することの必然性について問題視されてきた。医療は疾病、症状が同程度なら標準的治療方法が決定されており、生活保護受給者のみ異なる医療というものは本来存在しない。生活保護の医療扶助は、医療機関へのアクセスと医療の質について（例えばジェネリック薬の使用）、一般的な医療制度と異なっている。このことで受給者の医療機関への受診が抑制されている可能性も否定できない。生活保護受給者も一般的医療保険制度への加入を可能とすべきであ

る（インドネシアの医療保障制度は、貧困層、刑務所収容者も含めて全国民を単一の制度に加入させている）。

　また生業扶助に関しては、主に小売り、自営業などの「起業」が想定されているが、現代社会の稼得能力の需要とマッチしているかに疑問がある。

　いっぽう、生活保護制度が社会問題として取り上げられるのは、生活保護行政の局面での問題が多い。

　近年、判決が相次ぎ耳目を集めることとなった各種加算の廃止や保護基準の切り下げなどの問題は、生活保護の問題でもあると同時に、生活保護給付基準をもとに支給などが決定される他の制度にも影響する。生活保護の基準は厚生労働大臣が決定すると法は規定しているが、これは各種加算の廃止や保護基準の切り下げにまで完全なフリーハンドを大臣に与えていることを意味しない。生活保護受給者は保護基準に基づいて生活設計をしている。基準がもし恣意的に変更されると、受給者の生活は規準を決定する行政に従属することになる。したがって保護基準の変更は慎重でなければならず、明白で合理的な理由があり、十分な説明責任を果たした上でなされなければ違法と評価されるべきものである。ただ単に、経済状況の変化とか審議会答申を受けてというだけでは不十分である。この点、多くの裁判所が行政決定に追随している点は、司法の機能が十分果たされていないことを示している（例えば、老齢加算の廃止について、最判平24・2・28民集66巻3号1240頁、最判平24・4・2民集66巻6号2367頁など）。

　一方生活保護の第一線の行政機関では、例えば、生活保護申請を窓口で抑制する「水際作戦」といわれるものがある。これは、法定されておらず本来必要ではない生活保護担当職員との「面接」がなければ、申請書を交付しないというものである。あるいは申請が受理されやすい他の自治体を紹介するというものである。これらは職員の法についての無知や人権意識の希薄さ、あるいは市町村の生活保護にかかる財政負担を回避したいという自治体の姿勢の表れでもある。また担当職員の恒常的な過剰な業務負担などにも起因している。担当職員を大幅に増員し、最低生活保障にかかる金銭給付にかかる業務と、自立助長に関する業務を完全に分離し、後者については適正なNPOに委託するなどの方法も検討されてしかるべきである。

執筆者紹介

（執筆順、＊は編著者）

＊神尾真知子　日本大学法学部特任教授　　　　　　　第Ⅰ部第1章、第Ⅱ部第1章、第Ⅱ部第4章

　若尾　典子　元佛教大学社会福祉学部教授　　　　　　　　　　　　　　　　　第Ⅰ部第2章

＊増田　幸弘　日本女子大学人間社会学部教授　　　　第Ⅰ部第3章、第Ⅱ部第2章、第Ⅱ部第3章

＊山田　晋　　広島修道大学法学部教授　　　　　　　　　　　　第Ⅰ部第4章、第Ⅱ部第7章

　金川めぐみ　和歌山大学経済学部教授　　　　　　　　　　　　　　　　　　　第Ⅱ部第5章

　衣笠　葉子　近畿大学法学部教授　　　　　　　　　　　　　　　　　　　　　第Ⅱ部第6章

Hōritsu Bunka Sha

原理で学ぶ社会保障法

2022年7月15日　初版第1刷発行

編著者　神尾真知子・増田幸弘
　　　　山田　晋

発行者　畑　　光

発行所　株式会社　法律文化社

〒603-8053
京都市北区上賀茂岩ヶ垣内町71
電話075(791)7131　FAX 075(721)8400
https://www.hou-bun.com/

印刷：西濃印刷㈱／製本：㈱藤沢製本
装幀：白沢　正

ISBN 978-4-589-04223-1

山田 晋著
社 会 福 祉 法 入 門
―福祉の原理から学ぶ―
A 5 判・168頁・2420円

社会福祉を実現するためのルールである社会福祉法を福祉の原理を通して学ぶ教科書。社会福祉に内在する原理を踏まえ、「あるべき社会福祉法」と「現行法」を比較のうえ学習することで、社会福祉法の原論・総論・各論の理解を促す。

河野正輝・中島 誠・西田和弘編
社 会 保 障 論〔第 3 版〕
四六判・368頁・2860円

社会保障制度のしくみをわかりやすく概説した入門書。より深く学べるように制度の背景にある考え方や理念がどのように反映されているのかについても言及。旧版刊行（2011年）以降の法改正や関連動向を踏まえ全面改訂。

伊奈川秀和著
社会保障の原理と政策
―アドミニストレーションと社会福祉―
A 5 判・270頁・3520円

社会保障の持続可能な制度構築に不可欠な理論と政策を論じる。原理を踏まえ、その政策の管理・運営論について、政策手段・当事者・実行過程の総論と各制度に沿った各論を解説。「生ける法」となるための政策マネージメントのあり方を考察する。

古橋エツ子編
新・初めての社会保障論〔第 3 版〕
A 5 判・224頁・2530円

わが国の社会保障・社会福祉制度を、定義・理念、歴史的背景・経緯、今後の課題について、初学者むけにわかりやすく解説。社会福祉士・精神保健福祉士などの国家試験にも対応できるよう配慮。好評の書を2018年以降の法改正・動向を踏まえ改訂。

犬伏由子・井上匡子・君塚正臣編
〔αブックス〕
レクチャージェンダー法〔第 2 版〕
A 5 判・288頁・2970円

動向や状況と法の接点の丁寧な抽出によって、問題の客観的な掌握、問題への法的思考が修得できる標準テキスト。女性活躍推進、ジェンダー平等の促進に向けた新法や性犯罪条項に関わる法改正など新たな動向を踏まえ全面的に改訂。

―――――法律文化社―――――

表示価格は消費税10％を含んだ価格です